«Dzogchen Ponlop Rinpoché es una persona asombrosa. Durante siete vidas ha sido un maestro reconocido de meditación Mahamudra y Dzogchen. En esta vida, fue el primero de su clase en el Instituto Nalanda de Filosofía Budista. Ha estudiado psicología moderna y tiene una comprensión íntima de la mente occidental, habiendo vivido y enseñado en Europa y Norteamérica durante muchos años. Este libro que escribió es como una lámpara resplandeciente que ilumina el camino a la realización de tu propia naturaleza básica. Léelo y deja que te abra a la joya que concede los deseos en tu propia naturaleza verdadera de la mente.»

KHENPO TSÜLTRIM GYAMTSO,
autor de *El sol de la sabiduría*

«Una descripción fascinante y audaz del viaje tántrico por uno de los más refinados maestros tibetanos contemporáneos. Profundamente instruido por una erudición impecable, este libro es una evocación profunda y sutil de la experiencia de Mahamudra y Dzogchen que a la gente moderna le parecerá clara, inspiradora y cautivadora.»

REGINALD A. RAY,
autor de *Verdad indestructible* y *El secreto del mundo vajra*

*A mi gurú, Khenpo Tsültrim Gyamtso Rinpoché,
quien me señaló el corazón de Mahamudra y Dzogchen*

Dzogchen Ponlop

Despertar salvaje
El corazón de Mahamudra y Dzogchen

Prólogo del XIV Dalai Lama y el XVII Karmapa

Traducción del inglés de Juan Manuel Cincunegui

Título original: WILD AWAKENING

© 2003 by The Dzogchen Ponlop Rinpoche
Excerpt from "Supplication to the Takpo Kagyü" by Pengar Jampal Zangpo was translated by the Nālandā Translation Committee under the direction of Chögyam Trungpa Rinpoche. Copyright © 1975, 1980 by the Nālandā Translation Committee and used with permission.

Published in arrangement with Shambhala Publications Inc

© 2022 by Editorial Kairós, S.A.
www.editorialkairos.com

Créditos de las ilustraciones en la página 441

© **Traducción del inglés:** Juan Manuel Cincunegui
Revisión: Alicia Conde
Fotocomposición: Moelmo, S.C.P. 08009 Barcelona
Diseño cubierta: Katrien Van Steen
Imagen cubierta: Naropa
Impresión y encuadernación: Romanyà-Valls. 08786 Capellades

Primera edición: Enero 2022
ISBN: 978-84-9988-919-1
Depósito legal: B 15.700-2021

Todos los derechos reservados. Cualquier forma de reproducción, distribución, comunicación pública o transformación de esta obra solo puede ser realizada con la autorización de sus titulares, salvo excepción prevista por la ley. Diríjase a CEDRO (Centro Español de Derechos Reprográficos, www.cedro.org) si necesita algún fragmento de esta obra.

Este libro ha sido impreso con papel que proviene de fuentes respetuosas con la sociedad y el medio ambiente y cuenta con los requisitos necesarios para ser considerado un «libro amigo de los bosques».

Sumario

Prólogo de Su Santidad el xiv Dalai Lama. 13
Prólogo de Su Santidad el xvii Gyalwa Karmapa. 15
Prefacio de los editores. 17

PARTE I: EXPLORANDO EL CAMINO 23

1. La naturaleza del camino 25
   Budismo: la ciencia de la mente. 27
   Preparándonos para el viaje 32
   Las etapas de Mahamudra y Dzogchen 35
   Entrando en el camino 46

PARTE II: EL VIAJE DEL MAHAMUDRA 49

2. Mahamudra: el gran sello 51
   La montaña glaciar. 55
   La historia del linaje de Mahamudra 61
   Tres clasificaciones de Mahamudra 66
   Perspectivas del viaje de Mahamudra 74

3. **El camino que conduce a la experiencia** 79
   Los cuatro preliminares comunes: los cuatro
      recordatorios. 81
   Los cuatro preliminares no comunes 91
   Los cuatro preliminares especiales. 93
4. **El Mahamudra de la base: la base sin base** 111
   Dos aspectos de la base: vacuidad y ego 112
   Atravesar los obstáculos para la iluminación 128
   Generar una mente perfecta 134
   La inseparabilidad del samsara y el nirvana. 137
5. **El camino de las instrucciones: Shamatha
   de Mahamudra**. 145
   Instrucciones de señalamiento directo
      de Mahamudra 147
   Tres etapas de reposo 155
   Tres métodos de reposo 158
   Técnicas generales de la meditación shamatha 167
   Nueve etapas de reposar la mente 176
6. **El camino de las instrucciones: el vipashyana
   de Mahamudra** 193
   El señalamiento del vipashyana 193
   La mente coemergente: el dharmakaya 196
   Pensamiento coemergente: el despliegue
      de dharmakaya 197
   Apariencia coemergente: la luz de dhamakaya 201
   Trabajar con las instrucciones de señalamiento
      directo. 204

7. **El camino a la iluminación: los cuatro yogas de Mahamudra** 219
   Unidireccionalidad 219
   No fabricación 221
   Un solo sabor 222
   No meditación 224
8. **El Mahamudra de la fructificación: los tres kayas** 229
   Trascender los puntos de referencia 230
   La sabiduría del Buda 231
   Los tres kayas en la vida cotidiana 238
9. **El Mahamudra del Mantra** 241
   Los nombres del Mantrayana secreto 243
   Shunyata y la perspectiva sagrada 247
   Cualidades y marcas del camino del Mantrayana . 250
   Los tres vajras 258
   La relación maestro-discípulo 261
10. **El Mahamudra de la Esencia: la mente del ahora** 269
    El despertar salvaje 269
    La base del Mahamudra de la Esencia 272
    El camino: shamatha y vipashyana de Mahamudra 275
    La fructificación: el trikaya inmaculado 286

PARTE III: EL VIAJE DEL DZOGCHEN 291

11. **Dzogchen: el viaje de los nueve yanas** 293
    El gran agotamiento 294

    El linaje del Dzogchen 297
    No perder el rumbo 300
    Las nueve etapas del camino 302
12. El Shravakayana y el Pratyekabudayana 305
    El Shravakayana: vehículo de los oyentes 306
    Las tres etapas de la meditación 309
    Las Cuatro Nobles Verdades 316
    Pratimoksha: salvación individual 326
    El Pratyekabudayana: el vehículo de los budas
       solitarios 327
    El viaje del Hinayana 333
13. El Bodhisattvayana 335
    El gran vehículo 336
    La valla de «lo mío» 338
    Nutrir la semilla de la iluminación 340
    Bodhichitta relativa y última 341
    Las seis paramitas 349
    El bodhisattva 354
    Las dos corrientes principales del linaje
       del Mahayana 364
    Las emociones: amigas y enemigas 368
    Las escuelas Chittamatra y Madhyamaka 371
    La base de las dos verdades 376
14. Entrar al Vajrayana: el Vehículo de Austeridad
    y Conciencia 385
    Asumir riesgos 385
    Entrar al banquete real 387

Visión y meditación	389
El Vehículo de Austeridad y Conciencia	390
15. El hallazgo final	**401**
El Vehículo de Medios Abrumadores	401
El gurú en el linaje del Dzogchen	402
Maha yoga	403
Anu yoga	406
Ati yoga	408
Despertar	413
Glosario	415
Nalandabodhi	435
Agradecimientos de los editores	437
Créditos de las ilustraciones	441
Sobre el autor	443
Índice	445

Existe en estos días un creciente interés en las enseñanzas y prácticas budistas, particularmente entre las personas que, ante los cambios rápidos y de gran alcance que la ciencia y la tecnología están llevando a cabo en el mundo exterior, buscan maneras de llegar a experimentar el desarrollo interior correspondiente. Como otras tradiciones espirituales, el budismo presenta muchas maneras de generar, mejorar y fortalecer valores humanos positivos fundamentales, como el amor y la compasión, y lo hace a través de cultivar estados positivos de la mente.

El Mahamudra y el Dzogchen están entre las enseñanzas más elevadas de la tradición budista tibetana. El enfoque de estas prácticas profundas y avanzadas es la naturaleza misma de la mente y, por ello, van directamente al grano. Sin embargo, sería un error pensar que, por consiguiente, ofrecen algún tipo de atajo. Sin comprender el contexto de la compasión, la mente del despertar y el vacío de existencia intrínseca dentro de los cuales funcionan, los métodos de Mahamudra y Dzogchen no solo serían ineficaces, sino que podrían fácilmente malinterpretarse. Por otro lado, cultivar estas cualidades le darán resolución y vigor a su práctica. Además, como me han dicho varios conocidos míos, grandes practicantes de Dzogchen o Mahamudra, cuando su meditación fue vigorizada por sentimientos intensos de respeto hacia su lama, fueron capaces de alcanzar la realización de la naturaleza última de sus mentes, y fueron capaces de obtener cualidades magníficas. Por lo tanto, una relación personal con un maestro calificado es, también, un prerrequisito.

Este libro de Dzogchen Ponlop Rinpoché, un maestro y practicante con un conocimiento íntimo de Mahamudra y Dzogchen, es oportuno. Su descripción detallada de estas tradiciones maravillosas será una fuente valiosa de inspiración y claridad para muchos lectores. Como se suele decir: si puedes purificar el cielo abierto de la mente de las nubes de pensamientos conceptuales, las constelaciones de la omnisciencia brillarán.

El Dalai Lama
16 de abril de 2003

Ahora que hemos obtenido un nacimiento humano dotado de inteligencia y discriminación, es esencial que hagamos el mejor uso de él, esforzándonos para alcanzar una felicidad genuina y para beneficiar a otros seres. Sin embargo, ignoraremos cómo proceder con respecto a estas preocupaciones si no confiamos en un camino espiritual efectivo. Por lo tanto, el estudio del Budadharma, que es rico en los caminos de medios hábiles y conocimiento, es un esfuerzo muy significativo.

Aunque, en general, las doctrinas del Budadharma son ilimitadas, el camino del Mantra Secreto es especialmente veloz y profundo, y todas sus prácticas están incluidas en las dos etapas de creación y compleción. En tiempos recientes, el Dzogchen Ponlop Rinpoché, Karma Sungrab Ngedön Tenpay Gyaltsen, un maestro dotado con gran sabiduría e inteligencia respecto al Budadharma, ha enseñado Mahamudra y Dzogchen, las prácticas del corazón de la etapa de compleción del camino de la simplicidad. Estos discursos han sido compilados y publicados aquí por sus estudiantes. Celebro esta publicación y rezo para que la actividad iluminada vinculada con estas enseñanzas se incremente inmensamente.

El Karmapa, Ogyen Trinley Dorje
23 de marzo de 2003

Prefacio de los editores

En *Despertar salvaje*, el Dzogchen Ponlop Rinpoché presenta la esencia del corazón de las dos grandes tradiciones de práctica del Mahamudra y del Dzogchen. *Mahamudra* se refiere a la naturaleza de sabiduría de la mente no fabricada e incondicionada; es la naturaleza luminosa, vacía e incesante de toda la realidad. *Dzogchen* se refiere a la mente primordialmente despierta, perfecta en su propio estado y completamente llena de las cualidades de la iluminación. Estas dos corrientes de sabiduría se consideran como poseedoras de grandes bendiciones y poder transformador. Es útil examinarlas conjuntamente, no solo para apreciar la riqueza de la sabiduría que comparten, sino también para descubrir en su singularidad las direcciones que nuestro camino individual de práctica podría tomar. Ofrecen al practicante una variedad de acercamientos a la práctica de meditación y una vasta gama de métodos para reconocer nuestra confusión y transformarla en sabiduría. Sin embargo, si no fuera por las instrucciones que demuestran cómo aproximarse apropiadamente a estos caminos, su poder podría permanecer fuera de nuestro alcance. Para aquellos interesados en seguir estos caminos, las instrucciones claras y detalladas del Dzogchen Ponlop Rinpoché sobre el paisaje del viaje son en sí mismas como una revelación.

Despertar salvaje comienza con una discusión sobre la naturaleza del viaje espiritual completo, reflexionando sobre cuestiones de fe ciega, religión y cultura en relación con nuestro camino. El budismo se presenta como una ciencia de la mente, a diferencia de una religión, y como un cuerpo de sabiduría que está fundamentalmente libre de toda forma cultural y que es accesible para todos. No obstante, el Dzogchen Ponlop Rinpoché nos recuerda que, si pretendemos practicar estas instrucciones, entonces es imperativo prepararnos meticulosamente para lo que nos espera. Si nos hemos preparado a través de la reflexión, el estudio y el entrenamiento apropiado en meditación, y hemos desarrollado un corazón de devoción, entonces poseemos «un camino completo y perfecto». Desde el punto de vista de estas tradiciones, la devoción y la realización están inseparablemente vinculadas. El corazón abierto de la devoción está dirigido hacia nuestro gurú y el linaje, pero, en última instancia, también está dirigido hacia nuestro propio corazón iluminado.

Como practicantes, pronto aprendemos que no solo necesitamos el camino perfecto, sino también el guía perfecto, ya que hay muchos obstáculos y oportunidades para que surjan malentendidos a lo largo del camino. La gran literatura de todas las culturas está llena de historias de las luchas cómicamente conmovedoras de aquellos que iniciaron su camino de trascendencia –un viaje que nos conduce a un estado que está poderosamente despierto, inmaculadamente presente y lleno de las cualidades de amor y compasión desinteresados. Los grandes maestros del linaje siempre han encarnado la realización de la fructificación de este viaje y han comunicado gentilmente a sus estudiantes la manera de recorrer este camino con éxito.

Hay un gran beneficio en estudiar cómo funciona el camino de la base para arriba, cómo se desenvuelve a medida que penetramos gradualmente nuestra confusión con una facultad mental cada vez más aguda y precisa. Aquí, el Dzogchen Ponlop Rinpoché utiliza la lógica budista clásica de las tres etapas de base, camino y fructificación para describir un camino progresivo. La etapa de la base nos presenta la visión de la filosofía budista a nivel intelectual y los fundamentos del entrenamiento básico de la mente, a través de las prácticas de estudio, contemplación y meditación. La etapa del camino consiste en las instrucciones del gurú, particularmente, las instrucciones de «señalamiento directo», que transmiten una experiencia inmediata del despertar, y las prácticas de meditación específicas de shamatha y vipashyana. A la etapa de la fructificación se llega como un resultado de nuestro viaje a través de las primeras dos etapas. Al mismo tiempo, el Dzogchen Ponlop Rinpoché ofrece una visión de este viaje desde la perspectiva de su fructificación, una visión en la que el estado de la iluminación está presente todo el tiempo, donde cada momento ofrece oportunidades iguales para hundirse en la confusión o para saltar al despertar. Desde el punto de vista convencional, un salto así es una locura. Desde el punto de vista de la sabiduría de Mahamudra y Dzogchen, ni siquiera la confusión puede enmascarar nuestra naturaleza completamente pura y despierta. ¿Qué *es* este «despertar salvaje»? El Dzogchen Ponlop Rinpoché señala la experiencia del despertar repentino –el estado de euforia, alegría y carente de miedo– que llega cuando, por fin, somos libres de las elaboraciones y restricciones de aferrarnos al ego.

A lo largo del texto, las referencias a esta naturaleza plenamente pura y despierta aparecen de diversas formas. Aquí, quisiéramos señalar cómo con frecuencia se usa el término *buda*, no como referencia al Buda histórico conocido como Sakiamuni, sino como un sinónimo del estado iluminado en sí o de las cualidades inefables de la iluminación. Por ejemplo, cuando el Dzogchen Ponlop Rinpoché se refiere a la mente búdica o al corazón de buda, está señalando la realidad más fundamental de la mente, que es su esencia no oscurecida y plenamente despierta de sabiduría y compasión. Además, en este sentido, la mente y el corazón no son polaridades, como a veces los consideramos en Occidente; son indistinguibles. El asiento de la mente está en el corazón.

A pesar de que las descripciones detalladas del camino budista pueden volverse muy técnicas, estas presentaciones del Mahamudra y el Dzogchen son directas al ofrecer los temas principales: trabajar con el ego y las emociones. Muchas de estas enseñanzas se transmiten a través de metáforas o historias. En general, el camino descrito aquí es un camino de gran humanidad y practicidad, un viaje interior que nos permite hacer una conexión con las experiencias reales del corazón despierto y de la conciencia vasta, aquí y ahora.

Que todos aquellos que se encuentren con estas enseñanzas desarrollen sabiduría y compasión igual a la de todos los budas, y que todos los seres sin excepción sigan un camino completo y perfecto a la budeidad.

EL COMITÉ EDITORIAL DE NALANDABODHI
Cindy Shelton, Anna-Brown Griswold,
Marg Cooke y Tim Lyons

Parte I
EXPLORANDO EL CAMINO

1. La naturaleza del camino

El budismo es un viaje personal a las profundidades de la propia mente y corazón, una exploración de quiénes y qué somos. Las enseñanzas del Buda nos muestran cómo redescubrir esa esencia y alcanzar una realización plena de esa realidad. Entre los caminos budistas, los linajes de Mahamudra y Dzogchen representan la esencia del corazón de las enseñanzas del Buda. Emprender cualquiera de estas prácticas abre el camino para un profundo viaje. Estos son los linajes que nos proveen con los medios más hábiles para experimentar el estado completamente despierto y saborear de forma directa la realidad de nuestra mente y nuestro entorno.

Pero el viaje espiritual puede ser muy espinoso. Puede comenzar con gran poder, energía, intelecto, escepticismo y curiosidad. Sin embargo, puede acabar siendo un tipo de religión basada por completo en la fe ciega. Este es el principal peligro para los practicantes budistas. Es fácil caer en esta trampa sin siquiera notarlo. Pensamos que estamos siendo verdaderamente escépticos y curiosos. Entonces, de repente, nos encontramos dentro de una tradición ciega, basada totalmente en el dogma religioso. Nos encontramos en medio de una gran oscuridad; todavía andando, pero sin saber hacia dónde nos dirigimos.

Existe una enorme necesidad de reflexionar, una y otra vez, sobre la naturaleza de nuestro camino espiritual. ¿Cuál es nuestro propósito de estar aquí? ¿Cuál es la motivación básica que nos trajo a este camino? ¿Es un interés genuino en el despertar, en la iluminación, en la libertad? ¿O tenemos otras razones? De vez en cuando, tenemos que recordarnos a nosotros mismos nuestros propósitos y motivaciones. Necesitamos regresar a las preguntas más básicas: ¿Realmente quiero alcanzar la iluminación? ¿Estoy en verdad dispuesto a lograrlo? No es una cuestión de cuán difícil es o cuánto tiempo lleva alcanzar la iluminación. La pregunta es: ¿quiero realmente despertarme de este sueño?

Desde la perspectiva de las enseñanzas del Mahamudra y del Dzogchen, podemos despertar ahora mismo. Cuando despertamos de nuestro estado mental confuso, eso es la iluminación. No hay diferencia entre este momento y la iluminación. La naturaleza de nuestra mente está iluminada desde el principio, y este estado despierto no es otra cosa que nuestra experiencia ordinaria de emociones, pensamientos y percepciones. Si podemos, genuinamente, ver nuestras emociones, sentidos y pensamientos tal como son, sin intentar cambiarlos o mejorar la manera en que los vemos, entonces podemos ver el estado básico del despertar. El estado de fructificación solo es el reconocimiento de esta naturaleza de la mente. Eso es lo que llamamos *nirvana* o *la liberación del samsara*. No hay nada más.

Al mismo tiempo, hay una sensación de estar haciendo un viaje, experimentando un proceso gradual de evolución de nuestra conciencia. Este viaje es el esfuerzo mutuo del maestro y el estudiante. Es un proceso en el que desarrollamos las cualidades de la fe y la confianza en una atmósfera de completa apertura. Una relación de este tipo solo puede desarrollarse cuando el estudiante ha examinado y procesado las enseñanzas minuciosamente y ha desarrollado un fundamento claro y preciso de conocimiento. En algún momento, como practicantes de ese linaje, debemos ir más allá del nivel de la experiencia conceptual con el fin de abrirnos por completo a nuestro gurú y al linaje. Esta es la experiencia de la devoción, que es la experiencia intensa y poderosa de la realidad desnuda de la mente. La experiencia de devoción no es la fe ciega. Por el contrario, está arraigada profundamente en la sabiduría y el conocimiento. La devoción genuina surge cuando desarrollamos una base firme de confianza en nuestro propio corazón iluminado. En última instancia, nuestro compromiso es con la naturaleza de nuestra propia mente.

Budismo: la ciencia de la mente

En consecuencia, el camino de la espiritualidad budista no es una religión *per se*. Se trata, más bien, de una genuina ciencia de la mente que descubre la naturaleza misma de la mente y los fenómenos que experimentamos. Es, también, una genuina filosofía de vida, un enfoque de la vida que trata sobre su significado y nos ayuda a comprender de qué manera podemos superar el sufrimiento del mundo. Decir que el budismo es una ciencia no implica asociarla con la ciencia estéril que analiza las cosas materiales. Es algo mucho más profundo. Conlleva ir a las profundidades de la realidad de nuestro mundo interior, que es el más poderoso de los mundos. Las enseñanzas de esta tradición nos muestran la realidad pura de nuestra propia mente y de nuestro entorno.

Existen paralelismos entre la ciencia interna de la mente y las ciencias exteriores. Por ejemplo, en las ciencias exteriores, llevamos nuestros conceptos e ideas al laboratorio con el fin de comprobarlos. Las pruebas producen ciertos resultados, que son el fruto de nuestras ideas. De manera similar, puede que oigamos o leamos sobre un concepto enseñado por el Buda. Desde la perspectiva budista, examinamos este concepto utilizando la ciencia interna de la mente. Lo analizamos concienzudamente en el laboratorio de la mente. El resultado de nuestro análisis es una experiencia de meditación que nos revela si el concepto es preciso o no lo es. Podemos decir, «Sí, es preciso», o «No, no es cierto». Por lo tanto, como ciencia de la mente, el camino utiliza medios hábiles con los cuales las personas exploramos la naturaleza verdadera, intrínseca, de nuestra mente o conciencia. Entonces, nuestro entendimiento resultante de la mente misma nos trae mayor claridad sobre cómo conducir nuestras vidas de forma efectiva y significativa.

Aunque el budismo es relativamente nuevo en Occidente, está encontrando su lugar en las culturas modernas globales del siglo XXI. No obstante, cuando algo se convierte en parte de la cultura popular, su forma cambia. Para comprender genuinamente las enseñanzas del Buda, tenemos que ir más allá de las trampas de la cultura y el lenguaje. Esta verdad que el Buda enseñó, conocida como el Dharma, puede ser comparada con el agua pura, que nosotros estamos intentando verter dentro de varios contenedores culturales. Podemos verterla en una vasija india, elegante y preciosamente fabricada, una taza ornamental tibetana de plata y oro, un hermoso vaso de cristal europeo o un vaso de papel norteamericano. El agua adoptará la forma y reflejará los colores de su contenedor, sea de cerámica, oro, cristal o papel. Los reflejos de los colores en el agua son similares a las lenguas y formas sociales de cada cultura. Aunque el agua puede llegar a saber e incluso a oler un poco como su nuevo país, la esencia pura del agua no cambia.

Cuando reflexionamos sobre esta variedad de contenedores, es crucial para nosotros contemplar la naturaleza de la esencia pura del agua y no solo el contenedor en el que la encontramos. Esta esencia está más allá de todo lenguaje y forma. Además, el proceso de llevar esta agua pura de una cultura e idioma a una nueva cultura e idioma requiere una enorme precisión, atención, compasión y paciencia. Hay una tendencia por parte de la nueva cultura a obsesionarse con el viejo contenedor, de quedar fascinada por su belleza, novedad y frescura. Sin embargo, si quedamos atrapados en una obsesión con el contenedor cultural, entonces nuestro apego hacia esa forma puede volverse tan poderoso que nos impida alcanzar cualquier realización.

Por lo tanto, deberíamos aproximarnos al camino de la espiritualidad con discernimiento. El Buda dijo que las personas deben examinar sus enseñanzas como un mercader que quiere adquirir oro genuino. Cuando compras oro, no quieres algo que solo parezca oro. Quieres la cosa real. En la India, los mercaderes implementaban un proceso para determinar si una pieza de oro era o no genuina. Primero, quemaban el oro, luego lo cortaban y, finalmente, lo frotaban. De manera semejante, deberíamos examinar las enseñanzas del Buda minuciosamente. El Buda dijo que, después de este proceso, deberíamos aceptar las enseñanzas, practicándolas hasta alcanzar el logro completo, o dejarlas en paz. Dijo que no debíamos aceptar estas enseñanzas exclusivamente porque fueran impartidas por un personaje de alto rango o muy aclamado, como un príncipe o un buda. Debemos analizarlas y examinarlas por nosotros mismos para descubrir si son beneficiosas. Depende de nosotros.

El budismo enseña que no hay un creador fuera de nuestra mente. No hay una fuente externa de nuestro sufrimiento, nuestro dolor, nuestro placer y nuestra felicidad. Lo bueno, lo malo y lo feo que experimentamos en nuestro mundo son meramente la creación de nuestras mentes. No hay una fuerza exterior, una energía, o una entidad sobrenatural que tiene poder sobre nosotros o que nos controla. Ni siquiera los budas tienen el poder para controlar nuestro mundo. Es enteramente la creación de nuestro karma individual o grupal. Por lo tanto, hay un sentido de responsabilidad individual total, y una libertad y poder completos en este camino. Esto se vuelve la base de nuestro viaje personal, nuestro camino de trabajar con nuestras mentes y acciones.

Debido a que estamos realizando este viaje para descubrir quiénes y qué somos, tenemos que empezar en el punto donde estamos. En el camino budista, comenzar donde estamos implica contar con cierto grado de coraje e intrepidez. Se necesita valentía para mirar al espejo y ver nuestro propio rostro. Puede que tengamos que mirar al espejo temprano por la mañana cuando nos levantamos, antes de ducharnos, o puede que tengamos que mirarnos a nosotros mismos después de haber sufrido un accidente. No obstante, tenemos que cortar a través de cualquier miedo a mirar esa realidad. Lo que sea que se refleje en el espejo, lo que sea que se refleje en nuestra experiencia, podemos tener el coraje suficiente para explorar más profundamente esa realidad, aceptarla y comenzar el viaje desde ese mismo punto. En el budismo, ese es el comienzo. Vamos más allá de todas nuestras conceptualizaciones, expectativas, proyecciones y fantasías, como «Oh, si fuera tal o cual persona, podría hacerlo mucho mejor en el camino». Esta no es una actitud sana para comenzar nuestro viaje. El principal requisito es ser quienes somos y comenzar donde estamos.

Esta es la manera más simple para comenzar nuestro viaje, y es la manera más directa para descubrir nuestra mente y su naturaleza.

Preparándonos para el viaje

El Mahamudra y el Dzogchen son similares a todos los otros viajes budistas, en tanto tienen principio, medio y fin, que corresponden a las etapas de base, camino y fructificación del camino. El viaje comienza al principio, que es llamado *base* y no al final, que es llamado *fructificación*. Sin embargo, el aspecto de la fructificación no puede estar aislado del aspecto de la base; ambos son aspectos de un camino completo. Sin embargo, es necesario atravesar estas etapas progresivas debido a la enorme acumulación de basura kármica que cargamos con nosotros y llevamos al camino. Estas etapas no son necesarias desde el punto de vista de la iluminación. Son necesarias solamente desde el punto de vista de la visión de nuestra propia neurosis. Por lo tanto, es la extensión de nuestra neurosis la que determina la complejidad del camino y nuestra necesidad de ser guiados a través de un proceso gradual de trabajar con el aferramiento al ego y con las emociones.

Desde la perspectiva budista, la *neurosis* se refiere a nuestra experiencia de la realidad oridnaria y convencional, en la que experimentamos varias formas de sufrimiento basadas en una percepción equivocada de que el «yo» o «sí mismo» es una entidad verdaderamente existente y permanente. Basados en esta percepción errónea fundamental, nos aferramos al «yo» imaginado, y este aferramiento –al que a menudo nos referimos como *aferramiento al ego*– luego sirve como base para el surgimiento de emociones perturbadoras y acciones kármicas.

Visto desde la perspectiva de la iluminación, todo el viaje es innecesario: no hay caminos ni etapas que alcanzar. Sin embargo, cada practicante individual que se embarca en este viaje necesita atravesar los niveles progresivos y seguir las instrucciones detalladas y métodos del camino con el fin de alcanzar la realización. No es posible saltar directamente a la etapa de fructificación diciendo: «Solo quiero estar allí». No es tan fácil ni tan simple. Saltar directamente sería emprender el camino con prisas, sin tomarse el tiempo para prepararse bien. Imagina emprender un viaje a un lugar desconocido, como el desierto del Sáhara. Si no te preparas para tu viaje de manera apropiada, si no te tomas el tiempo suficiente para pensar acerca del lugar al que quieres ir y la cantidad de tiempo que necesitarás para llegar allí, entonces, al querer ir demasiado deprisa, olvidarás meter en la maleta algo muy importante, como paracetamol, agua o tu kit de primeros auxilios.

Prepararse para este viaje particular puede parecer que requiere de mucho esfuerzo o energía intelectual, o puede simplemente parecer demasiado detallado y mundano. Puede que no desees pensar en las dificultades. Debido a que la preparación es difícil y dolorosa, puede que decidas esquivar algunos de los detalles y emprender el viaje con prisa, diciéndote:

«Solo quiero llegar allí, al nivel de la iluminación. No quiero pensar acerca de la preparación o el proceso. No quiero practicar este material progresivo. Es demasiado doloroso».

Sin embargo, sin una preparación apropiada, podrías sufrir una fuerte jaqueca en medio del viaje y no sabrías qué hacer. No hay una farmacia en este desierto salvaje del Sáhara, no hay un supermercado donde puedes comprar agua embotellada Evian. No hay ninguna corriente de agua aquí y, de cualquier modo, has olvidado coger tu botella de agua. Comienzas a preguntarte si quieres continuar luchando y lidiando con esta jaqueca y con esta sed para alcanzar tu destino. No estás seguro si podrás hacerlo o no. Puede que decidas regresar a casa y buscar el paracetamol.

Esto nos ocurre a muchos de nosotros. Después de iniciar nuestro viaje, atravesamos un período de lucha, solo para descubrir que nos faltan ciertas cosas que son absolutamente necesarias para nuestro viaje. Entonces, nos encontramos en una posición muy difícil. Debemos decidir si regresamos adonde estábamos, hacemos las preparaciones apropiadas y comenzamos de nuevo el viaje, desde cero, o si nos forzamos a nosotros mismos a continuar nuestro viaje con una dolorosa jaqueca, deshidratados o sufriendo cualquier otro contratiempo inesperado para el cual no estamos preparados. Al final, puede que nos lleve mucho más tiempo alcanzar nuestro destino si comenzamos con prisas e intentamos hacer nuestro viaje a toda prisa que si nos tomamos nuestro tiempo al comienzo para prepararnos plenamente.

Generalmente, los caminos del Mahamudra y del Dzogchen son introducidos en etapas progresivas. Al recorrer esas etapas básicas del camino, nos preparamos por completo. Examinamos cada uno de los aspectos posibles de nuestro viaje, cada problema potencial que pueda llevarnos a acabar en un estado desdichado. Luego exploramos cada medio posible para protegernos y resolver los problemas que podamos enfrentar. Aprendemos lo que puede prevenirse y cómo trabajar con las situaciones que enfrentaremos inevitablemente.

Las etapas de Mahamudra y Dzogchen

Un Dharma, muchos yanas

Yana es un término sánscrito que significa «vehículo». Literalmente, significa «el vehículo que nos lleva a nuestro destino». Aquí, nuestro destino es la iluminación, la liberación del samsara; allí es adonde nuestro vehículo nos conducirá. De acuerdo con Buda Sakiamuni, podemos entender yana de dos maneras diferentes. Podemos entender el término como «el yana que nos conduce a nuestro destino» o «el yana que nos condujo hasta aquí», en otras palabras, donde nos encontramos ahora mismo.

El primer significado de yana, «el yana que nos conduce a nuestro destino», nos orienta hacia el futuro. El yana, o vehículo, es la causa que nos conduce a nuestro resultado: somos conducidos a la etapa de fructificación, que es nuestro destino. Cuando definimos yana de este modo, se conoce como el yana causal.

El segundo significado de *yana*, «el yana que nos condujo hasta aquí», se refiere al resultado o fructificación. Es llamado el yana resultante o yana de fructificación porque ya hemos sido transportados a nuestra destinación. Ya estamos allí.

Aunque hablamos de la división en varias etapas del camino budista, como los tres o los nueve yanas, el Buda Sakiamuni enseñó fundamentalmente un solo Dharma. Ese Dharma es la realidad verdadera de los fenómenos absolutos y relativos. Eso es todo lo que enseñó el Buda. Sin embargo, ese único Dharma fue escuchado de varias maneras por muchos de sus interlocutores, que tenían diversas capacidades individuales. Algunos escucharon este Dharma de un modo que se relaciona con los detalles fundamentales de la verdad relativa. Otros lo escucharon de un modo que se relaciona con el nivel más profundo de la realidad absoluta. Aun así, a fin de cuentas, el Buda enseñó solo un Dharma y una verdad, y esa verdad es la realidad de todos los fenómenos. No obstante, el Buda también enseñó que pueden existir tantos yanas como hay pensamientos, conceptos o modos de aferramiento al ego.

El camino budista general está dividido en tres yanas o vehículos. La comprensión más familiar de los tres yanas en Occidente consiste en el Hinayana, el Mahayana y el Vajrayana. El camino del Mahamudra está basado en esta clasificación de los tres yanas. Sin embargo, en el enfoque del Dzogchen, el viaje está dividido en nueve yanas, que incluyen los tres previos. Por lo tanto, aunque las visiones del Mahamudra y del Dzogchen son inseparables, los caminos del Mahamudra y del Dzogchen están trazados de maneras ligeramente diferentes. En los dos sistemas de clasificación, el camino es un proceso gradual de evolución de la mente. Las prácticas del Mahamudra y del Dzogchen son las etapas finales de sus respectivos caminos.

Primero, revisaremos brevemente las características esenciales del sistema de tres yanas que fructifica en el camino del Mahamudra. Luego delinearemos el viaje de nueve yanas, que es el corazón del camino del Dzogchen.

El viaje de los tres yanas

En el proceso general de los tres yanas, primero nos observamos a nosotros mismos, luego a otros y, finalmente, a todo el entorno. En el primer yana, el Hinayana, aprendemos a relacionarnos más estrechamente con nuestra experiencia individual. Antes de que podamos ofrecernos a otros, como hacemos en el Mahayana, necesitamos experimentar nuestras propias emociones y trabajar con nuestro propio sufrimiento. Habiendo atravesado ese proceso, nos embarcamos en el viaje del Mahayana, el segundo yana, cuya esencia es utilizar la comprensión profunda para interactuar con otros. Finalmente, en el camino del Vajrayana, todas y cualquiera de nuestras experiencias son concebidas como oportunidades para el despertar. Desde esta perspectiva, estamos continuamente relacionándonos con todo el entorno sin hacer distinciones dualistas entre, por ejemplo, «lo bueno» y «lo malo», o «despierto» y «dormido».

EL HINAYANA

El Hinayana, que es asociado con el primer ciclo de las enseñanzas de Buda, es traducido como el «vehículo inferior». Sin embargo, eso no significa que el Hinayana sea inferior en calidad. «Inferior» se refiere a aquello que ocurre al comienzo, la parte más fundamental de nuestro viaje. El Hinayana se dice que está por debajo de los otros dos vehículos de la misma manera en que los cimientos de una casa o edificio son inferiores a los pisos superiores. Para construir una casa, debemos comenzar construyendo unos cimientos. En última instancia, cuántos pisos podamos construir dependerá de lo bien que pongamos los cimientos.

Muchos de los otros factores que afectan a nuestro viaje están determinados por cómo pongamos los cimientos del camino del Hinayana. Si queremos saltar directamente al Mahamudra o al Dzogchen, eso significa que nos estamos olvidando del Hinayana, lo cual implica que estamos olvidando nuestros cimientos. En el viaje de los tres yanas, cuando olvidamos nuestro trabajo preparatorio, acabamos meramente soñando. Soñamos con el noveno piso. Soñamos con lo hermoso que es y con todas las cosas preciosas que hemos escuchado sobre el mismo. No obstante, de hecho, no hemos llevado a cabo ningún esfuerzo serio para construir los cimientos necesarios para llegar allí.

El fundamento que estamos intentando desarrollar consiste en la visión de la ausencia de yo del Hinayana, la comprensión de la originación interdependiente y el camino de repulsión y renuncia. Para entender de manera correcta la ausencia de yo, que es la visión de la no existencia de un ego o yo individual, necesitamos entender que todos los fenómenos del mundo relativo de la existencia samsárica surgen solo en dependencia de causas y condiciones. No hay fenómenos que surjan independientemente. Cuando los examinamos, podemos ver que todos los fenómenos que constituyen una existencia individual son impermanentes, momentáneos y compuestos. También podemos ver que dicha existencia condicionada está llena de sufrimiento y dolor. La existencia samsárica es, de hecho, un ciclo repetitivo de sufrimiento, que surge a través de causas y condiciones de ignorancia, emociones perturbadoras y sus acciones kármicas negativas resultantes.

Cuando entendemos que el sufrimiento es la realidad verdadera de la existencia samsárica, desarrollamos un genuino sentimiento de repulsión, que conduce a la renuncia. Ver esta realidad se convierte en la motivación central para conectarnos con el Dharma puro, el camino genuino. La repulsión y la renuncia son similares. La repulsión es el estado de sentir disgusto frente al sufrimiento del samsara. La renuncia es, sencillamente, ver con claridad el sufrimiento samsárico y querer liberarse de dicho sufrimiento, queriendo alcanzar la felicidad última y la paz.

Tal comprensión del samsara nos conduce al camino de la liberación. Podríamos decir que el desarrollo de la renuncia nos ayuda a poner en marcha el motor de nuestro vehículo, de modo que podemos navegar en la carretera y encontrar una salida adecuada del sufrimiento. No queremos tomar solo cualquier salida. No queremos una salida que nos conduzca a un bar local o una que nos conduzca a una cueva en el Himalaya. Limitarnos a estar físicamente presentes en una cueva en el Himalaya no ayudará, porque llevaremos con nosotros, inevitablemente, nuestra mente samsárica completa. Por el contrario, cuando desarrollamos una verdadera repulsión, podemos renunciar a nuestras tendencias habituales y los profundamente arraigados hábitos sutiles de la mente que son ignorantes, perturbadores y dañinos para nuestro bienestar mental.

Cuando desarrollamos una comprensión genuina del sufrimiento, la renuncia y la naturaleza carente de existencia inherente del ego, podemos entrar de manera apropiada al camino del Mahayana.

EL MAYAHANA

El Mahayana, que es conocido como el «gran vehículo», está asociado con el segundo y tercer ciclo de las enseñanzas del Buda. Estos ciclos contienen los sutras de la Prajnaparamita, o los sutras sobre el conocimiento trascendental, y las enseñanzas sobre la naturaleza búdica. En este punto, estamos afirmando que no solo estamos trabajando para nuestro propio beneficio, sino para el beneficio de todos los seres vivientes. Sin embargo, si no podemos trabajar con nuestro propio aferramiento al ego, ¿cómo podemos trabajar con genuina compasión para el beneficio de otros? Estaríamos fingiendo. Sería como estarnos haciendo una camiseta genial que dice «Bodhisattva» o «Mahayanista», pero no significaría nada. Sencillamente, estaríamos vistiendo una camiseta publicitando una marca que dice «Bodhisattva» o «Soy compasivo. Trabajo para vuestro beneficio, amigos».

Es solo cuando hemos etendido de manera apropiada la noción Hinayana del sufrimiento y la visión de la ausencia de yo que resulta posible generar gentileza amorosa y compasión genuinas. Cuando hayamos reconocido nuestro propio sufrimiento y sus causas, podremos fácilmente entender que otros seres sufren también en el samsara, al igual que nosotros. Con esta comprensión, la compasión no es muy difícil de desarrollar. Requiere solo un pequeño giro en nuestra motivación, un pequeño giro en nuestro punto de referencia, de una visión centrada en uno mismo a la visión de cuidado por todos los seres sintientes. Cambiamos de preocuparnos solo por nuestro bienestar a preocuparnos por el bienestar de todos los seres vivientes de nuestro alrededor. Por lo tanto, cuando verdaderamente entramos en el camino del Mahayana, nos convertimos en genuinos practicantes de la compasión, practicando todo nuestro camino para el beneficio de otros. Nuestra preocupación por la felicidad y el bienestar de todos los seres supera nuestra preocupación por nuestra propia felicidad.

Esta clase de motivación se llama *bodhichitta*, que se traduce como «el corazón de la iluminación». El corazón de la iluminación tiene dos aspectos: relativo y último. La bodhichitta relativa es el deseo de alcanzar la iluminación con el fin de beneficiar a todos los seres vivientes. Queremos llevar a todos los seres sintientes al estado de la budeidad. La bodhichita última es la realización de la vacuidad combinada con la compasión. La vacuidad, o *shunyata*, en sánscrito, se refiere a la verdadera naturaleza de todos los fenómenos. Que la naturaleza esté vacía de existencia verdadera, inherente e independiente, está más allá de todos los niveles de elaboración conceptual. Esta comprensión genuina de shunyata no está limitada al conocimiento de la vacuidad del yo, sino que también incluye el conocimiento de la ausencia de existencia inherente de todo el universo. Por lo tanto, el camino del Mahayana nos conduce un paso más allá que el camino del Hinayana. Nos conduce al desarrollo de la genuina compasión y amor y a una comprensión más profunda de la vacuidad. Una vez que hemos realizado el trabajo preparatorio de los caminos del Hinayana y del Mahayana, podemos entrar al camino del Vajrayana.

EL VAJRAYANA

La meta de la práctica del Vajrayana, que es la realización de la libertad completa, no es diferente de la meta de cualquier otro camino budista. Sin embargo, el enfoque de este yana es bastante distinto. En la práctica del Vajrayana no apuntamos al logro de la iluminación. Por el contrario, la iluminación es vista como existente en todo estado del ser. Hay un sentido básico de continuidad de la mente iluminada que se asemeja a un hilo que atraviesa todas las cuentas de un rosario de oraciones. Este hilo atraviesa cuentas de todo tamaño y forma. De manera similar, la continuidad del corazón iluminado está presente en todo estado de la mente y en toda situación del samsara. En el Vajrayana, no vemos la iluminación como nuestra meta final, porque esta ya está aquí. Está presente en cada estado de la mente: tanto en cada estado de confusión como en cada estado de claridad y sabiduría.

Desde el punto de vista del Vajrayana, cuando estamos inmersos completamente en la experiencia del caos del samsara y de nuestras emociones, estamos experimentando la iluminación completa o el despertar completo. No importa cómo etiquetamos estas experiencias. Hay una agudeza básica en nuestras emociones que nos despierta por sí misma. No se requiere ningún método o remedio externo para despertarnos. La agudeza básica y el espacio básico de experiencia nos despiertan a la realidad de la iluminación.

Desde un punto de vista convencional, la visión del Vajrayana es un poco loca. Por ejemplo, no ve ninguna diferencia entre estar despierto o estar dormido. La misma experiencia de dormir es despierta. Dormir no es otra cosa que una densa claridad. La experiencia misma de las emociones es la experiencia misma de la iluminación. Esencialmente, el enfoque del Vajrayana hacia nuestro entorno en su totalidad y hacia nuestras emociones consiste en verlas como nuestro gurú. ¿Cuál es la función de un gurú? Un gurú nos despierta del sueño del samsara. Por ende, los practicantes del Vajrayana ven oportunidades para el despertar en la naturaleza de todas las experiencias, todas las emociones y todos los entornos. No hay un despertar fuera de estas experiencias mismas. Lo que de diversas maneras llamamos budeidad, iluminación o mente búdica está presente en este mismo instante.

El camino de los nueve yanas

Desde la perspectiva del Dzogchen, el camino se divide en nueve etapas, que están agrupadas en tres conjuntos de yanas. Estas etapas son descritas muy brevemente aquí. Una presentación completa del viaje de los nueve yanas se ofrece en la tercera parte de este libro.

El primer conjunto de tres yanas –Shravakayana, Pratyekabudayana y Bodhisattvayana– se conoce como Vehículo que Dirige la Causa del Sufrimiento porque nos conduce gradualmente al resultado final al tomar las causas del despertar como el camino. Dentro del sistema de los tres yanas, el Shravakayana y el Pratyekabudayana están incluidos en el Hinayana, mientras que el Bodhisattvayana concuerda con el Mahayana general.

En contraste con el camino gradual del vehículo causal, los dos conjuntos de yanas siguientes son conocidos como yanas de fructificación. Nos conducen más rápidamente al logro del resultado final, tomando el estado de fructificación mismo como el camino.

El segundo conjunto de yanas es conocido como el Vehículo de Austeridad y Conciencia, y consiste en tres tantras inferiores o exteriores: Kriya tantra, Upa tantra y Yoga tantra. Con estos tres yanas comenzamos el viaje del Vajrayana. En el Dzogchen, atravesamos no solo los yanas causales del camino budista básico, sino también la progresión de los tantras inferiores, que no son habitualmente practicados en el camino del Mahamudra. Este conjunto de yanas nos provee los medios hábiles para relacionarnos de manera más directa con la naturaleza fundamental de la mente.

El último conjunto de tres yanas se llama el Vehículo de Medios Abrumadores, y consiste en tres tantras interiores: Maha yoga, Anu yoga y Ati yoga. También conocido como el yana resultante, este vehículo comprende las etapas finales del camino, donde alcanzamos la esencia más íntima de todo el viaje. El último de estos tres yanas, Ati yoga, es el que, habitualmente, se conoce en tibetano como Dzogchen. Este es el punto donde el viaje termina y en el que hemos extinguido toda nuestra basura kármica. Es como un alto total gigante, el punto al final de una oración. Hay un sentido de plenitud y compleción. Al mismo tiempo, todo se detiene aquí: el samsara ha sido agotado. No va más allá de esto. Eso es el Dzogchen.

Entrando en el camino

El Buda enseñó que no hay iluminación ni sabiduría fuera de nuestras propias mentes. Desde esta perspectiva, lo que obtenemos de los maestros, las escrituras, o de seguir el camino espiritual a través de todas sus etapas, no es algo nuevo o externo a nosotros. Cuando seguimos el camino, adquirimos más medios hábiles para descubrir nuestra propia sabiduría y nuestra propia iluminación. Las enseñanzas de los caminos del Mahamudra y del Dzogchen nos muestran que la sabiduría y la iluminación se encuentran dentro de nuestras emociones y dentro de nuestro mundo ordinario. Desde el punto de vista budista, la manera más profunda de relacionarnos con el reino de nuestras emociones y con el universo entero es sencillamente experimentar cada momento tal como es, cada fenómeno tal como surge, sin conceptos y etiquetas. Si estamos buscando un camino mejor, estamos perdiendo nuestro tiempo.

Los caminos del Mahamudra y del Dzogchen son las rutas más inmediatas para esta realización. Estos dos caminos no son esencialmente diferentes, pese a que utilizan terminologías diferentes y métodos algo distintos. Muchos grandes maestros han enseñado que el Mahamudra y el Dzogchen son de una naturaleza inseparable. Sus instrucciones y métodos funcionan como máquinas recicladoras de energía muy poderosas y precisas que pueden procesar al instante todas nuestras resacas, residuos y desechos kármicos. Si hemos reflexionado sobre nuestra motivación y sabemos por qué estamos aquí, si estamos seguros acerca de nuestra meta y si podemos aplicar todo el poder, energía y agudeza de nuestra mente inquisitiva a nuestro viaje, entonces –y solo entonces– estamos preparados para entrar en los caminos más profundos del Mahamudra y del Dzogchen.

El gran mahasiddha indio, Maitripa, con su discípulo, el renombrado Marpa, el traductor.

Parte II
EL VIAJE DEL MAHAMUDRA

MAHAMUDRA: EL GRAN SELLO

*La naturaleza sabia de la mente,
no fabricada e incondicionada;
la naturaleza luminosa, vacía e incesante
de toda la realidad.*

2. Mahamudra: el gran sello

La naturaleza esencial de Mahamudra es como el espacio que todo lo abarca; no descansa en ningún sitio y está libre de todas las concepciones. Las enseñanzas del Mahamudra vienen directamente de las enseñanzas del Señor Buda Sakiamuni, el buda histórico. El linaje de estas enseñanzas de Mahamudra ha continuado desde la época del Buda histórico hasta ahora en un linaje ininterrumpido. Hay una transmisión oral o linaje «susurrado-al-oído» y un linaje de transmisión textual.

El término sánscrito *mahamudra* es *chak gya chenpo* (*phyag rgya chen po*) en tibetano. El significado de *chak gya chenpo* se explica de muchas maneras diferentes en nuestra tradición. Una de las fuentes principales de estas explicaciones es el *Mahamudratilaka Tantra*.[1] En general, *chak gya chen po* tradicionalmente comprende tres aspectos que encontramos en el significado de las sílabas *chak*, *gya* y *chenpo*.

---

1. *Mahamudra Drop Tantra* (tib. *Phyag chen thig le'i rgyud*).

La primera sílaba, *chak*, se refiere a la vacuidad o shunyata, y la experiencia de la vacuidad, que en la tradición de Mahamudra debe volverse personal y genuina. Por lo tanto, *chak* se refiere a la conciencia más íntima o la comprensión profunda de shunyata, la realización de la inseparabilidad del samsara y el nirvana en su naturaleza de vacuidad.

La segunda sílaba, *gya*, significa literalmente «sello» o «símbolo». En su sentido más profundo, *gya* se refiere a la naturaleza de la sabiduría inalterada, no fabricada o incondicionada: la experiencia de ir más allá de la existencia samsárica, de la libertad de los grilletes sutiles de las complejidades. *Gya* significa la cualidad intrínseca o la realidad primordial de todas las cosas, la cual trasciende la dualidad. Es la pureza primordial que abarca todo.

La tercera sílaba, *chenpo*, significa «grande» o «que permea». La naturaleza fundamental de la mente lo permea todo y es la naturaleza de todo. Es la unión de la vacuidad y la sabiduría. *Chenpo* significa esa unión y la realización de que la libertad es innata en la naturaleza verdadera de la realidad.

Por lo tanto, literalmente hablando, Mahamudra significa «gran símbolo» o «gran sello». Quiere decir también «gran gesto». El término *gran sello* se usa en el sentido del sello de un emperador. Cuando un emperador firma un decreto constitucional, al final hay un sello que carga el peso completo de esta autoridad. Hasta que se sella, la ley no significa nada, pero una vez que ha sido sellada, no hay nada que esté más allá de esa ley. En este caso, el sello es la naturaleza de toda la realidad. En otras palabras, no hay otra naturaleza o realidad que exista más allá de esta naturaleza de luminosidad y vacuidad, esta naturaleza de apariencia y vacuidad. La naturaleza del ego es la gran vacuidad. La naturaleza del yo es la ausencia de yo. La naturaleza del mundo fenoménico es la no existencia. Es vacío, aunque aparece. Esa es la razón por la cual se dice que la vacuidad es inseparable de la apariencia, de la luminosidad misma.

También se utiliza el término *gran símbolo*, pero «símbolo» no se refiere al sentido convencional de algo que está en lugar de o que sugiere algo diferente. Por el contrario, es la cosa misma, la cosa real. Por ejemplo, podemos decir que el espagueti es el símbolo de la comida italiana. Sin embargo, cuando comemos espaguetis no estamos comiendo un símbolo. Estamos comiendo una comida italiana real. De modo semejante, el «gran símbolo» no es como una fotografía que representa un lugar real en algún otro sitio. El gran símbolo es la gran naturaleza de la realidad verdadera. Es el sabor real de la naturaleza verdadera de la vacuidad-luminosidad inseparable.

Maitripa, un gran *mahasiddha* indio y uno de los ancestros del linaje Kagyu, explica la definición de Mahamudra del siguiente modo:

Mahamudra es la conciencia no dual que trasciende el intelecto; es no conceptual y lúcida, como el espacio que todo lo permea. Aunque manifiesta compasión ilimitada, está vacía de naturaleza intrínseca. Es como el reflejo de la luna sobre la superficie de un lago. Es lúcido e indefinible, sin centro o circunferencia, inmaculado, impoluto y libre de miedo o deseo. Como el sueño de un mudo, es inexpresable[2].

Las enseñanzas del Mahamudra son la esencia de las enseñanzas de la escuela de la nueva traducción del budismo tibetano. Esta escuela se refiere a aquellas tradiciones que se desarrollaron en el Tíbet durante la segunda difusión de la doctrina budista, que comenzó en el siglo XI. En particular, la escuela de la nueva traducción incluye las escuelas Kagyu, Sakya y Gelugpa. La escuela de la antigua traducción se refiere al linaje Nyigma. Los elementos fundamentales del Mahamudra se presentan en el viaje del Mahayana en las enseñanzas sobre la sabiduría o conocimiento trascendental llamada *prajnaparamita*. Las enseñanzas sobre Mahamudra también se enseñan en diferentes tantras y *shastras*. Los tantras se refieren a las escrituras o enseñanzas del Buda que forman la base del Mantrayana. Las shastras son comentarios o tratados filosóficos que elucidan las enseñanzas del Buda.

---

2. Dakpo Tashi Namgyal cita esto en *Phyag Chen Zla ba'i 'od zer*, publicado en inglés como *Mahamudra: The Quintessence of Mind and Meditation*. Traducido por Lobsang Lhalungpa (Boston: Shambhala Publications, 1986), pág. 95.

La montaña glaciar

El sol de la devoción

Para seguir el camino del Mahamudra, necesitamos la transmisión genuina del linaje y a los maestros del linaje. Desde el punto de vista del Mahamudra, el gurú tiene un rol muy importante, porque no importa cuán bien, cuán directamente y cuán perfectamente el Buda Sakiamuni transmitió las enseñanzas de Mahamudra, ya que ahora no podemos estar en su presencia. Sin embargo, podemos estar en presencia de nuestros gurús, y es solo a través de las bendiciones que somos capaces de recibir directamente que podemos conectar con este corazón de Mahamudra y alcanzar su realización. En la tradición de Mahamudra se dice que la compasión del gurú y los budas es igual, no hay diferencia en su compasión. Sin embargo, en términos de gentileza, nuestro gurú es más gentil con nosotros que todos los budas de los tres tiempos, porque él o ella señala directamente nuestra verdadera naturaleza. Por lo tanto, la clave de la experiencia del Mahamudra es nuestra devoción al gurú y al linaje. Sin devoción, no hay *adhishthana*, o transmisión por bendición. Sin adhishthana, no hay manera de alcanzar la comprensión de la naturaleza verdadera de la mente.

En uno de los cantos de realización, se dice que la devoción es como un sol que brilla sobre una montaña nevada. Esta montaña es como el gurú. Si el sol de la devoción no brilla sobre la montaña glaciar de los cuatro *kayas* del gurú, entonces el flujo del río de bendiciones no descenderá. Esta metáfora nos muestra si seremos capaces o no de recibir la transmisión del Mahamudra. Cuanto más intensamente brilla el sol de la devoción, con mayor fuerza fluirá la corriente de bendiciones. Si hace mucho frío, o está muy nublado, o si ningún sol está brillando, entonces la montaña glaciar permanece congelada. Es siempre hermosa, es siempre pura, pero el río no desciende de esa montaña. Por lo tanto, generar devoción es muy importante si vamos a recibir estas bendiciones. Es importante prestar mucha atención a nuestra mente de devoción. Debido a que la devoción al gurú, al linaje y a las enseñanzas de Mahamudra se enfatizan con tanta fuerza, el camino del Mahamudra es conocido frecuentemente como el camino de la devoción.

La devoción es el camino y la devoción es la realización. La devoción es la experiencia y la devoción es el fruto. Cuando experimentamos una devoción genuina, experimentamos la mente del Mahamudra, y cuando alcanzamos la realización de la profundidad de la devoción, alcanzamos la realización del verdadero estado de la mente de Mahamudra.

La devoción no es solo fe ciega; por el contrario, la experiencia o sabor de la devoción es la experiencia de la realidad desnuda de nuestra mente, sobre todo de nuestras emociones. La devoción viene de la confianza y la rendición de nosotros mismos. Dicha rendición y confianza vienen de la seguridad en nosotros mismos, que, a su vez, viene del conocimiento. Por ende, la devoción está arraigada profundamente en la sabiduría y el conocimiento.

La devoción apasionada: trabajar con las emociones

La experiencia de la devoción es extremadamente personal en términos de su grado y de su manera y poder de manifestación. La devoción es algo con lo que tenemos que conectar naturalmente, sin preconcepciones. Por ejemplo, no necesitamos sentarnos durante una hora para tratar de descifrar cómo o qué debe ser, o hacia qué objeto debe surgir. La devoción tiene que surgir naturalmente con la ayuda del linaje y con la ayuda de nuestras emociones. El poder de una experiencia genuina de devoción está más allá de los conceptos. Cuando experimentamos la devoción con plenitud, trasciende toda conceptualidad. Cuando experimentamos la devoción plenamente, nos ayuda a trascender las emociones, incluso si surge de las emociones o está basada en ellas.

Como con todo aspecto del camino, la devoción no surge de forma natural o fácil en todo el mundo, como tampoco es algo necesariamente constante. Es similar a nuestra experiencia de la práctica de meditación. Cada vez que nos sentamos y meditamos, ocurre de manera diferente. En ocasiones, nuestra práctica es profunda y serena. Puede que sintamos que es un logro maravilloso y que podemos trabajar con todos nuestros pensamientos y emociones. En otros momentos, puede que sintamos como si nunca antes nos hubiéramos sentado sobre un cojín. Puede que sintamos que lo hemos perdido todo, incluidas todas las cualidades de serenidad. Lo mismo ocurre con la devoción, excepto que fluctúa aún más.

En último término, la devoción no está dirigida al exterior de nuestra mente. Dirigimos la devoción hacia «la mente ordinaria», que es la mente de Mahamudra, y al corazón genuino de iluminación que está dentro de nosotros y dentro de nuestras emociones. Dirigimos la devoción a la mente de iluminación que está contenida justo dentro de nuestro miedo y esperanza. No hay mente de Mahamudra fuera de estas experiencias.

La devoción conlleva trabajar con nuestras emociones muy directamente. De hecho, las dos están conectadas de forma muy estrecha. Dentro de la devoción podemos encontrar los elementos de todas nuestras emociones. Hay elementos de pasión. Seguramente hay elementos de envidia, y hay elementos de agresión y orgullo también. Pero, aunque hay elementos de todas las emociones dentro de la devoción, la más fuerte es la pasión, seguida de cerca por la envidia. Es importante que procesemos estas emociones en vez de negarlas. Necesitamos verlas con claridad, al tiempo que intentamos recordar la gentileza, la sabiduría, *prajña*, y los medios hábiles que hemos recibido por parte de nuestro gurú y el linaje. Debemos seguir intentando desarrollar la devoción, no importan la intensidad y el tipo de emociones que surjan.

La envidia está frecuentemente involucrada con la devoción porque tendemos a compararnos con otros y nos volvemos competitivos. Por ejemplo, en una clase, hay muchos estudiantes, pero solo un maestro. Cuando el maestro reconoce a otro estudiante, puedes sentir: «Oh, mi colega lo está haciendo mejor que yo». Debido a que el maestro reconoció a esa persona y se olvidó de reconocerte, o incluso sonreírte, puede que pienses repentinamente: «¿Qué está pasando? Le sonrió al otro tipo de allí. ¿Hice algo mal?». Hay mucho miedo implicado en estos pensamientos.

Puede que no estemos totalmente locos de envidia, pero a veces hay una sensación de sentirse incompetente o indigno. Esto también surge de nuestras comparaciones. Por ejemplo, puede que te compares con otros estudiantes y pienses: «Oh, no soy digno. Ellos pueden hacer las cosas mejor que yo». En otros momentos puedes pensar lo opuesto: «Yo puedo hacer las cosas mejor que ellos». En ambos casos, la comparación se vuelve problemática.

Poseer cierto sentido de apertura, buena voluntad y coraje para trabajar con este tipo de emociones cuando estas surgen se vuelve un medio poderoso para experimentar y alcanzar la realización de la devoción verdadera. En ocasiones, es necesario reconocer la naturaleza provechosa o útil de nuestras emociones y reconocer su poder y potencial para beneficiarnos. No es justo acusar y culpar siempre a nuestras emociones.

La devoción original

La confianza en nuestro corazón iluminado puede fortalecerse a través de la confianza en el corazón del gurú. Llamamos a esto «la fusión de nuestra mente con la mente del gurú» o «la mezcla de nuestro corazón con el corazón del gurú». Al comienzo, debemos hacer esto intencionalmente, con confianza y esfuerzo. No obstante, de manera gradual esto ocurrirá sin esfuerzo. Algunas veces, cuando estamos total y completamente enfocados en la mente del gurú, tenemos la experiencia de fusión, la experiencia de ser una misma persona. ¿Qué ocurre en el momento siguiente? Puede que nos sintamos claustrofóbicos y salgamos corriendo de la habitación.

Intenta generar devoción en la cantidad que sea, en cualquier estilo, de la manera que puedas. Puedes cultivar devoción a tu modo. No te preocupes acerca de cómo lo hacen otras personas. Si solo imitas a otros porque piensas que la devoción debe ser uniforme, entonces tu devoción no será genuina. No temas expresar devoción con tu propio estilo, sea la manera tibetana, la manera norteamericana, la manera europea, la manera asiática, la manera rusa o cualquier otra manera. No importa. La devoción pura no tiene ninguna forma estandarizada o molde al cual ajustarse. Si hubiera una forma estándar para la devoción, entonces los maestros la habrían transmitido hace mucho tiempo, pero no hay una lista o un formulario para la devoción. Cada manera individual de expresar devoción debe ser lo más auténtica, original e individual que sea posible. Entonces habrá un sentimiento real de conectar con tu corazón, no exactamente de la misma manera en que el corazón de alguien más se conecta, pero de modo en que tú puedas sentir tu propia conexión con tu corazón. Esa es la parte más importante de todo nuestro viaje.

El camino del Mahamudra es muy diferente del viaje Hinahaya-Mahayana en este sentido. En el viaje Hinayana-Mahayana hay formas estándares. Hay listas. Si te comprometes con la ordenación monástica o los votos del bodhisattva, hay un listado de lo que puedes y lo que no puedes hacer. Hay una manera estándar en la que debes conducirte a ti mismo en ese camino. Sin embargo, en el camino del Mahamudra, esto está muy individualizado, y por ese motivo tu conexión personal con el linaje se vuelve tan poderosa e importante.

Se ha enseñado que, si alguien lleva a la práctica del Mahamudra la tendencia de enorgullecerse de no confiar en la guía espiritual del gurú, o de no seguir las instrucciones de meditación del gurú, entonces esa persona podría caer en el reino animal. En otras palabras, su práctica puede conducirla a un reino de estupidez, un estado de conciencia de completo ensimismamiento. Esto nos muestra que en el camino del Mahamudra, la devoción está fuera de toda cuestión respecto a si debemos o no tenerla, o si podemos reemplazarla o sustituirla por otra alternativa. La devoción no es opcional. Solo se puede alcanzar la realización de Mahamudra a través del camino de la devoción.

La historia del linaje del Mahamudra

El Mahamudra enfatiza la continuidad de las instrucciones orales que son transmitidas de maestro a estudiante. Este énfasis está reflejado en el significado literal del término *Kagyu*. La primera sílaba, *ka* (*bka'*), que significa «palabra», se refiere a las escrituras del Buda y las instrucciones orales del gurú. *Ka* tiene el sentido del significado iluminado transmitido por las palabras del maestro, así como la fuerza con la que estas palabras de comprensión profunda se transmiten. La segunda sílaba, *gyu* (*brgyud*), significa «linaje» o «tradición». Juntas, estas sílabas significan «el linaje de las instrucciones orales».

Hace más de dos mil quinientos años, el príncipe Sidarta alcanzó la iluminación bajo el árbol bodhi en Bodhgaya, y luego se manifestó como el Buda. De acuerdo con la cosmología budista, él fue el cuarto buda histórico de este eón afortunado. El logro de la iluminación del príncipe Sidarta –la realización misma– es llamada el *dharmakaya*, o el cuerpo de la verdad. Cuando esa realización se expresa a través de símbolos sutiles, es llamada el *sambhogakaya*, o el cuerpo de gozo. La forma física del Buda Sakiamuni, que es la manifestación histórica de esta realización en una forma más accesible a los seres sintientes, se llama el *nirmanakaya*, o el cuerpo de manifestación.

El linaje de Mahamudra remonta sus orígenes hasta el Buda Sakiamuni a través de Marpa Chökyi Lodrö, el gran traductor y yogui realizado que llevó el linaje ininterrumpido del Mahamudra del Buda desde la India al Tíbet. A los quince años, Marpa se entrenó primero como traductor bajo la dirección de Drogmi Shakya Yeshe y luego viajó tres veces a la India y cuatro a Nepal en busca de enseñanzas budistas. Se dice que Marpa estudió con 108 maestros y yoguis, pero sus maestros principales fueron Naropa y Maitripa. Luego Marpa transmitió el linaje a su hijo del corazón, el famoso yogui Milarepa.

El gran maestro Gampopa, que es también conocido como Dakpo Lhaje, y Rechungpa fueron los estudiantes principales de Milarepa. Gampopa fue profetizado en los sutras por el Buda y estableció el marco de referencia del linaje al unificar el linaje del Mahamudra de Milarepa con la tradición de las etapas del camino del linaje Kadampa. La tradición única resultante, conocida como Dakpo Kagyu, fue crítica con el despliegue del linaje Kagyu.

Gampopa transmitió este linaje a sus tres hijos del corazón, uno de los cuales fue el Primer Karmapa, Düsum Khyenpa. En la súplica al linaje Kagyu, el verso «conocedor de los tres tiempos, Karmapa omnisciente» es una referencia al Primer Karmapa. La transmisión pasó del Primer Karmapa a su discípulo, Drogön Rechenpa, y luego de él al Segundo Karmapa, Karma Pakshi. Desde entonces se ha transmitido continuamente hasta la presente encarnación, el Decimoséptimo Karmapa, Ogyen Trinley Dorje, el más joven de los sustentadores del linaje de Mahamudra. La continuidad de este linaje de transmisión se conoce como el rosario dorado.

En general, hay dos linajes principales de Mahamudra, que son conocidos como los linajes directo e indirecto. La fuente original de la trasmisión del linaje directo es el Buda Vajradhara, mientras que la fuente original de transmisión del linaje indirecto es el Buda Sakiamuni.

El linaje directo

La fuente original de las enseñanzas para la transmisión especial del linaje directo es Vajradhara, quien es el Buda primordial o dharmakaya. Vajradhara expresa la quintaesencia de la budeidad misma, la esencia de la realización de la iluminación del Buda histórico. La naturaleza del dharmakaya de Vajradhara, que es como el cielo, es representada en pinturas por su color azul oscuro. Vajradhara es una figura central del linaje Kagyu porque Tilopa recibió las enseñanzas del Vajrayana directamente de Vajradhara, quien es sinónimo del dharmakaya, la fuente de todas las manifestaciones de la iluminación. Por ende, el linaje Kagyu se originó en la naturaleza misma de la budeidad.

Tilopa reconoció el origen de este linaje del Mahamudra en sus canciones. Cantó: «Yo, el yogui Tilopa, no tengo ningún maestro humano; no tengo ningún maestro humano a quien seguir. Mi maestro, mi gurú, es el gran Vajradhara, la naturaleza dharmakaya de Vajradhara». Esto demuestra que el linaje desciende directamente de Vajradhara a Tilopa.

El linaje indirecto

La línea de transmisión originada con el Buda Sakiamuni, conocida como el linaje indirecto, se denomina también como el linaje de la instrucción oral. Tilopa heredó originalmente cuatro corrientes principales de sabiduría que fueron transmitidas por los mahasiddhas indios como Saraha, Nagarjuna, Aryadeva, Chandrakirti y Matangi. Tilopa condensó estos cuatro linajes de transmisión especial en uno, que transmitió a Naropa. Entonces esta corriente fue transmitida de maestro a discípulo: de Naropa a Marpa, de Marpa a Milarepa y de Milarepa a Gampopa.

Sin embargo, Gampopa recibió las transmisiones de dos linajes indios diferentes. Uno fue el linaje tántrico, que llegó a través de Tilopa, Naropa, Marpa y, luego, Milarepa. Esa tradición transmite un poderoso elemento de Vajrayana. Gampopa recibió también la transmisión completa del maestro indio Atisha, conocido también como el linaje Kadampa.

Atisha fue entrenado en la Universidad de Nalanda, donde se convirtió en un gran maestro budista. También sirvió como el maestro de disciplina en la Universidad de Nalanda. Durante la época de Marpa, llegó a Tíbet y transmitió muchas enseñanzas del Sutrayana. Fue responsable de la transmisión de las tradiciones filosófica y práctica de las enseñanzas de Prajnaparamita. Por ende, el linaje de Atisha estaba basado fundamentalmente en los sutras, aunque también transmitió algunas prácticas tántricas y de Mahamudra.

Por lo tanto, cuando el linaje de Mahamudra llegó a Gampopa, fue una rica mezcla de las tradiciones del tantra y el sutra. Gampopa presentó el linaje de Mahamudra a través de las enseñanzas de tres métodos diferentes para practicar Mahamudra.

Tres clasificaciones de Mahamudra

Según las enseñanzas y la tradición del linaje del Señor Gampopa, las tres calificaciones del Mahamudra son: Mahamudra del Sutra, Mahamudra del Mantra y Mahamudra de la Esencia. El Mahamudra del Sutra está basado fundamentalmente en las enseñanzas del sutra y el Mahamudra del Mantra en las enseñanzas del mantra. El Mahamudra de la Esencia se nutre de ambas, sutra y mantra, pero se distingue tradicionalmente como el camino devocional basado en las bendiciones.

Mahamudra del Sutra: el camino secreto en la ciudad

Las enseñanzas generales de Mahamudra fueron presentadas por el Buda y sus seguidores en ciertos sutras como los sutras de Prajnaparamita o los discursos sobre el conocimiento trascendental. Estos sutras enseñan «la gran vacuidad». El más breve de los sutras de Prajnaparamita es el *Sutra del corazón*, que enseña la inseparabilidad de la forma y la vacuidad. Ese sutra, junto con toda la colección de enseñanzas de Prajnaparamita, es una de las bases del Mahamudra del Sutra.

Las enseñanzas de la naturaleza búdica son la otra base del Mahamudra del Sutra.[3] Las enseñanzas de la naturaleza búdica

---

3. Los orígenes del Mahamudra del Sutra pueden rastrearse hasta las palabras del Buda Sakiamuni, principalmente el sutra *Samadhiraja*, y los elementos de las enseñanzas de Mahamudra pueden encontrarse en sutras como *Sagaramatipariprichchha*, *Maitreyaprasthana*, *Gaganaganjapariprichchha*, y mu-

señalan que la naturaleza de nuestra mente, emociones, y pensamientos está completamente despierta. Ese estado despierto es a lo que llamamos budeidad o iluminación. Además, esa iluminación es la naturaleza de todos los seres sintientes. Esta esencia de la iluminación es lo que llamamos naturaleza búdica o *tathagatagarbha* en sánscrito.

Estas dos corrientes de enseñanzas forman la base del aspecto sutra del Mahamudra. La práctica del Mahamudra del Sutra consiste esencialmente en el estudio y la contemplación de estos sutras, seguidos por la meditación. Contemplamos las enseñanzas sobre la vacuidad, o shunyata, así como las enseñanzas de la naturaleza búdica, que es nuestro estado despierto fundamental. A través de este proceso, descubrimos nuestro propio corazón de iluminación. Descubrimos que la iluminación no es algo externo a nosotros, sino que se encuentra dentro de esta mente misma, en nuestras emociones, pensamientos y percepciones. Es dentro de estas experiencias que vemos el estado básico de la iluminación.

La meditación del Mahamudra del Sutra consiste en descansar la propia mente, libre de actividad mental, en el estado de sabiduría no conceptual. Esta es la definición fundamental del Mahamudra del Sutra: la mente que descansa en el estado en el cual experimenta el *dharmadhatu*, que es la extensión o naturaleza de todas las cosas. Este reposo es, esencialmente, una

---

chos otros. El Mahamudra del Sutra, de acuerdo con las enseñanzas del Señor Gampopa, se deriva esencialmente del *Uttaratantrashastra*.

sabiduría no conceptual más allá de toda elaboración, o la unidad de la claridad y la vacuidad. En este contexto, uno medita del siguiente modo: el objeto de la meditación es la luminosidad libre de toda proyección; el sujeto perceptor es la ausencia de implicación mental; uno medita sin implicación mental. Hay muchas explicaciones extensas sobre la meditación sin implicación mental, las cuales se encuentran principalmente en las enseñanzas de Maitripa y Sahajavajra.

El enfoque del Sutrayana sobre el Mahamudra se considera un método muy profundo porque no requiere ningún ritual tántrico sofisticado y complejo, prácticas de visualización del yoga de deidad o *samayas*.[4] Es un enfoque simple de sutra, pero que expresa la transmisión directa de la esencia tántrica del despertar. Este enfoque en particular también se conoce como un pasaje secreto. Puede ser comparado a una calle secreta dentro de una ciudad, una ruta que no es muy conocida. Aunque está justo en el corazón de la ciudad, muy pocas personas saben acerca de esta calle secreta. ¿Cuál es la diferencia entre esta calle y las otras calles en la ciudad? Esta calle es un atajo, sin tráfico o semáforos, y es una ruta directa. Esta calle está justo dentro de esta misma ciudad y te llevará directamente a tu destino sin re-

---

4. El término *samaya* se traduce tradicionalmente como «palabra sagrada», y se refiere a una promesa o compromiso que adopta el estudiante en el momento del empoderamiento Vajrayana que une efectivamente al gurú, la práctica y la naturaleza fundamental propia del estudiante. El *yoga de deidad* se refiere a las prácticas de meditación que utilizan el apoyo de la visualización de un ser iluminado como medio de conexión con la sabiduría simbolizada por la deidad.

trasos. Por lo tanto, para encontrar este camino, no tienes que ir lejos. Los métodos directos y profundos del Mahamudra del Sutrayana se encuentran justo dentro del enfoque sutra, justo dentro del camino ordinario y simple de la práctica espiritual. Por medio de este camino, podemos alcanzar la budeidad completa atravesando los cinco caminos y los diez *bhumis*.[5]

El Mahamudra del Sutra es concebido como muy profundo, directo y, al mismo tiempo, simple. La diferencia entre el Mahamudra del Sutra y otros enfoques del sutra, como los caminos generales del Hinayana o Mahayana, es que el Mahamudra del Sutra tiene una tradición de medios hábiles que contiene métodos profundos para señalar directamente la naturaleza luminosa y carente de yo de la mente. Hay un método directo de señalamiento, que usualmente no existe en otros enfoques del Sutra. Los métodos hábiles para señalar la naturaleza de la mente utilizados en el Mahamudra del Sutra son importados, en cierto sentido, de la tradición del Vajrayana. Por lo tanto, la esencia del Mahamudra del Sutra se describe a menudo como prajnaparamita, o la sabiduría trascendental de la vacuidad, con un toque del Vajrayana. Finalmente, es llamada Mahamudra, el gran sello, porque, a través de la utilización de las palabras y enseñanzas mismas de los sutras, conduce a la realización del Mahamudra.

El enfoque del Mahamudra del Sutra es visto como una especialidad de la tradición Kagyu, y fue el énfasis central de las

---

5. Los cinco caminos y los diez bhumis se discuten en el capítulo 13.

enseñanzas de Gampopa. Por lo tanto, aunque se originó en la India y fue enseñado también por Marpa y Milarepa, Gampopa es considerado la figura principal responsable por llevar esta enseñanza a su desarrollo y manifestación plenas.

Mahamudra del Mantra: el camino del Gran Upaya

El segundo aspecto de la tradición de Mahamudra es el enfoque del Mantrayana o del Vajrayana.[6] Este enfoque comprende métodos bastante profundos y sofisticados, los cuales incluyen el trabajo con las prácticas con deidad de la etapa de creación y la etapa de compleción, así como instrucciones muy precisas para trabajar con *nadi*, *prana* y *bindu*.[7] La presentación principal del Mahamudra del Vajrayana se encuentra en los tantras *Anuttarayoga* y en las instrucciones de esos

---

6. El origen del Mahamudra del Mantra se encuentra en los tantras, especialmente en los tantras *Anuttarayoga* enseñados por el Señor Buda. Estos incluyen el *Guhyasamaya* y otros tantras padre, *Mahamaya* y otros tantras madre, *Kalachakra* de los tantras no duales o neutrales, el *Tantra Hevajra* de la esencia, el *Tantra Chakrasamvara* de la quintaesencia, el *Tantra Vajrachatushpitha*, y muchos otros.
7. Las prácticas de las etapas de creación y compleción se refieren a las dos etapas de la meditación del yoga de deidad. La etapa de creación enfatiza el desarrollo de la forma visualizada de la deidad. Durante la etapa de compleción, el practicante disuelve la visualización y medita sin forma. A través de la práctica de estas dos etapas, el practicante alcanza la realización de la naturaleza inseparable del aspecto aparente y luminoso de la mente y su vacuidad. *Nadi*, *prana*, y *bindu* son términos que se refieren a los canales, los vientos y las esencias que son los elementos básicos del cuerpo vajra sutil. Los nadis son los canales o senderos a través de los cuales se mueven los pranas, y los bindus son las esencias del cuerpo físico.

tantras. Estos tantras son transmitidos a través de los cuatro *abhishekas* principales, o empoderamientos. Cuando el Mahamudra se presenta como el estado desnudo y natural a través del uso de los métodos del Vajrayana, se llama Mahamudra del Mantra.

Una característica especial del camino del Vajrayana es la variedad y riqueza de sus métodos, a través de los cuales uno puede alcanzar la realización de la naturaleza de la mente. Esta diversidad de métodos no se enfatiza en el enfoque del Mahamudra del Sutra, en el cual solo hay un método simple de señalamiento de la experiencia de Mahamudra. En el Mahamudra del Mantra, hay muchos medios para señalar la naturaleza de la mente, como el proceso de los cuatro abhishekas. Cuando atravesamos el proceso de iniciación de un abhisheka, nos empoderamos para practicar el mandala de una deidad particular, la cual simboliza la naturaleza de la mente. Esta es la manera tradicional en la que a un estudiante se le presenta la naturaleza de la mente. Las imágenes de las deidades representadas en pinturas y esculturas son en realidad reflejos, imágenes especulares, de la naturaleza de nuestra propia mente. Al trabajar con dichos reflejos a través del proceso de visualización, estamos trabajando para alcanzar el reconocimiento de nuestra propia mente. Por ejemplo, para ver tu propia cara, debes apoyarte con un espejo. Cuando contemplas tu reflejo, puedes decir: «Oh, sí, mi cara tiene tal o cual característica», y puedes reconocer si tu cara está limpia o sucia. De manera semejante, los aspectos puros e impuros de la mente se reflejan en esas imágenes simbólicas de una deidad. Por ende, a través de la práctica del yoga de deidad, el Mahamudra del Mantra nos refleja la naturaleza de la mente.

La práctica de deidad del Mahamudra del Mantra es muy profunda; al mismo tiempo, es bastante fácil malentender las imágenes y malinterpretar a la deidad como una entidad externa. La práctica del camino del Vajrayana requiere una comprensión muy fuerte, y la fuente de esa comprensión son las instrucciones de los linajes y los tantras del Vajrayana. Cuando estudiamos las instrucciones y recibimos la transmisión, nuestra comprensión se vuelve clara. A través de esta comprensión clara, somos capaces de relacionarnos genuinamente con la práctica de deidad del Vajrayana.

El Mahamudra de la Esencia: realización y liberación simultáneas

El Mahamudra de la Esencia se transmite a través de un camino más profundo y más maravilloso que los dos anteriores porque conduce a la realización repentina de la verdadera naturaleza de la mente, la cual es llamada *thamal gyi shepa* (*tha mal gyi shes pa*) o mente ordinaria[8].

---

8. El origen del Mahamudra de la Esencia se encuentra en su mayor parte en los tantras Anuttarayoga, así como en los otros sutras y tantras mencionados anteriormente. Existen también muchos tratados *upadesha* (instrucción) y *dohas* (canciones yóguicas) de los mahasiddhas de India y Tíbet que transmiten el Mahamudra de la Esencia.

El Mahamudra de la Esencia se practica cuando un gurú extremadamente realizado concede una transmisión –un tipo particular de bendición, o adhishthana, denominado «el empoderamiento de la sabiduría vajra»– a un estudiante extremadamente receptivo, abierto, devoto y calificado. Este empoderamiento es considerado como el descenso de la realización real de los gurús raíz y gurús del linaje sobre o dentro del estudiante. A través del descenso de las bendiciones de esta sabiduría vajra, la *thamal gyi shepa* despierta de repente en el corazón de ese estudiante y es reconocida plenamente allí mismo. Como resultado, el estudiante experimenta lo que se conoce como la realización y liberación simultáneas.

En este camino, no hay necesidad de los métodos elaborados del Mahamudra del Mantra o del entrenamiento gradual del Mahamudra del Sutra. En el Mahamudra del Sutra, hay todavía algunas formas; por ejemplo, las prácticas de meditación *shamatha* y *vipashyana*, así como las prácticas de bodhichitta, se conservan. También hay una gran cantidad de estudio formal. En el Mahamudra del Mantrayana, también hay cierta formalidad del método que puede verse en la dependencia de la ceremonia y el ritual; hay, por ejemplo, extensas liturgias, visualizaciones y recitaciones de mantras. Por ende, en este sentido, el Mahamudra del Vajrayana es también una manera muy formal de presentar la naturaleza de la mente. En contraste, el camino del Mahamudra de la Esencia es totalmente sin forma. La transmisión ocurre al instante. El Mahamudra de la Esencia no es más que nuestra propia mente ordinaria y desnuda descansando en el estado no fabricado. En la tradición del Mahamudra de la Esencia, todos los aferramientos conceptuales, como el aferramiento a las ideas de lo sagrado y lo profano o lo virtuoso y lo no virtuoso, se cortan de raíz, y trabajamos directamente con la experiencia de la mente y su naturaleza. El gurú del linaje nos señala la naturaleza de la mente, de manera directa y desnuda. Esta clase de instrucción de señalamiento directo es muy genuina. No es algo que podamos imitar o repetir. No podemos «probarlo» y decir: «Ese solo fue un ensayo. No funcionó; hagamos lo mismo una vez más». No es así como funciona. En la tradición de este linaje, recibimos un señalamiento directo y desnudo que tiene un efecto. A lo largo de la historia del Mahamudra de la Esencia, el señalamiento siempre ha ocurrido de manera simple y ordinaria. Este tipo de señalamiento tipifica el enfoque del Mahamudra de la Esencia, donde trabajamos directamente con nuestras experiencias de la vida mundana y ordinaria, así como con nuestra experiencia de la naturaleza de la mente.

Perspectivas del viaje de Mahamudra

Nos preparamos para el viaje del Mahamudra, primero, entendiendo su lugar dentro del viaje más general budista y, segundo, afirmándonos en sus significados esenciales, características y formas. De este modo, estaremos listos para revisar más de cerca los detalles de los tres modos del Mahamudra: del Sutra, del Mantra y de la Esencia.

Base, camino y fructificación

El camino del Mahamudra es visto habitualmente desde la perspectiva de la base, el camino y la fructificación. Por ejemplo, cuando iniciamos nuestro camino del Mahamudra del Sutra, entramos en el nivel del Mahamudra de la base. En esta etapa, se nos presenta la naturaleza fundamental de la realidad, el estado básico de nuestra mente y el mundo fenoménico. Desarrollamos una comprensión intelectual clara de la visión de la vacuidad y de la naturaleza de la mente a través de nuestro estudio, contemplación y prácticas de meditación. Cuando estamos listos para dar lugar a la experiencia real de la meditación de Mahamudra, entramos en la etapa del Mahamudra del camino, dedicándonos a las prácticas preliminares y luego recibiendo las instrucciones de señalamiento directo por parte de nuestro gurú, que nos preparan para embarcarnos en las prácticas de meditación correspondientes. Subsecuentemente, desarrollamos nuestra práctica de forma más plena a través de las que se conocen como prácticas de enriquecimiento. La etapa de la fructificación es la compleción de nuestro camino. Es el punto en el cual descubrimos la naturaleza de nuestra mente, lo cual es el logro de la budeidad. Por lo tanto, ya sea que nuestro camino de Mahamudra siga los métodos del Mahamudra del Sutra, del Mantra o de Esencia, nos relacionamos con las etapas progresivas de la base, el camino y la fructificación. Esto es verdad incluso cuando las enseñanzas de Mahamudra hablan de «despertar repentino».

Despertar repentino

Incluso en el Mahamudra del Sutra hay cierto sentido de un despertar repentino. Estas enseñanzas se distinguen habitualmente de las enseñanzas budistas del Vajrayana; sin embargo, Gampopa describe al Mahamudra de la tradición Sutrayana como consistente con las enseñanzas del Vajrayana. Por lo tanto, podríamos preguntarnos qué significa decir que el Mahamudra del Sutra es consistente con las técnicas del Vajrayana.

Es importante notar que el Mahamudra del Sutra no consiste exclusivamente en las enseñanzas sobre el yoga de la vacuidad; no es solo un enfoque filosófico o intelectual para la comprensión de la vacuidad. El Mahamudra del Sutra presenta un cierto método de cliqueo, que viene de la tradición Vajrayana. Cuando ocurre el clic, hay una gran sensación de fuerza, una sensación de que se ha producido algo repentinamente. Cuando se conectan las enseñanzas extensivas de la vacuidad con esta noción Vajrayana de cliqueo, se vuelven mucho más poderosas y nuestro viaje progresa mucho más rápido. Este cliqueo depende y está fuertemente conectado con nuestra devoción al maestro, con las enseñanzas y con el poder de las bendiciones del linaje. De pronto hacemos clic hacia un cierto estado del despertar. Estamos hablando entonces de dos estados de mente: la mente dormida y la mente despierta. Cuando estás durmiendo, tienes el potencial de ser despertado, de ser una persona despierta. Siempre tienes ese potencial, y desde el punto de vista del potencial, no hay diferencia entre estar acostado y dormido y la persona despierta que mira cómo duermes como un tronco. Al mismo tiempo, existe una comunicación que está teniendo lugar entre la mente dormida y la mente despierta. Por ejemplo, la mente plenamente despierta de Vajradhara se comunicaba con Tilopa, quien estaba posiblemente medio despierto en cierto momento. Entonces el cliqueo se produjo entre ambos, y Tilopa despertó plenamente gracias a las enseñanzas de Vajradhara.

En cierto sentido, podríamos ver este clic como resultado de algo que viene desde el exterior. Debido a que experimentamos el mundo de manera dualista, nos aferramos a la noción de recibir algo desde fuera de nosotros mismos. Sin embargo, lo que sea que «recibamos» no es algo extraño a la esencia de nuestras mentes. Ya está allí, del mismo modo que el potencial para estar despiertos está presente en nuestras mentes mientras estamos en un estado dormido. Para despertar, solo necesitamos este cliqueo; no importa si utilizamos un reloj despertador para cliquear hacia el estado del despertar u otra técnica, como un baldazo de agua, que es mucho más poderoso. Sin embargo, como estamos siguiendo un camino progresivo, si intentamos utilizar el método de cliqueo para saltar al estado del despertar al comienzo de nuestro viaje, puede que experimentemos algo de confusión.

En general, nuestro gurú, o amigo espiritual, guía nuestro viaje a través del camino budista. Debido a esto, siempre tenemos un sentido de punto de referencia y algún sentido de bendición. Sin embargo, no debemos malinterpretar esto para convertir al maestro en alguien que tiene un poder absoluto sobre nosotros. Un maestro no tiene el poder de arrancarnos fuera del samsara. Por ejemplo, en el nivel Sutrayana general o básico del camino, el maestro es como un reloj despertador. Debemos hacer un esfuerzo para acercarnos al reloj y programar la alarma para que suene en el momento correcto. Luego, cuando empieza a sonar por la mañana, podemos elegir si nos despertamos o volvemos a dormirnos. Es nuestra propia responsabilidad individual: podemos apretar el botón del despertador y darnos la vuelta o levantarnos. Por lo tanto, tiene que existir cierto sentido de equilibro. Aunque el maestro o amigo espiritual es muy importante en nuestro camino, él o ella no es como Dios. Tenemos que contribuir con nuestro propio esfuerzo. Este esfuerzo comienza con el Mahamudra de la base, que es la enseñanza fundamental del camino del Mahamudra.

3. El camino que conduce a la experiencia

Hay tres etapas del Mahamudra del camino que generan la meditación real de Mahamudra: las prácticas preliminares, las instrucciones de señalamiento directo y las prácticas de enriquecimiento.

1. Las prácticas preliminares. El propósito de las prácticas preliminares es dar lugar a la meditación del Mahamudra cuando esta no ha surgido aún en el flujo mental del practicante. En otras palabras, en esta etapa inicial, las prácticas preliminares funcionan para conducir a, generar o dar surgimiento a la mente del Mahamudra en nuestra propia meditación.
2. Instrucciones de señalamiento directo. La segunda etapa ocurre cuando la meditación del Mahamudra está lista para emerger en nuestra mente. Las instrucciones de señalamiento directo se dan en este punto con el fin de hacer que la meditación del Mahamudra surja exitosamente en nuestro flujo mental. A esto se le de-

nomina el camino del Mahamudra de señalamiento directo.
3. Las prácticas de enriquecimiento. Cuando el señalamiento directo se ha hecho exitosamente, desarrollamos nuestra práctica de forma plena en la tercera etapa de nuestro camino de meditación a través de las prácticas de enriquecimiento.

Nuestra primera introducción al Mahamudra del camino es a través de las prácticas preliminares. Estas prácticas son los medios a través de los cuales uno se convierte en un candidato perfecto para las prácticas en sí del Mahamudra. La gran importancia de estas prácticas preliminares se expresa sucintamente en un aforismo tradicional del linaje: «La práctica preliminar es más profunda que la práctica misma».

La primera de las prácticas preliminares, conocida como los cuatro preliminares comunes o los cuatro recordatorios, es una práctica fundacional que es común a todas las escuelas budistas. Este preliminar esencial es seguido por los cuatro preliminares no comunes, que son comunes para todas las tradiciones del Vajrayana y Mahamudra. Hay un conjunto adicional de cuatro preliminares, llamados los cuatro preliminares especiales, que precede a la práctica principal. Después de la compleción de las prácticas preliminares, los estudiantes entran directamente al camino del Mahamudra.

Los cuatro preliminares comunes: los cuatro recordatorios

El viaje del Mahamudra a la iluminación comienza con las prácticas preliminares, que llevan a la meditación del Mahamudra adentro del propio ser. Los cuatro preliminares comunes o cuatro recordatorios son las contemplaciones o reflexiones sobre el precioso nacimiento humano, la impermanencia, el karma y los defectos del samsara. A menos que generemos una experiencia apropiada de los cuatro recordatorios, será muy difícil para nosotros conectarnos con cualquier otra experiencia en el camino.

Precioso nacimiento humano

En la primera contemplación, reflexionamos sobre aquello que es conocido como un precioso nacimiento humano. Se considera un nacimiento de este tipo aquel que posee las tres cualidades esenciales de confianza, diligencia y sabiduría. Cuando poseemos estas tres cualidades, nuestro nacimiento humano se vuelve precioso.

CONFIANZA

La primera cualidad esencial de un precioso nacimiento humano es la confianza. Desarrollamos confianza en nuestras propias cualidades de naturaleza búdica, en las enseñanzas del camino iluminado y en el maestro. Esta primera cualidad es un aspecto importante de nuestro precioso nacimiento humano porque, sin estos tipos de confianza, no tenemos un sentido de protección. Cuando desarrollamos confianza, desarrollamos una forma de protección que puede compararse al cuerpo de un automóvil. El cuerpo de un automóvil nos provee cierto nivel de protección, así como un sentido de belleza y comodidad. Por ejemplo, podemos disfrutar un asiento cómodo. No tenemos que caminar bajo la lluvia, una granizada o un sol caliente, porque tenemos la protección de un techo. Desarrollar la cualidad de la confianza es como desarrollar una protección a todo nuestro alrededor. Esta confianza rodea y protege nuestras cualidades positivas y la energía que ya poseemos.

DILIGENCIA

La segunda cualidad de un precioso nacimiento humano es la diligencia. Esta puede compararse con el combustible que se requiere para hacer funcionar nuestro automóvil. Aunque tengamos un coche precioso con asientos cómodos y un motor poderoso, si no hay gasolina, no se va a mover. Nuestro disfrute se limitará a sentarnos en el coche y disfrutar sus cualidades físicas. Para que se mueva, necesitamos gasolina. De manera semejante, para movernos a lo largo del camino, necesitamos diligencia. Sin la generación de diligencia, no iremos a ninguna parte, nos quedaremos varados en un hermoso concepto.

Simplemente tener confianza en nuestra naturaleza búdica básica, en las enseñanzas y en el maestro no nos mueve realmente a lo largo del camino. Ni la fe ni la devoción por sí solas son suficientes para movernos. Decía Shantideva que la diligencia significa estar inspirado por acciones honestas y virtuosas. La diligencia no significa ser un adicto al trabajo, trabajar duro veinticuatro horas diarias. Ambas, la diligencia y la confianza, requieren cierto grado de entendimiento y comprensión profunda. Sin dichos conocimiento y sabiduría no podemos tener confianza genuina o diligencia genuina.

SABIDURÍA

La tercera cualidad del precioso nacimiento humano es la sabiduría. Esta cualidad comienza con nuestra inteligencia fundamental, nuestro sentido común y nuestra mente racional. Cuando nos involucramos en cuestiones como la espiritualidad o la religión, a menudo olvidamos nuestro sentido común básico y seguimos estos sistemas de creencias sin mucho análisis o examen. En este contexto, la sabiduría comienza por relacionarnos con nuestra sabiduría humana básica en la forma del sentido común y la mente racional, y continúa todo el camino hasta la sabiduría trascendental de *prajnaparamita*, la gran sabiduría del Buda, la sabiduría que ve las cosas como son.

Esta sabiduría es semejante al conocimiento de conducir. Necesitamos saber cómo y hacia dónde conducir. Puede que tengamos un coche fabuloso y que tengamos también gasolina, pero si no sabemos conducir, un coche en movimiento se puede convertir en un arma peligrosa. Y si no sabemos hacia dónde conducir, entonces, una vez que hayamos encendido el coche y una vez que hayamos comenzado a acelerar en la autopista, no sabremos dónde acabaremos. La sabiduría de saber conducir viene primero; segundo, necesitamos la sabiduría de saber hacia dónde queremos ir y cómo queremos llegar allí.

La posesión de estas tres cualidades de la confianza, la diligencia y la sabiduría constituyen un precioso nacimiento humano. Tradicionalmente, esto se explica como la posesión de las ocho libertades y las diez condiciones favorables. Sin embargo, todas ellas están contenidas en estas tres grandes cualidades.

Impermanencia

Habiendo reflexionado sobre nuestro precioso nacimiento humano, habiendo visto claramente cuán difícil y poderoso es obtener esta situación para nosotros, nos movemos hacia el segundo recordatorio, que es la reflexión sobre la impermanencia. Una vez más, podemos utilizar la analogía de un coche. No importa cuán seguro y hermoso sea nuestro coche, no importa cuánta gasolina poseamos y no importa cuán avanzado sea nuestro conocimiento de conducir, nuestra situación sigue siendo impermanente. Un día, todo el asunto degenerará, natural o accidentalmente. Esto no puede prevenirse, por ejemplo, dejando nuestro coche en un garaje durante cien años. Aun así, se degenerará. Por otro lado, si activamente conducimos nuestro coche durante los veinte años siguientes, también se degenerará. Hay un sentido natural de degeneración o de venirse abajo. Esto es así tanto para el conductor como para el coche. Podemos ver este deterioro muy claramente tanto en los accidentes como en los procesos naturales. Reflexionando sobre eso, podemos apreciar nuestro precioso nacimiento y la oportunidad que tenemos de utilizar nuestras cualidades de la forma apropiada.

Una vez que tenemos todo aquello que necesitamos –el coche, la gasolina, las habilidades de conducción, una buena visión, una buena memoria, etc.–, es importante para nosotros que hagamos uso de nuestra situación de manera apropiada antes que se venga abajo. Contemplar la impermanencia significa, sencillamente, que vemos la naturaleza de la impermanencia de manera muy clara y reflexionamos sobre la degeneración natural de nuestra existencia. Reflexionar sobre todo ello es el recordatorio de la impermanencia, que es una contemplación muy poderosa. Como dijo el Buda en los sutras:

> De todas las huellas, las del elefante son las más sobresalientes; de igual modo, de todos los temas de meditación para un seguidor del Buda, la idea de la impermanencia es insuperable.[9]

---

9. Citado en Patrul Rinpoché, *The Words of My Perfect Teacher*. Prólogo del Dalai Lama. Traducido por Padmakara Translation Group. (Boston: Shambhala Publications, 2010), pág. 56. Traducción castellana: *Las palabras de mi maestro perfecto*. Prólogos del Dalai Lama y Dilgo Khyentse Rimpoché (Barcelona: Editorial Kairós, 2014).

Nagarjuna, en las *Sesenta estrofas sobre el razonamiento*, explicó más a fondo la importancia de esta contemplación:

> Al comprender el surgimiento, uno comprende la cesación.
> Al comprender la cesación, uno comprende la impermanencia.
> Sabiendo cómo relacionarse con la impermanencia,
> uno alcanzará la realización del Dharma genuino.[10]

Esto significa que, si alcanzamos la realización de la naturaleza del surgimiento, o nacimiento, entonces alcanzaremos la realización de la naturaleza de la cesación o muerte. A través del conocimiento de la naturaleza de estos dos aspectos, alcanzamos la realización de la verdad y la profundidad de la impermanencia, llegamos a comprender verdaderamente el Dharma genuino y tenemos la sabiduría para entrar en un camino de este estilo.

Esto significa, además, que alcanzamos la realización de la naturaleza sutil de la impermanencia –la naturaleza sutil del surgimiento y la cesación, o del nacimiento y la muerte– que ocurre en cada momento; de hecho, en cada segundo. Cuando contemplamos eso y vemos la verdad de la impermanencia, no estamos muy lejos de ver la verdad de la vacuidad. Nos aproximamos cada vez más a la verdad última. Por ende, reflexionar sobre el segundo recordatorio de la impermanencia no es

---

10. Extraído de *Sesenta estrofas sobre el razonamiento*, de Nagarjuna. Traducción no publicada del tibetano de Tyler Dewar.

solo bueno para el aspecto relativo de nuestra práctica, sino que es también una contemplación profunda sobre la verdad última. Esto es así porque la impermanencia es la naturaleza última de la verdad relativa. No podemos ir más allá en lo que concierne a la verdad relativa. Por lo tanto, para alcanzar la realización de la verdad del Mahamudra, es esencial que reflexionemos sobre la impermanencia.

Karma

El tercer recordatorio es la causa y el efecto o karma. En un sentido literal, karma significa «acción»; en este contexto particular, se refiere de forma específica a la acción mental. Independientemente de la clase de actos físicos en los que nos involucremos, cada uno de ellos ha sido precedido por una acción mental relacionada.

En general, debemos diferenciar entre karma y «destino». La visión budista del karma no propone que el resultado de un evento está por completo determinado por nuestro karma, nuestras acciones del pasado. Si dijéramos que cada persona está sujeta por completo a sus acciones kármicas pasadas, entonces nuestra visión del karma sería idéntica a la visión fatalista. Estaríamos viviendo en un mundo en el cual todo está predeterminado. Todos tendríamos un plano de nuestras vidas, por lo cual tendría poco sentido practicar el camino del budismo. Tendría poco sentido que el Buda presentara sus enseñanzas tiempo atrás. Si nuestras vidas estuvieran totalmente predeterminadas por el karma, entonces aquellos que estuvieran completamente predeterminados por su karma para lograr la iluminación, lo harían fueran cuales fueran las acciones que llevaran a cabo en sus vidas, mientras que aquellos que estuvieran por completo predeterminados a no alcanzar la iluminación debido a su karma, no serían capaces de lograrlo, sin importar qué acciones llevaran a cabo. No tendría sentido presentar el camino espiritual del budismo y no tendría sentido practicar o trabajar, a menos que tuviéramos que hacerlo debido a una fuerza kármica.

Desde el punto de vista budista, cuando nos referimos al karma no estamos hablando acerca del destino, sino acerca de una situación en la cual nuestras acciones del pasado cargan cierto peso y poder que afectan nuestras vidas presentes. De modo que sí tenemos un plano, pero es un plano en el cual nuestro karma pasado y nuestro karma presente cargan solo un cierto porcentaje del poder. Por ejemplo, puede que exista una situación particular en la que nuestro karma pasado carga cincuenta por ciento del peso. Eso significaría que hay espacio –sitio, para que las condiciones presentes surjan y afecten la situación actual– para que nuestro karma presente también ejerza la mitad del total de la influencia sobre la situación. Estos dos aspectos juntos –el karma pasado y el karma presente– constituyen el cien por cien de nuestro karma o la totalidad de los elementos causales que están presentes en cualquier situación dada.

Desde esta perspectiva, nuestro karma previo es como la semilla de una flor. Esta semilla tiene el potencial para crecer y producir una hermosa flor. Sin embargo, si dejáramos esta semilla de flor en una mesa durante cien años, no produciría ningún resultado. Para que la semilla produzca su resultado potencial, deben reunirse numerosas condiciones secundarias; por ejemplo, una tierra y temperaturas apropiadas, suficiente agua y luz del sol, etc. Cuando estas condiciones secundarias están presentes simultáneamente, la semilla produce su resultado, que es una flor.

Cada uno de nosotros enfrenta varios desafíos en nuestras vidas. Hay consecuencias kármicas, tanto del pasado como del presente, que tienen lugar en nuestras vidas todo el tiempo. Aun así, estas semillas kármicas no pueden crecer sin espacio. Necesitamos espacio en el momento presente para que crezcan nuestros resultados. Tenemos una enorme oportunidad en el momento presente para decidir cómo queremos que crezca esta flor y cómo queremos relacionarnos con ella. Trabajar con el karma significa saber cómo equilibrar nuestro karma previo y presente, así como saber de qué manera trabajar con la energía de la semilla en crecimiento.

Por ejemplo, imaginemos que, debido a mis acciones en el pasado, tengo la propensión kármica de matar peces. Si ese karma del pasado es muy leve –quizá solo el veinticinco por ciento de los elementos causales requeridos–, entonces habrá un sentido natural de espacio que me permitirá fácilmente evitar la repetición de las acciones negativas de matar peces, y también las consecuencias kármicas de esas acciones. No obstante, tengo que hacer un esfuerzo. Por ejemplo, dicha situación kármicamente relacionada puede surgir en la forma de una invitación a pasar un fin de semana largo o unas vacaciones. Un amigo puede acercarse y decirme: «¿Qué te parece si vamos a pescar? Tengo una casa preciosa en el campo junto a un lago». Todas las condiciones secundarias esenciales pueden reunirse y puedo ser arrastrado por ellas hacia la culminación de este karma pasado particular. Puedo seguir el veinticinco por ciento, incrementándolo hasta el cien por cien. Alternativamente, podría trabajar con la situación y hacer un esfuerzo para ver de qué modo puedo trascender ese karma.

Este es el tercer recordatorio: la reflexión sobre causa y efecto, que es la ley natural de la verdad relativa.

Los defectos del samsara

El cuarto recordatorio es la contemplación de los defectos del samsara. Esta contemplación es muy fácil de entender si solo pensamos acerca de todas nuestras quejas –nuestros sufrimientos físicos y mentales–. En este punto, reflexionamos sobre la naturaleza fundamental del samsara hasta que vemos claramente que su naturaleza básica está caracterizada por el sufrimiento y el dolor. Este recordatorio consiste en simplemente reflexionar sobre eso. Reflexionar sobre los defectos del samsara es como reflexionar sobre la verdad del sufrimiento.

Los cuatro preliminares no comunes

Los cuatro recordatorios son seguidos por los cuatro preliminares no comunes, que son comunes a todas las escuelas del budismo tibetano. Estos preliminares son: (1) refugio y bodhichitta, que purifican el nivel burdo del karma negativo del cuerpo; (2) la recitación del mantra de Vajrasattva, que purifica el karma del habla; (3) la práctica del mandala, que es la base para adquirir las dos acumulaciones de mérito y sabiduría; y (4) la práctica del yoga del gurú, que invoca las bendiciones del linaje. Por lo general, se llevan a cabo más de cien mil repeticiones de cada una de estas prácticas.

El primero de los cuatro preliminares no comunes es la toma de refugio y la generación de bodhichitta. En el Hinayana y el Mahayana, existe el refugio triple del Buda, el Dharma y la Sangha. En el Vajrayana, hay un refugio séxtuple. Cuando tomamos el refugio séxtuple, estamos en realidad entrando al camino del Dharma del Buda, en general, y del Vajrayana, en particular. Comenzamos tomando refugio en nuestro gurú, ya que el camino del Vajrayana no puede existir sin el principio del gurú. También tomamos refugio en los *yidams*, o deidades, y en los protectores.

Para tener un viaje apacible y alcanzar la realización, necesitamos purificar nuestras negatividades y oscurecimientos, los cuales son obstáculos en el camino. El segundo preliminar no común es una práctica de purificación profunda conocida como Vajrasattva, uno de los métodos supremos utilizados en el Vajrayana para superar las negatividades.

El tercer preliminar no común es la ofrenda del mandala. En esta práctica trabajamos con nuestros apegos, con nuestro aferramiento, con nuestro sentido básico de la mente del ego. Ordinariamente, nuestra conexión habitual con la realidad relativa tiende a enredarnos en la mente conceptual y en los puntos de referencia conceptuales, bloqueándonos así la posibilidad de lograr un estado completo de realización de Mahamudra o budeidad. El propósito de alcanzar la iluminación es beneficiar a un número ilimitado de seres de diferentes capacidades, y es solo a través de la acumulación de mérito que somos capaces de alcanzar dicha iluminación. Para lograr cualquier atisbo de la naturaleza de la mente, tenemos que soltar nuestro aferramiento al ego. En el camino del Vajrayana, logramos esto a través de la ofrenda del mandala, que es una práctica de soltar nuestras tendencias habituales de aferramiento y apego al ego y a todo el universo de fenómenos que existe a nuestro alrededor.

La llave más importante para nuestra realización se encuentra a través de las bendiciones de nuestro gurú, nuestros maestros, nuestros antepasados del linaje y la sabiduría primordial misma. Esta transmisión no es posible sin que nos abramos completamente a nuestros gurús del linaje. La práctica del yoga del gurú cataliza la apertura a las bendiciones y transmisiones del linaje, que es la cuarta práctica preliminar no común.

Estas prácticas preliminares no comunes son enseñadas con claridad en una variedad de textos, como *La antorcha de la ver-*

dad[11] y *Las palabras de mi maestro perfecto*. Debemos aprender a través de estos textos, junto con la guía práctica de un instructor. Cuando emprendemos las prácticas específicas, hemos de seguir las indicaciones e instrucciones dentro de las liturgias. Por ese motivo, es necesario trabajar con un manual de práctica. Además, es esencial recibir instrucciones personales por parte de nuestro maestro.

Los cuatro preliminares especiales

Hay un conjunto adicional de cuatro preliminares que son denominados los cuatro preliminares especiales o las cuatro condiciones de la práctica de Mahamudra: (1) la condición causal; (2) la condición empoderadora; (3) la condición de objeto, y (4) la condición instantánea.

Para lograr el estado real de la meditación de Mahamudra, es necesario cultivar las cuatro condiciones. El desarrollo de estas cuatro condiciones tiene un rol central en la meditación de Mahamudra porque la práctica en sí de Mahamudra es una cosa, mientras que el desarrollo de la atmósfera –las condiciones apropiadas para cultivar ese estado– es otra. Si no hemos desarrollado estas cuatro condiciones, no importa cuánto esfuerzo pongamos en el estudio y en la práctica que llamamos

---

11. J. Kongrul, *The Torch of Certainty*. Traducido por Judith Hanson. Prólogo de Chögyam Trungpa. Boston: Shambhala Publications, 2000.

«Mahamudra» o cuán versado sea nuestro maestro en dar estas instrucciones, ya que no será posible generar la experiencia de la meditación de Mahamudra. Para un practicante serio en este camino de simplicidad, es crucial prestar especial atención a estas cuatro condiciones. La alternativa es simplemente entregarse a una fantasía sobre la meditación de Mahamudra.

La condición causal

La primera condición es la condición causal, que es la práctica de repulsión. La repulsión es, en realidad, la mente que está libre de las preocupaciones temporales e inmediatas de las cosas mundanas. Esa mente se vuelve el «pie» de la meditación, tal como lo enseña la súplica al linaje Kagyu. No podemos recorrer el camino de Mahamudra sin este «pie».

En esta práctica, comenzamos desarrollando un sentido de disgusto hacia nuestra confusión ordinaria y reconociendo la basura que cargamos con nosotros todo el tiempo. Por lo general, pensamos que nuestra basura es muy preciosa. Es como si estuviera envuelta en una seda hermosa, de modo que no la vemos como basura. Parte de desarrollar la primera condición es hacer un esfuerzo para reconocer nuestra basura kármica por lo que es. Cuando podemos reconocer y aceptar nuestra propia basura, podemos comenzar a desarrollar repulsión y renuncia genuinas.

Además de desarrollar una cierta cualidad de desapego o repulsión hacia el samsara, nos liberamos de todas las actividades que no son útiles o significativas, actividades que nos conducen a las profundidades de una mayor confusión y sufrimiento o actividades que cultivan las causas del sufrimiento. Con el fin de desarrollar una visión clara de desapego, renuncia o repulsión, contemplamos los cuatro preliminares comunes.

Después de ver la cualidad preciosa de nuestro nacimiento humano, así como su naturaleza impermanente, desarrollamos un corazón genuino de renuncia, deseando y estando completamente dispuestos a alcanzar la liberación del dolor del samsara. Desear genuina y sinceramente la liberación del samsara se vuelve muy importante en la condición causal. Un corazón genuino de renuncia no aparece solo porque alguien nos dice que el samsara es dolor y, por ello, debemos desarrollar la renuncia. Es importante llevar a cabo nuestro propio análisis y meditación analítica y tener nuestra propia comprensión teórica y experiencial. Cuando todo esto se reúne, podemos desarrollar un corazón genuino que anhela la libertad. A partir de nuestra propia experiencia, podemos ver claramente nuestra propia oportunidad preciosa, así como la verdad y el origen del sufrimiento en el mundo frente a nosotros. Solo entonces podemos desarrollar un corazón genuino de renuncia.

Podríamos comparar esta experiencia a estar presos: si fuéramos enviados a una prisión, durante nuestra primera semana allí tendríamos una experiencia particularmente vívida, cruda y desnuda, de la cual querríamos escapar. Definitivamente no sería una expcriencia teórica.

No obstante, la renuncia no significa solo escapar de algo. Significa que iremos hasta el fondo de cualquier realidad así para encontrar la libertad dentro de ella. Eso es muy importante aquí. El deseo de liberarnos a nosotros mismos y a otros debe equilibrarse con el sentido de completa confianza en nuestra habilidad de alcanzar la liberación. No vemos el samsara como algo que consiste exclusivamente en un conjunto de situaciones desfavorables; vemos también las posibilidades de liberarnos del sufrimiento ahí mismo. Vemos que la libertad, la liberación y la iluminación son posibles dentro de este momento mismo. Una vez que reconocemos esto, el samsara ya no es visto como algo de lo que tenemos que escapar. La libertad no se ve como algo que existe fuera del samsara. Por lo tanto, no hay hacia dónde escapar. Por ejemplo, si estás en Manhattan y huyes a una cueva en los Himalaya, cargarás a Manhattan contigo. Puede que incluso sea aún peor para ti, porque la cueva es mucho más pequeña que Manhattan. Es probable que en la cueva aprecies y añores todas las buenas cualidades de Manhattan: hay metros fabulosos y es fácil moverse en la ciudad. Mientras que la noción del Hinayana de la renuncia ve la posibilidad de la libertad en el escape del samsara, la noción de renuncia del Mahamudra ve la posibilidad de la libertad dentro de esa situación misma.

Para desarrollar la primera condición, también contemplamos la impermanencia, la cual nos provee con una realización más profunda. Quien sea capaz de conectar con la impermanencia entenderá el Dharma verdadero. La naturaleza de todos los fenómenos es la vacuidad, shunyata; la comprensión de la impermanencia conduce a esta realización. La clave de la contemplación de la impermanencia no consiste en buscar noticias deprimentes, sino, por el contrario, en encontrar noticias iluminadas, es decir, la realización de la ausencia de ego, de la ausencia de yo o shunyata. Aunque tenemos muchas comprensiones profundas, pensamientos e ideas basadas en la conciencia discriminativa, entre todos estos pensamientos, lo supremo es el pensamiento de la impermanencia. Es el pensamiento que produce la impresión más profunda.

En estas enseñanzas sobre la condición causal, se nos instruye a contemplar los cuatro recordatorios, a pensar profunda y cuidadosamente acerca de la impermanencia, y luego a desarrollar un corazón genuino de renuncia. Esa renuncia nos dará coraje y engendrará el esfuerzo y la sabiduría que nos permitirán ver shunyata.

A partir de esta instrucción podemos ver que es importante desarrollar nuestro propio corazón de renuncia, abandonando todas las actividades que no son significativas.

La condición empoderadora

La segunda condición es llamada la condición empoderadora. Este término se utiliza habitualmente para referirse a un componente particular en el proceso de la percepción sensorial. Por ejemplo, cuando vemos un objeto visual, la condición empoderadora es la facultad del ojo. A menos que la facultad sensorial de los ojos se encuentre intacta, no podemos tener la experiencia de ver objetos. La facultad del ojo «empodera» nuestra habilidad para experimentar una percepción visual, de modo que la llamamos la condición empoderadora.

De manera semejante, la condición empoderadora para la meditación del Mahamudra es el gurú. Por lo tanto, de nuevo vemos la importancia del principio de la devoción: sin el gurú, nada es posible en el camino. En sus cantos de Mahamudra, el gran yogui Tilopa dijo que la característica principal de un gurú es la bendición del linaje o la transmisión del linaje. No hay gurú sin la transmisión del linaje. Por ende, los practicantes de Mahamudra son muy serios en lo que respecta a mantener pura su relación con el linaje.

Dentro de la condición empoderadora hay cuatro tipos de gurús. El primero de los cuatro gurús es el individuo que sustenta un linaje auténtico –un maestro del linaje–. El segundo es el gurú que es las palabras mismas del Buda. El tercero es el gurú de las apariencias simbólicas. El cuarto es el gurú último o absoluto.

EL GURÚ QUE ES UN INDIVIDUO EN UN LINAJE

El primer gurú es llamado el gurú que es un individuo en un linaje. A este gurú también se le llama el gurú del linaje de la instrucción oral, o del linaje susurrado al oído. El gurú del linaje es alguien que sustenta el linaje ininterrumpido y la tradición de las instrucciones clave, la meditación, la experiencia y la realización de Mahamudra. Desde el gran buda dharmakaya Vajradhara, el linaje desciende hasta el buda nirmanakaya de nuestro propio gurú. Es la tradición ininterrumpida del linaje de los mahasiddhas de la India, como Tilopa, Naropa y Maitripa. Hay ochenta y cuatro mahasiddhas, cada uno con una tradición diferente y un linaje diferente.

La adhishthana de un linaje de este tipo puede llevar a la experiencia y a la realización del Mahamudra a los flujos mentales de los discípulos a través de la creación del espacio adecuado o la atmósfera adecuada. Por lo tanto, las instrucciones son más que meras palabras. La atmósfera –el espacio mismo, la base, la tierra– se siente diferente. Una atmósfera así solo puede ser creada por un maestro auténtico, alguien que es un maestro del linaje. No surge sin la bendición del linaje de Vajradhara, Tilopa, Naropa y todo el resto de maestros.

El primer gurú es el más importante de los cuatro. El gurú del linaje es uno que abre la puerta a los tesoros de las instrucciones orales, al conocimiento más profundo o prajña que todos tenemos, y al conocimiento más profundo o prajña que el linaje presenta. La habilidad de abrir la puerta consiste en algo más que simplemente señalarle la puerta a alguien. También requiere el conocimiento exacto de lo que es la puerta. El gurú ha atravesado ya esa puerta y puede mostrar a los discípulos cómo trabajar con circunstancias desfavorables y trascender la realidad de dolor y confusión justo en ese lugar. Al tener esta comprensión, el gurú nos muestra de qué modo obtener el mayor beneficio de esas circunstancias. Por lo tanto, cualquier circunstancia puede transformarse en absolutamente positiva. Si sabemos cómo relacionarnos de manera apropiada con estas condiciones, entonces podemos lograr una inmensa comprensión. El gurú es alguien que nos puede mostrar esta posibilidad.

El gurú del linaje es un ser humano viviente con quien podemos comunicarnos física y mentalmente, y de quien podemos recibir instrucciones apropiadas, clarificación y una guía continua en nuestro viaje. El signo más indicativo del gurú del linaje es la calidad de la transmisión que sentimos en la presencia de esta clase de maestro. Tales bendiciones no se generan a través de palabras o a través de ceremonias rituales de empoderamiento. Alguien puede estar muy bien entrenado en filosofía, puede estar muy informado en cuestiones de la práctica, y ser capaz de hablar claramente acerca del camino. Esas habilidades vienen del entrenamiento, y cualquiera que es lo bastante diligente puede alcanzarlas. Sin embargo, experimentamos en el gurú una cualidad palpable de presencia que va más allá de eso y que no viene del entrenamiento.

Tener un contacto o relación apropiada con nuestro gurú es la condición más importante en el camino del Mahamudra. En la tradición del linaje de la práctica, se dice que el patrón de nuestro camino está determinado por el patrón de nuestra relación con el gurú. Nuestra conexión y nuestra relación con el gurú son un modelo para nuestro viaje. Se dice que, si nos relacionamos con nuestro gurú como un buda viviente, entonces recibimos la bendición de un maestro iluminado. Si nos relacionamos con nuestro gurú como un bodhisattva viviente, entonces recibimos las bendiciones de un bodhisattva. Se dice también que, si vemos a nuestro gurú como un ser completamente ordinario, entonces recibimos las bendiciones de un ser completamente ordinario. Si vemos a nuestro gurú como una persona completamente confundida y neurótica, entonces recibimos esa clase de bendiciones.

Si tomamos una medicina con plena seguridad y confianza en su efectividad, entonces recibiremos los mayores beneficios de ella. Sin embargo, si tomamos la misma medicina con una actitud ambivalente, pensando: «Probaré esto. Quizá me ayude, quizá no», entonces recibiremos un beneficio correspondiente. Nuestra actitud ejerce un fuerte efecto psicológico. De manera similar, el éxito de nuestro viaje de Mahamudra depende del nivel de seguridad y confianza que tengamos en las instrucciones que recibimos de nuestro maestro.

El camino del Mahamudra depende completamente de nuestra devoción. Las enseñanzas enfatizan que debemos ser cuidadosos, claros, genuinos y francos; es decir, relacionándonos abiertamente con nuestro gurú, sin ningún tipo de contención. Debería haber un sentido total de apertura. Eso es lo que llamamos devoción: exponernos totalmente al linaje, al maestro y a las enseñanzas.

EL GURÚ QUE APARECE COMO LAS PALABRAS DEL SUGATA

El segundo tipo de gurú es llamado el gurú que aparece como las palabras del *sugata* o el gurú de las escrituras. Este es el gurú de las palabras iluminadas. Se relaciona con las enseñanzas iluminadas del Buda, los mahasiddhas y otros grandes maestros del pasado y del presente. Cuando leemos estas palabras iluminadas, estas llevan a cabo la misma función que nuestro gurú viviente. Nos proveen instrucciones, guía, sabiduría y compasión. Por ejemplo, cuando leemos las *dohas*, o los cantos de los yoguis, de Tilopa, Naropa, Saraha, Milarepa y otros, nos estamos relacionando con el gurú de las escrituras.

Sin embargo, para entender al gurú de las escrituras, debemos confiar en el maestro del linaje. A través de la lectura, el examen y la contemplación, vemos que las palabras del Buda no son otra cosa que las instrucciones que hemos recibido de nuestro gurú. Vemos la conexión entre ellos. Vemos que, a través del simple proceso de señalamiento directo, el gurú del linaje nos ha introducido a la esencia de las enseñanzas del Buda. Llegamos a una comprensión y una certeza de que las instrucciones de meditación que hemos recibido están en completo acuerdo con todas las enseñanzas del Buda, sean estas del Hinayana, Mahayana, Vajrayana o Mahamudra. Vemos que no hay contradicción dentro de la gran variedad de las enseñanzas del Buda, y que todas ellas constituyen un único camino.

Necesitamos cierto fundamento para ser capaces de relacionarnos con el gurú que aparece como las palabras del sugata. Esta base es creada por las instrucciones que recibimos de nuestro gurú, y forma la base para la manifestación del gurú que aparece como las palabras del sugata. Como resultado, cada vez que leemos las palabras de los sutras o tantras del Señor Buda, podemos ver claramente el reflejo de nuestra propia experiencia.

EL GURÚ QUE SE MANIFIESTA COMO APARIENCIAS SIMBÓLICAS

El tercer tipo de gurú es el que se manifiesta como apariencias simbólicas o el gurú de las apariencias. El término puede ser también traducido como el gurú simbólico. Los practicantes de Mahamudra ven todas las apariencias como las instrucciones iluminadas del gurú.

Esta instrucción se refiere a *todas* las apariencias: apariencias exteriores, como los cinco elementos de la tierra, el fuego, el agua, el viento y el espacio, así como cualquier desarrollo de esos cinco elementos básicos, además de todas las apariencias en nuestra mente. Ya sea que la apariencia es una percepción, un concepto, el ego o el aferramiento al ego, es vista como el gurú. Ya sea que veamos los cinco elementos individualmente o en combinación, cuando miramos nuestro propio cuerpo o al mundo exterior, podemos ver el mensaje de la iluminación. Por lo tanto, todas las apariencias son vistas como el gurú y las actividades del gurú, y como instrucciones en el camino. Nuestros encuentros con estas apariencias pueden no ser muy diferentes a las instrucciones que recibimos de nuestro gurú: instrucciones provocativas, instrucciones desafiantes, instrucciones prácticas, instrucciones directas, instrucciones espontáneas e instrucciones no conceptuales.

Es importante que entendamos cómo confiar en el gurú que se manifiesta como apariencias simbólicas. Si podemos ver todas las apariencias verdaderamente como el gurú, entonces todas las apariencias se convierten en instrucciones de señalamiento directo que nos comunican diferentes aspectos de la realidad. Podemos usar todas nuestras experiencias internas y externas para comprender shunyata y la naturaleza carente de yo de todos los fenómenos, ya sea que analicemos esas apariencias o no. Si podemos conectar con una comprensión de shunyata meramente a través de ver, escuchar, saborear o simplemente experimentar un pensamiento, entonces estamos confiando en el gurú que se manifiesta como apariencias simbólicas.

EL GURÚ QUE ES EL DHARMATA ÚLTIMO

El cuarto tipo de gurú es llamado el gurú que es el *dharmata* último. Este es el gurú de la naturaleza última. Es la experiencia de la naturaleza de la mente ordinaria que nos ha presentado nuestro gurú, la experiencia instantánea de la vacuidad, la impermanencia o la renuncia.

La comprensión y realización verdaderas de la mente de Mahamudra y de la realidad de todos los fenómenos son llamadas el gurú último porque no hay realización superior que podamos alcanzar a través de nuestra confianza en el gurú. ¿Cuál es la función del gurú? El único propósito de confiar y seguir al gurú es alcanzar esta realización última. Esta realización es la confianza básica. Tener confianza básica, confiar en nuestro propio corazón y confiar en la naturaleza de todos los fenómenos se convierten en una experiencia de primera mano, una realización directa.

En ese sentido, no hay diferencia entre la base, el camino y la fructificación. Esta es la base que hemos estudiado durante tanto tiempo. Este es el camino que hemos tratado de experimentar. Este es también el resultado, cuya realización estamos finalmente alcanzando. La base, el camino y la fructificación son inseparables. Por ese motivo, las enseñanzas del Mahamudra de la Esencia dicen que el samsara y el nirvana son inseparables. Nos damos cuenta de que el samsara y el nirvana son inseparables y que la mente y la naturaleza básica de la mente son inseparables. Cualquier elemento de la mente que parezca confuso, caótico o superado por las emociones perturbadoras es en realidad inseparable de su naturaleza básica de dharmakaya. Ver, experimentar y alcanzar la realización de esta realidad es el gurú último, el gurú que es el dharmata último.

PREEMINENCIA DEL GURÚ DEL LINAJE

Entre los cuatro tipos de gurú, el más importante es el gurú del linaje, el maestro humano. Esto es así porque es solo después de haber recibido sus instrucciones que señalan directamente la naturaleza de la mente, y luego, basados en esas instrucciones, haber obtenido cierta certeza en nuestros propios corazones acerca de la verdadera naturaleza de los fenómenos, que tenemos la oportunidad de experimentar los otros tres gurús.

Sin el beneficio del gurú del linaje, no es posible trabajar con las palabras del sugata que aparecen como un gurú, ni con las apariencias simbólicas que se manifiestan como un gurú. Por supuesto, de manera semejante, no es posible trabajar con el dharmata último, que es también nuestro gurú. Estos tres dependen del primer gurú. Podríamos decir que el gurú que es un individuo en un linaje es una causa o semilla que produce cierto resultado, esto es, nuestra habilidad para experimentar los otros tres tipos de gurú.

La condición de objeto

La condición de objeto se refiere, principalmente, al trabajo con la naturaleza genuina de todas las apariencias –todos los objetos que percibimos o concebimos– con una verdadera comprensión de su realidad. De este modo, no caemos en los extremos o en visiones erróneas. Comenzamos viendo los errores que cometemos debido a nuestro aferramiento y fijación, cómo nos aferramos a las visiones extremas de un yo personal y del yo de los fenómenos. Entonces, a través de un proceso progresivo de estudiar los sistemas varios de la visión, comenzando con el *Shravaka* y seguido por las visiones del Chittamatra y del Madhayamaka, finalmente alcanzamos la visión de Mahamudra. En términos de comprender la realidad de los objetos o de ver la naturaleza verdadera de los objetos, es necesario tener una comprensión genuina de la visión de shunyata o de la ausencia de ego.

La condición de objeto comprende las instrucciones de la práctica sobre la visión del Mahamudra de la base y de las instrucciones de meditación del camino de Mahamudra. El término «condición de objeto» se utiliza para describir la tercera condición, porque es similar a un componente de la percepción sensorial, es decir, el objeto que se percibe. Por ejemplo, si no hay objeto visual, uno no puede generar una percepción sensorial visual. De manera semejante, sin esas instrucciones sobre la visión del Mahamudra, que es el objeto, uno no puede generar las experiencias del camino de Mahamudra. Por lo tanto, las instrucciones y las meditaciones del Mahamudra son llamadas la condición de objeto.

El objeto básico de nuestra meditación es la inseparabilidad del samsara y el nirvana, o la inseparabilidad de los tres kayas, en esta naturaleza misma de la mente y en este momento mismo de realidad. Ese es el Mahamudra de la base. Desarrollar la comprensión correcta de esta base es esencial porque, si no tenemos la visión correcta, entonces no podemos tener ningún sentido del objeto correcto de meditación. Descansar en ese estado de realidad, que es el estado de Mahamudra, se convierte en la condición de objeto.

La condición instantánea

La condición instantánea es la liberación de la esperanza y el miedo. Estar libre de esperanza y miedo significa que no esperamos que surja una «buena» meditación. No esperamos que ocurra nada *maha* o «grande» en nuestra sesión de meditación sentados. Al mismo tiempo, no tenemos miedo de no poder conectar con el corazón de Mahamudra o con el espacio genuino de la realidad.

No obstante, como la mayoría de nosotros sabemos por experiencia propia cuando nos sentamos a practicar la meditación de Mahamudra, no podemos sencillamente cliquear hacia el estado de la mente ordinaria de inmediato. Al sentarnos, nuestras mentes están llenas de pensamientos y conceptos. Es difícil cliquear inmediatamente hacia el estado libre de esperanza y de miedo. Por lo tanto, comenzamos trabajando con la esperanza y el miedo a nivel conceptual. Luego tratamos de ir más allá de las etiquetas para entrar de forma instantánea en la meditación de Mahamudra.

Por un lado, la realización y la experiencia nunca surgirán si, cuando nos sentamos, somos dominados por miedos como «No soy capaz de lograrlo. Tengo que ser una mejor persona, de otro modo no lo haré correctamente. No soy capaz de estar libre de pensamientos. No soy capaz de estar libre de esperanza. No puedo hacerlo; tengo que trabajar más duro». Por otro lado, puede que nos sentemos con excesivas esperanzas o preconcepciones acerca de la meditación, la experiencia o la realización, y nos dejamos, por ejemplo: «Quiero que mi práctica sea exactamente como lo dice el libro de Mahamudra. Quiero que sea exactamente igual a la descripción de todos estos maestros en sus cursos y conferencias. Quiero tener exactamente la misma experiencia que Milarepa tuvo con Marpa.

Quiero tener exactamente la misma experiencia que Naropa tuvo con Tilopa. Quiero tener exactamente la misma experiencia que mi gurú tuvo con su gurú». Este tipo de pensamientos indica que tenemos demasiadas preconcepciones. No estamos permitiendo que nuestra práctica sea natural y espontánea. No estamos «aquí y ahora» o en el presente. Por el contrario, estamos tratando de regresar a una experiencia pasada.

Cuando no piensas de una manera moldeada por la esperanza o el miedo, puedes sentarte y estar atento en el espacio. Puedes estar presente en ese momento particular, en esa situación particular, no importa cuál sea. Tu vida puede estar en crisis. Todo puede estar cayéndose a pedazos cuando te sientes en tu cojín. Si eso es así, simplemente siéntate sin esperanza y sin miedo. Simplemente siéntate en ese preciso momento, en esa precisa situación, en ese preciso estado, con pleno sentido de apreciación del momento. De manera semejante, si estás en un buen momento de tu vida, gozando de un gran éxito y experimentando un gran placer de la vida, también puedes sentarte en ese preciso momento y apreciarlo. No tienes que sentir: «Esto es demasiado maravilloso, demasiado placentero, demasiado rico. Debo ser pobre como Milarepa. Debo ser desdichado para poder experimentar el samsara». Puedes simplemente sentarte, sin esperanza ni miedo, con cualquier situación que se manifieste.

Cuando nos sentamos y meditamos sobre la mente de Mahamudra, debemos estar abiertos por completo. Nuestra mente debe estar genuinamente abierta para dejar que surja cualquier experiencia, para dejar que los fenómenos jueguen y dancen frente a nuestros sentidos y pensamientos. Podemos estar abiertos en el sentido de tener un interés genuino en conocer el momento sin etiquetarlo. En este estado de apertura, estamos siendo gentiles y amables con nosotros mismos, así como con el espacio y el momento.

Una vez que hemos generado la última condición, estamos muy cerca de la práctica real de Mahamudra.

Como estudiantes del camino de Mahamudra, se nos enseña que debemos recordar estas cuatro condiciones y fortalecer nuestra práctica sobre ellas. Si nos falta alguna de las cuatro condiciones, debemos intentar adquirirla a través del esfuerzo, la diligencia, la devoción y la gentileza. Estos son los preliminares que son particulares a la tradición del Mahamudra. No se enseñan en el camino del Hinayana-Mahayana. Son las condiciones que conducen a la realización de la mente de Mahamudra.

4. El Mahamudra de la base: la base sin base

El Mahamudra de la base es el descubrimiento fundamental de nuestra esencia de Mahamudra. Es el estado básico de nuestra mente, así como el estado básico del mundo fenoménico. Es la naturaleza fundamental de la realidad, que es la base de nuestra meditación, así como el objeto de nuestra meditación. La «base» aquí es la vacuidad. A través del descubrimiento de esta base, descubrimos nuestro corazón de iluminación. Descubrimos que la naturaleza fundamental de la mente de Mahamudra existe justo dentro de nuestra conciencia y pensamientos mundanos. Por ende, en el nivel del Mahamudra de la base, nuestro tema es la vacuidad, la ausencia de yo o la ausencia de ego. No podemos escapar de la base o saltar al siguiente nivel. Estamos atascados aquí, con la vacuidad.

En el camino del Mahamudra del Sutra, descansamos en este estado fundamental, que es la esencia base de nuestra mente. Descansamos sin ninguna conceptualización, sin ningún concepto relativo al descanso o a descansar sobre algo y sin ningún concepto de meditador y aquello sobre lo que se medita.

Dos aspectos de la base: vacuidad y ego

Primero, examinaremos el aspecto de la base, que es el estado fundamental o la realidad fundamental que descubrimos. A continuación, echaremos un vistazo al aspecto de la base que es el blanco, el objeto al que vamos a apuntar.

La joya de la vacuidad

De acuerdo con Maitreya, el estado fundamental o básico de nuestra mente –lo que podríamos llamar el estado inicial de nuestra mente– es puro y libre de todo grillete, de todas las cadenas conceptuales que nos atan a la existencia samsárica. Este estado fundamental de nuestra mente es el estado de budeidad o del ser plenamente despierto. Debido a que este estado de la mente es por completo fresco y puro, no contiene ni un ápice de confusión. En el estado despierto de la mente, no hay ni la más remota posibilidad de que uno pueda confundirse, contaminarse, encadenarse o hartarse.

En realidad, la base fundamental es la naturaleza de todos los seres vivientes. Desde el principio mismo de nuestra existencia, nuestra naturaleza ha estado en el estado de budeidad. Por lo tanto, la naturaleza de nuestras mentes no está separada de la naturaleza de la iluminación o de la naturaleza de un ser iluminado como el Buda Sakiamuni. No hay diferencia alguna. La naturaleza de nuestras mentes está libre del todo de la visión centrada en sí misma del ego. Esta naturaleza de la mente es el gran shunyata, la vacuidad.

Cuando hablamos acerca de la vacuidad en este contexto, estamos hablando de la mente que está vacía de toda contaminación, libre de toda la basura innecesaria que habitualmente cargamos. Maitreya dijo que esta mente es como una joya preciosa que ha caído en un lugar muy sucio –quizá algo semejante a un baño medieval–. La naturaleza fundamental de ese estado de la mente es tan preciosa, pura y radiante como la joya misma. Aunque esta joya preciosa puede cubrirse por completo de suciedad o basura temporales, la naturaleza de la joya no se alterará. Permanece igual tanto si la joya está cubierta de suciedad como si la han limpiado. De manera semejante, de acuerdo con Maitreya, la sabiduría plena y todas las cualidades de un buda están siempre presentes dentro de esta naturaleza de la mente, siempre brillando como una joya y siempre puras. Esta sabiduría nunca ha sido oscurecida o manchada; no importa qué estados de confusión o impurezas a hayan afectado, su naturaleza nunca ha cambiado.

Aunque la naturaleza de nuestra mente siempre ha estado en el estado de la budeidad, parece estar contaminada. Durante *kalpas* –a lo largo de eones y eones–, hemos estado acumulando capas de basura kármica alrededor de esta joya preciosa. Ahora descubrimos que es difícil identificar lo que está debajo de la basura. Cuando miramos una joya cubierta de suciedad, puede que la veamos meramente como una piedra corriente y nunca reconozcamos su verdadera naturaleza. De manera semejante, debido a que el estado inicial de nuestra mente está envuelto por incontables capas de basura kármica, puede que no reconozcamos su pureza esencial. Esto es, puede que no reconozcamos nuestra esencia de Mahamudra. Posiblemente encontremos difícil identificar incluso las capas que la oscurecen, sin mencionar a la joya misma. Debido a que hemos cubierto esta mente preciosa con tantas capas, no podemos percibirla, ni siquiera concebirla de forma clara y precisa.

Por lo tanto, es difícil para nosotros ver que el corazón o la naturaleza de nuestra mente está en el estado de budeidad. Si no podemos siquiera ver las capas con claridad, ¿cómo podemos tener la seguridad y la confianza suficientes en que hay una joya enterrada debajo? Supongamos que alguien te diera una piedra que está cubierta con capas y más capas de polvo y barro, diciendo: «Este es un diamante. ¿Quieres comprarlo?». ¿Estarías dispuesto a pagar lo que vale un diamante? ¿O solo estarías dispuesto a pagar lo que las capas valen? Sería una decisión muy crítica y difícil de tomar. Esa es la clase de desafío al que nos enfrentamos cuando decimos: «La naturaleza de nuestra mente está por completo despierta».

Maitreya nos ha dado diversas analogías para mostrar que la naturaleza de nuestra mente está en el estado de budeidad. Sostiene que la naturaleza de nuestra mente es como el sol, siempre brillante, siempre en el cielo, sin importar lo que percibamos desde la tierra. Puede que hoy no seamos capaces de ver el sol; puede que sea un día gris y lluvioso. Sin embargo, eso no significa que el sol no esté en el cielo. No importa cuán densas sean las nubes, nunca afectan al sol en sí mismo. El sol está siempre allí, brillando y sin cambios.

De manera semejante, la naturaleza de la mente o la sabiduría del buda está siempre brillando dentro de nuestros corazones. La única razón por la cual no percibimos este resplandor y no experimentamos esta sabiduría es debido a que están cubiertos por las nubes del aferramiento al ego, la mente de *klesha* y la basura kármica que hemos acumulado. Por lo tanto, para experimentar esta sabiduría, primero necesitamos reconocer las impurezas que la cubren. Una vez que nos hemos familiarizado con esas impurezas, podemos comenzar a reconocer la naturaleza verdadera de nuestra mente, que es la base misma. Entonces debemos reconocer nuestro blanco: el ego y nuestro apego al mismo. Ese blanco no está fuera de nosotros, y es la mayor impureza que oscurece nuestra sabiduría fundamental.

Apuntando al blanco

Al nivel del Mahamudra de la base, debemos descubrir por nosotros mismos lo que significa de verdad la vacuidad. Debemos descubrir el corazón del despertar dentro de nuestra propia mente, esta mente aparentemente confusa, aparentemente centrada en sí misma. Hacer este descubrimiento es el trabajo preparatorio del enfoque del Mahamudra.

Al comienzo, puede que pensemos que la base última de la vacuidad está desvinculada de nuestra realidad relativa, que en este contexto se refiere a nuestra experiencia convencional, no examinada del mundo. Se refiere al nivel relativo de la verdad, como opuesto al nivel último o absoluto. En general, la verdad relativa se describe como aquello que es intelectualmente fabricado. En otras palabras, surge de nuestra experiencia común y corriente de conceptos, etiquetas, emociones y confusión. Sin embargo, de acuerdo con Nagarjuna, para entender la naturaleza última del mundo –la naturaleza última de shunyata–, debemos, primero, comprender en profundidad la naturaleza del mundo relativo. Nagarjuna dijo que, para ir más allá del concepto, debemos apoyarnos en la comprensión conceptual. No podemos decir, sencillamente: «He tenido suficiente del mundo de los conceptos y la verdad relativa y ahora estoy listo para saltar dentro de la verdad última. Estoy listo para ir más allá de los conceptos». Tradicionalmente, se dice que si queremos ver el otro lado de la montaña y disfrutar de la hermosa vista del valle, debemos primero escalar este lado de la montaña. Solo cuando hemos escalado hasta la cima desde este lado de la montaña, es cuando podemos ver el otro lado de la montaña y todo el valle. En otras palabras, para entender la naturaleza de la verdad última, que es el otro lado de la montaña, primero debemos saber cómo escalar de manera apropiada este lado de la montaña, que es la verdad relativa, sin rompernos el cuello en el camino. Si vamos a comprender la verdad última de la vacuidad, primero debemos comprender la naturaleza sutil de la existencia relativa o la verdad relativa.

ORIGINACIÓN INTERDEPENDIENTE

Si vamos a entender la naturaleza de la existencia relativa, debemos entender la originación interdependiente, porque el mundo relativo surge solo a través de la interdependencia. La verdad relativa es aquella que existe en esta naturaleza de originación interdependiente[12] o la agregación de varias causas y condiciones. Nosotros llamamos a esto *tendrel* en tibetano y, en sánscrito, *pratityasamutpada*. Por ejemplo, la noción de «causa» se apoya en la noción de «resultado», y la noción de «resultado» existe únicamente en relación con la noción de algo llamado «causa». Por lo tanto, no puede haber causa sin resultado, así como no puede haber resultado sin causa. Toda la existencia aparentemente sólida de nuestro mundo relativo surge a través de esta naturaleza interdependiente y a través de nuestro proceso de etiquetado.

Un ejemplo utilizado con frecuencia por mi propio maestro para demostrar a sus estudiantes esta relación interdependiente es bastante simple. Él levantaba su mano, con el dedo meñique y el anular elevados, y preguntaba: «¿Cuál de los dedos es más largo y cuál es más corto?». El estudiante respondía: «El anular es más largo y el meñique es más corto». Así es

---

12. Esto se refiere a la dependencia mutua de causas, condiciones y sus resultados. También se refiere a la interdependencia de estas cosas y su surgimiento en dependencia de otros elementos. Además, se refiere a la relatividad de las causas, condiciones y resultados, identificados como tales en relación entre ellos.

como etiquetamos las cosas. Tenemos una fuerte visión conceptual del mundo que nos lleva a decir: «Esto es largo y eso es corto». Entonces pensamos: «Esto realmente es largo y eso realmente es corto». Todos pensamos de esta manera. Sin embargo, mi maestro concluía elevando el dedo corazón, aún más largo, de modo que el dedo que habíamos considerado previamente como «el largo» se convertía en «el corto».

Podemos ver a través de este ejemplo que nuestro fuerte aferramiento, fijación y etiquetado, que dictan: «Esto es largo y eso es corto» o «Esto es bueno y eso es malo», siempre existen en relación con otros conceptos. Nuestros conceptos, así como los fenómenos mismos, surgen a través de la agregación de muchas causas y condiciones. Los fenómenos mismos son interdependientes, así como son dependientes de nuestros pensamientos que etiquetan. Todo nuestro mundo es, sencillamente, la creación de nuestros conceptos. En consecuencia, tenemos un mundo que llamamos «hermoso» y un mundo que llamamos «feo». Tenemos también un mundo que llamamos «bueno» y «malo». Todos experimentamos la «realidad» de manera diferente. En realidad, nuestras experiencias son muy individuales. Por ejemplo, la manera en la cual yo experimento una flor particular es única para mí; la manera en la que tú percibes o experimentas la misma flor es única para ti. No obstante, estas experiencias existen solo en nuestras mentes. Ni siquiera existen en alguna mente grupal general; existen solo en la forma de los pensamientos que etiquetan de la mente conceptual.

Etiquetamos a alguien como un buda, uno plenamente despierto, y etiquetamos a alguien más como un ser samsárico, uno completamente confundido. Estas también son etiquetas relativas. Para dar un ejemplo más mundano, etiquetamos a cierto perfume como «Samsara» y a cierta banda de rock como «Nirvana». Sin embargo, esas etiquetas no reflejan una verdad general; todos experimentamos las cosas de manera diferente. La experiencia del samsara no es siempre dulce; una persona puede experimentarla como dulce y otra como amarga. El samsara no es necesariamente dulce o amargo, no es fundamentalmente bueno o malo. Es, sencillamente, nuestra propia manera de percibir, nuestra propia manera de concebir las cosas. Todas estas experiencias dependen de nuestra relación con ese mundo particular, así como de nuestra relación con las capas o vínculos kármicos que hemos desarrollado.

Por ejemplo, una persona puede percibir a alguien como un monje budista, otra persona puede percibirla como un hermano y otra puede percibirla como su hijo. Se trata de una única persona, pero cada observador utilizaría una etiqueta diferente y se relacionaría con él de manera diferente. Puede que alguien la perciba como una persona terrible –muy mala, agresiva e irritante–, al tiempo que alguien más puede percibirla como una persona muy gentil, bondadosa y amable. No obstante, ni la persona terrible ni la persona gentil existen de manera inherente. No hay una entidad del yo, no hay nadie que exista como alguien «inherentemente bueno» o «inherentemente malo». Si las cualidades que percibimos en los objetos existiesen de verdad –si fueran cualidades reales de los objetos, existiendo en su propia esencia y naturaleza–, entonces todos los percibiríamos del mismo modo. Si este fuera el caso, todos percibirían a una persona en particular de la misma manera –o bien como una persona terrible, o bien como una persona agradable–, pero no es así.

Todas nuestras percepciones y etiquetas relativas tienen una relación muy compleja que subyace a su existencia. Esa relación compleja se conoce como «originación interdependiente». El mundo relativo existe en la naturaleza de la originación interdependiente: los fenómenos son generados o surgen debido a la agregación de varias cosas. Si analizamos esa originación interdependiente del mundo relativo, veremos que está vacío por naturaleza. Esto significa que lo bueno no existe sin lo malo, y que lo malo no existe sin lo bueno. Por lo tanto, no hay una cualidad inherente que haga que algo sea fundamentalmente bueno o fundamentalmente malo.

CUARKS, ENERGÍA Y LUZ

Percibimos nuestro universo entero –todas nuestras experiencias relativas– de manera semejante. Etiquetamos estas experiencias y las solidificamos. Tomamos estas experiencias solidificadas como cualidades reales de objetos particulares. Tratamos de que nuestra experiencia relativa sea «real». Al mismo tiempo, sentimos cierto temor de que puede no serlo. Si observamos con mayor detenimiento nuestra experiencia, comenzaremos a verla tal como es. Cuando analizamos la verdad relativa, tocamos su naturaleza real, que no es otra cosa que shunyata, vacuidad o no existencia. Si analizamos la existencia relativa al nivel de etiquetas y conceptos, vemos que no existen verdaderamente.

Podemos también aplicar este análisis al mundo exterior de los objetos físicos. Cuando analizamos ese mundo, descubrimos que es muy difícil localizar cualquier tipo de solidez o existencia verdadera. Podemos comenzar nuestro análisis considerando cualquier objeto. Por ejemplo, si analizamos una mesa, fragmentándola en piezas cada vez más pequeñas, hasta la parte más diminuta de un átomo, acabaremos descubriendo que incluso la parte más diminuta puede continuar siendo fragmentada. Por lo tanto, no se puede decir que los átomos ni la mesa tengan alguna existencia sólida o fiable.

Mientras que nosotros podemos hacer este ejercicio mentalmente, los científicos lo han hecho físicamente a través de experimentos de la ciencia moderna. Por ejemplo, los teóricos cuánticos dicen que el átomo no existe en realidad como una entidad sólida. Por el contrario, dicen que está compuesto de cuarks, y que hay algún nivel de existencia que se manifiesta como luz, energía o cuerdas. Sin embargo, continúan dando nombre a las partículas y energía. Se detienen antes de decir: «Todo está vacío», porque eso significaría el fin del mundo.

Preferimos sostener que la materia está compuesta de algo. Si decimos que la materia está compuesta de cuarks, energía o luz, entonces podemos aferrarnos a la diminuta brizna de existencia que parece quedar. Esa noción provee al ego de un cierto grado de alivio, porque parece mostrar que el yo y el mundo no están totalmente vacíos. Podemos continuar pensando que no somos totalmente no existentes, que existimos de hecho, incluso si no estamos muy seguros de *cómo* existimos. De este modo, utilizamos términos como «luz» o «energía». Sin embargo, desde el punto de vista budista, cuando analizamos el mundo relativo, no encontramos ninguna existencia así. Ya sea que examinemos el mundo físico exterior o el mundo interior de nuestras mentes, no encontramos ninguna existencia sólida o inherente.

Podemos ver entonces que la base no tiene base. Cuando analizamos la verdad relativa –cuando la examinamos y meditamos sobre ella–, podemos ver cómo esta base se vuelve insegura. Si continuamos con este análisis, entonces nos conducimos hacia la naturaleza no existente y carente de yo del mundo, la cual es una gran experiencia. Es por esa razón que hay tantas instrucciones que nos dirigen a reflexionar sobre la ausencia de base del samsara. En ocasiones, puede que nos preguntemos si la base misma en la cual estamos parados puede permanecer allí por los siguientes cinco minutos, porque, cuando analizamos esa base, podemos ver, verdadera y claramente, que no existe. Desde el punto de vista absoluto, no existe, aunque, desde el punto de vista relativo, sí existe. Puede que digamos: «Absolutamente, no, pero relativamente, sí». Tenemos que hacer una distinción clara entre lo relativo y lo absoluto. Cuando hablamos acerca de la vacuidad, estamos hablando desde el punto de vista de la realidad última o absoluta. No estamos hablando de la experiencia relativa, que existe, pero solo en la naturaleza de la interdependencia.

AFERRARSE A UN VIEJO AMIGO

Habiendo descubierto que el mundo exterior de las apariencias relativas está vacío, lo siguiente es analizar nuestra propia noción del yo y nuestra presunción de que el yo existe. ¿Qué es este yo que parece tan real y tan poderosamente existente? ¿Qué es esto del ego, en cualquier caso? Al nivel de la base, nuestra tarea es descubrir la naturaleza real del ego. Necesitamos realizar un análisis meticuloso y examinar qué es lo que significa este «yo». ¿Quién es? ¿Dónde se encuentra? ¿Qué es?

En la tradición budista, se dice que el yo está compuesto de los cinco *skandhas* o agregados: el agregado de la forma, el agregado de la sensación, el agregado de la percepción, el agregado del concepto y el agregado de la conciencia. Es necesario analizar cada uno de estos agregados. Por ejemplo, la existencia de la «forma» como cuerpo físico, al cual llamamos «yo». Cuando decimos «yo», generalmente nos referimos a nuestros cuerpos. En nuestro análisis del yo físico, aplicamos el mismo tipo de análisis que utilizamos con la mesa. Comenzamos preguntándonos donde está localizado, específicamente, ese yo personal en relación con nuestro cuerpo. ¿Es el yo nuestro cuerpo como una totalidad o puede encontrarse en cualquiera de las partes particulares de nuestro cuerpo, como nuestras manos, nuestro pelo o en cualquier otra de las partes que lo componen? ¿Dónde está este yo? Es necesario llevar a cabo un análisis minucioso, primero con el skandha de la forma, luego con el skandha de los sentimientos y así sucesivamente, con el fin de descubrir cómo o de qué manera nos estamos aferrando al yo o a nuestro ego. Debemos comenzar identificando lo que es realmente el yo antes de que podamos trascender nuestro aferramiento al mismo.

Esta es una práctica difícil. Cuando analizamos este ego, el problema que encontramos es que nuestro ego ha estado con nosotros –dentro de nuestro ser– durante mucho tiempo. Nuestro ego se ha vuelto un amigo con quien hemos tenido una estrecha relación durante millones y millones de años. Ahora estamos descubriendo que este amigo nos ha estado engañando todo este tiempo, no solo durante unos pocos años, sino durante eones. Cuando descubrimos esto, experimentamos una tremenda lucha dentro de nuestras propias mentes. Una parte de nuestra mente aún se aferra a este amigo y a esta relación. La relación es tan íntima que el ego se ha vuelto casi uno con nuestro corazón y, por lo tanto, es muy difícil para nosotros separarnos de este viejo amigo. Nuestro impulso natural parece llevarnos de regreso a esa relación, de regreso a esa amistad con nuestro ego. Todavía sentimos simpatía y un cierto sentido de amor que no podemos abandonar. Todavía hay cierta resistencia a soltar; no queremos cortar por completo nuestros lazos con el ego. Al mismo tiempo, la otra parte de nuestra mente ve cuán deshonesto ha sido este amigo y cómo nos ha engañado. Nos damos cuenta de cuánto dolor y sufrimiento hemos soportado. Vemos claramente que no conlleva beneficio alguno continuar esta relación con nuestro ego. Vemos que no hemos obtenido paz o felicidad; de hecho, podemos ver el daño que nuestra relación con este viejo amigo ha causado.

TRASCENDER EL AFERRAMIENTO AL EGO

Nos quedamos con este sentimiento dividido, no sabiendo exactamente qué hacer o, quizá, sabemos exactamente qué hacer, pero parece que no podemos hacerlo. Una y otra vez, descubrimos que no podemos poner en práctica nuestra comprensión porque todavía existen poderosos impulsos que nos devuelven al patrón de nuestra relación con el ego. Nos damos cuenta de que debemos hacer un esfuerzo enorme para trascender nuestro aferramiento. Descubrir la verdad de la ausencia de existencia inherente del yo es una muy mala noticia para el ego, y nuestro ego no quiere escuchar nada acerca de ello. Confrontarse con el ego es como confrontarse con un amigo y descubrir de deshonestidad en nuestra relación. Por supuesto, la primera reacción de nuestro amigo es ignorar esta verdad, y nuestra propia reacción inicial es tratar de olvidarla, porque, de algún modo, continuamos sintiéndonos bien con esta relación. Aún tenemos cierto sentido de compromiso que nos ata una y otra y otra vez. No importa hasta qué punto y cuán profundamente reconocemos la verdad de la ausencia de ego, volvemos a aferrarnos al yo. Parece que no podemos evitarlo. Hay un fuerte impulso kármico que nos lleva de vuelta a esta relación.

En este punto, cortar nuestra relación con el ego requiere una gran sabiduría y un gran conocimiento. El primer paso para descubrir la sabiduría de la ausencia de ego consiste en reconocer que este no tiene existencia inherente. La naturaleza misma de nuestro aferramiento a las cosas como existentes está vacía. Ver estas verdades claramente y luego reconocerlas es el paso inicial en nuestra práctica de trascender el aferramiento al ego. Habiendo visto esto, desarrollamos el coraje de trascender el aferramiento al ego y a los impulsos kármicos que constantemente nos llevan de vuelta a esa relación con nuestro ego. Este coraje es la primera sabiduría que descubrimos en el viaje del Mahamudra. Se desarrolla a través de la confianza, y la confianza se desarrolla a través del conocimiento. Por lo tanto, el conocimiento se convierte en la clave para trascender el aferramiento al ego.

DESARROLLAR LA CONFIANZA

El coraje nace de nuestra confianza en la sabiduría que ve la ausencia de existencia inherente del ego. Sin embargo, ese coraje es muy difícil de cultivar, a menos que primero desarrollemos la confianza. Esta confianza no es una confianza ciega o una fe ciega, una simple creencia en la vacuidad, la ausencia del ego o la ausencia del yo. Por el contrario, requiere que analicemos y examinemos. Podríamos decir que esto significa que debemos masticar las enseñanzas de manera apropiada para que podamos verdaderamente saborearlas. Entonces podemos decir: «Sí, esto es la ausencia de ego» o «No, esto no es la ausencia de ego». La confianza, entonces, requiere el desarrollo del conocimiento, el conocimiento superior de la verdad de la vacuidad, que en su estado más desarrollado es en realidad el estado de sabiduría.

Podemos entender este proceso si pensamos en nuestra experiencia ordinaria. Cuando caminamos por la calle y encontramos a alguien, no nos dirigimos inmediatamente a este extraño y le decimos: «Tengo plena confianza en usted». Para tener confianza en alguien, tenemos que llegar a conocer a esa persona. Cuando nos hemos familiarizado el uno con el otro durante un tiempo y hemos compartido varias experiencias, desarrollamos un sentido de comprensión mutua. Entonces podemos decir con certeza: «Sí, tengo plena confianza en usted».

De manera semejante, tenemos que obtener confianza a través del desarrollo del conocimiento intelectual, así como agudizando nuestro entendimiento y comprensión intuitivos. Ese conocimiento y esa sabiduría son la esencia de las enseñanzas del Madhyamaka, en particular el linaje Madhyamaka de Nagarjuna. La sabiduría de Nagarjuna es la clave para desarrollar nuestra confianza en la ausencia de yo, con la que podemos ir más allá del ego y de nuestros vínculos kármicos de amistad con el mismo. Dicha confianza da lugar al coraje y, con ese coraje, podemos alcanzar el fin del sufrimiento, el fin de la confusión y el fin de esta relación viciada que mantenemos con nuestro ego. No importa cuán duradera pueda parecer esa relación, es temporal porque el ego es un elemento extraño. No importa cuán cercano a nosotros pueda parecer que está el ego, sigue siendo extraño para nuestro ser. Es un concepto ajeno y extrínseco a nosotros. Sin embargo, para tener la confianza para trascender nuestro aferramiento al ego, necesitamos desarrollar el conocimiento y la sabiduría de la vacuidad.

Atravesar los obstáculos para la iluminación

Aunque puede que hayamos atisbado la verdad básica de la vacuidad y nuestro propio corazón despierto, aún tendremos que enfrentarnos a obstáculos en nuestro viaje de los tres yanas. Una vez que hemos entrenado de manera suficiente en el vehículo fundacional del camino Hinayana, entonces abordamos la visión vasta del Mahayana. No obstante, para entrar en el camino profundo del Mahayana y dar a luz al corazón despierto de un bodhisattva, necesitamos ser capaces de reconocer y relacionarnos con los obstáculos que encontramos en el camino. El Señor Maitreya describió cuatro obstáculos principales en nuestro camino a la iluminación. El primer obstáculo es el apego. El segundo es descrito como aferramiento al yo o aferramiento al ego. El tercero es el aferramiento a la liberación personal o a la salvación individual. El cuarto obstáculo es el orgullo, en el sentido particular de superioridad de uno mismo.

Aferrarse a la felicidad samsárica

El primer obstáculo u oscurecimiento es aferrarse a la felicidad aparente del samsara o del mundo samsárico. Constantemente volvemos a caer en el patrón de apegarse a distintos aspectos del samsara. Al hacer esto, rechazamos las enseñanzas sobre el desapego, que explican tanto la no existencia del mundo samsárico como la no existencia de la felicidad samsárica. Este primer oscurecimiento está conectado al hecho de estar continuamente atrapados por nuestro apego a la felicidad. Tenemos la sensación de estar cómodos en nuestra existencia en el samsara. A pesar de que escuchamos acerca de todos estos reinos hermosos y puros, o de la liberación del samsara, todavía sentimos que este lugar no está tan mal. Aún tenemos la sensación de estar encadenados dentro de nuestro propio corazón a este lugar llamado samsara. Por mucho que comprendamos intelectualmente el samsara o que escuchemos hablar acerca de los diferentes estados de liberación, seguimos aferrándonos fuertemente al samsara, seguimos sintiéndonos saturados de él. Ese apego es el primer obstáculo en nuestro camino a la iluminación. Mientras tengamos este apego particular, tendremos una tendencia natural a rechazar el Dharma genuino que trasciende nuestro apego. Cuando rechazamos el Dharma, no podemos ver que el samsara es un lugar desdichado.

En el mundo Hinayana, el samsara se describe como un valle de lava hirviente, y lo único que queremos hacer es escapar. No queremos solo sentarnos y observar cómo nos derretimos en la lava. El samsara también se describe como un nido de víboras venenosas. No importa cuán gentiles o habilidosos seamos, en cuanto pongamos un pie en este nido de víboras venenosas, tarde o temprano una de ellas nos morderá y nos veremos afectados por uno de los venenos de las kleshas, si no es que no lo estamos ya. Por lo tanto, si no vemos y comprendemos plenamente que la naturaleza del samsara está totalmente permeada por sufrimiento y miedo, no podremos desarrollar ningún deseo de movernos hacia el camino de la liberación.

Por ejemplo, si te sientes cómodo en tu apartamento actual, entonces no tendrás la inspiración para mudarte a un lugar mejor. Probablemente rechazarás la idea de mudarte, que es un gran paso que requiere muchas tareas complejas y arduo trabajo. Por ende, lo primero que necesitarías comprender es que el lugar en donde vives te hace sentir desdichado.

Mientras estamos apegados a este mundo cómodo, hay una fuerza subconsciente funcionando que nos lleva a rechazar el camino genuino del Dharma. Este rechazo subconsciente del Dharma genuino es un problema mayor que el apego que lo causa, y se convierte en un bloqueo en nuestro camino de iluminación. Este es el primer obstáculo que tenemos que superar.

Aferrarse al yo

El segundo obstáculo es el aferramiento al ego. Hasta este punto, no hemos abordado directamente el aferramiento al ego. Hemos trabajado, en primer lugar, con nuestro apego, el cual es un nivel más burdo de aferramiento. Ahora vamos a la raíz de nuestro problema: el aferramiento al ego, que produce todas nuestras demás perturbaciones emocionales. Debido a este aferramiento, nos vemos involucrados en diversas acciones físicas y mentales llamadas karma. El resultado de involucrarnos en estas acciones es que producimos el samsara, que es nuestra experiencia del mundo. Que sea un mundo hermoso o un mundo desdichado no deja de ser una proyección y el resultado de nuestras acciones previas. Entonces podemos cómo el aferramiento al ego es la raíz de todas nuestras experiencias samsáricas. Por lo tanto, cortar la raíz del aferramiento al ego es el mayor avance en el camino del Mahayana.

Nuestro aferramiento al ego se manifiesta de varias maneras. Primero, tenemos el aferramiento fundamental e innato a uno mismo como «yo» o «mí». No importa si uno es un humano, un animal u otro tipo de ser: hay un sentido básico del «yo». Ya sea que utilicemos un lenguaje humano o un lenguaje animal para decirlo, existe sin duda esta noción del «yo» o «mí».

Además de este aferramiento fundamental al yo, tenemos un nivel secundario de aferramiento al ego, que es imputado. En este nivel, hay un aferramiento a la etiqueta misma, como «yo», que es meramente un concepto, una palabra. Luego hay otro conjunto de etiquetas, como «yo soy tibetano», y conjuntos adicionales de etiquetas, como «yo soy un monje», «yo soy una gran persona» o «yo soy fuerte» por ejemplo. Si nos inclinamos hacia el dogma, entonces seguiremos acumulando todas las etiquetas religiosas de un yo. Puede que creamos que este «yo» lo crean ciertos seres sobrenaturales o puede que tengamos la noción del «yo» como un «yo» omnipresente y autoexistente, tal como sostienen algunas filosofías hindúes. Como budistas, tenemos la noción de que el «yo» es la composición de los cinco skandhas. Todas estas etiquetas se convierten en capas que añadimos a nuestro aferramiento fundamental al ego. En este punto, se vuelve muy complejo e interesante, tan interesante que ya no nos reconocemos a nosotros mismos.

El aferramiento al ego incluye este conjunto completo de posibilidades. No importa si es el tipo innato de aferramiento o el nivel secundario e imputado de aferramiento: todas estas son formas o manifestaciones del aferramiento al yo. No importa si le damos al ego una etiqueta positiva, como «persona religiosa», o una etiqueta negativa, como «persona egoísta». Es lo mismo: es el aferramiento a uno mismo, el aferramiento a la existencia fundamental del «yo». Este es el mayor obstáculo en el camino del Mahayana.

Aferrarse a la liberación individual

El tercer obstáculo es aferrarse a la liberación individual. Al comienzo de nuestro viaje, que es el camino del Hinayana, nuestro objetivo es liberarnos a nosotros mismos. Cuando entramos al camino del Mahayana, nuestra meta se convierte en liberar a todos los seres sintientes. Si continuamos aferrándonos a la noción de trabajar en el camino para liberarnos solo a nosotros, entonces nuestro camino no está en consonancia con el corazón Mahayana de bodhichitta. Todavía nos aferramos al ego, pensando: «Quiero alcanzar la liberación y la iluminación solo para mí». Si todavía nos aferramos a la salvación individual, entonces no hemos cortado realmente nuestro aferramiento al ego y, por ello, no habrá mucha claridad. Este es el tercer obstáculo para el despertar desde la perspectiva del Mahayana.

Aferrarse al orgullo

El cuarto obstáculo es un sentimiento particular de orgullo, el orgullo de la superioridad propia. Es la idea de que podemos lograrlo todo sin apoyarnos en maestros, escrituras u otros seres vivientes y, además, sin ayudar a nadie más. Tener este sentimiento de orgullo obstaculiza el desarrollo de la compasión y la gentileza amorosa. También obstaculiza el desarrollo de la seguridad y la confianza en otras personas. Sin estas cualidades no podemos alcanzar la iluminación. Sin tener seguridad y confianza en los maestros y en las enseñanzas, y sin haber desarrollado compasión y gentileza amorosa hacia todos los seres sintientes, no es posible alcanzar el estado de iluminación. Incluso si tenemos gran sabiduría y conocimiento, aún tenemos que apoyarnos en la ayuda de otros seres. Sin otros seres vivientes, no hay manera de que podamos desarrollar nuestra práctica Mahayana de la bodhichitta relativa, que es una causa de la iluminación.

Generar una mente perfecta

En nuestro viaje personal, enfrentamos el desafío de superar estos obstáculos y, a su vez, desarrollar la realización madura y completa de un bodhisattva. Para estos cuatro obstáculos, el Señor Maitreya ofreció cuatro antídotos, que son la causa directa para generar la mente de bodhichitta. El primer antídoto es el desarrollo de una fe y una aspiración profundas por el Dharma del Mahayana. El segundo antídoto es el desarrollo de la sabiduría de la vacuidad. El tercer antídoto es el desarrollo de *samadhi* o meditación. El cuarto antídoto es el desarrollo de la compasión. Los cuatro antídotos son necesarios para dar lugar al resultado, el nacimiento del corazón despierto de un bodhisattva. Para ilustrar el nacimiento de un corazón noble de esta clase, Maitreya utilizó una metáfora que describe el nacimiento de un *chakravartin* o rey.

Maitreya comparó el primer antídoto, que es el desarrollo de la fe y la aspiración por las enseñanzas, el camino y la iluminación del Mahayana, con la semilla que viene del padre. Esta semilla de fe contrarresta cualquier tendencia por nuestra parte a rechazar el Dharma genuino que trasciende nuestro apego. La fe se relaciona con nuestra seguridad y confianza en nuestro propio potencial, nuestra propia naturaleza búdica y nuestras cualidades de prajña y compasión. Cuando estas faltan, es difícil que algo crezca. Sin embargo, aunque esta semilla es una fuerza poderosa y necesaria, no puede dar a luz por sí misma al estado iluminado.

Además del padre, se necesita una madre. De acuerdo con Maitreya, la madre representa el desarrollo de la ausencia de ego, o la sabiduría de la ausencia de yo, que es el segundo antídoto. Sin una madre, ningún niño puede nacer. En las enseñanzas budistas, la noción de la vacuidad o de la ausencia de yo se conoce como «la madre de todos los budas». La madre de todos los budas es Prajnaparamita, la Gran Madre, la gran sabiduría de la vacuidad. Esta sabiduría contrarresta nuestra creencia en la existencia verdadera de un yo y, por lo tanto, trasciende nuestro aferramiento a ese yo. Sin esta madre, no puede haber budas, lo cual significa que no puede haber iluminación.

Habiendo desarrollado esta sabiduría, aplicamos entonces el tercer antídoto de la meditación o samadhi. Maitreya dijo que el samadhi es como tener el vientre adecuado, donde la semilla puede plantarse y crecer de manera apropiada. La semilla de la fe y la aspiración que está envuelta por gran sabiduría necesita del vientre perfecto de samadhi en el cual reposar y crecer. La experiencia gozosa y no dual de samadhi es el remedio para el tercer obstáculo: el deseo de escapar del sufrimiento temible del mundo a través del camino de la liberación individual. Como no está basado en tener la visión absoluta, este deseo nos conduce a un camino incorrecto para escapar del samsara. Como consecuencia de ello, solo experimentamos dolor y sufrimiento adicionales. El samadhi disipa ese deseo y su sufrimiento resultante, descubriendo el gozo y la felicidad genuinos del estado de la no dualidad.

El cuarto antídoto es el desarrollo de la compasión, la cual puede ser comparada con una cuidadora. Una vez que el príncipe infante se ha desarrollado en el vientre de la madre y ha nacido, la cuidadora atiende y alimenta al niño. De manera semejante, nuestro estado infantil de realización no puede sobrevivir y crecer hasta alcanzar la madurez plena sin ser nutrido y sustentado por la compasión gracias al cuidado inmenso del elemento amoroso del corazón. El desarrollo de la compasión contrarresta naturalmente tanto la visión egoísta del camino de la iluminación como el orgullo al que no le importa ayudar a otros.

Trabajar con estos cuatro antídotos hace posible que entremos al camino del Mahayana desde la planta baja. Hay un proceso gradual de desarrollo en el camino, desde el nivel de la semilla hasta el nacimiento del niño, desde la alimentación del niño hasta el estado real de adultez y la realización completa de un bodhisattva. Esta metáfora describe un camino evolutivo, a través del cual comenzamos a desarrollar una claridad esencial acerca de la visión del Mahamudra de la base: el aferramiento al ego y la confusión con los que hemos estado trabajando son vistos como inseparables de la base misma. Se considera que están en la naturaleza de la sabiduría.

La inseparabilidad del samsara y el nirvana

Desde la perspectiva del Mahamudra de la base, el samsara y el nirvana son inseparables. No hay nirvana o liberación que exista aparte del estado del samsara. De igual modo, no hay samsara que exista como una entidad separada del estado de liberación o nirvana. Entre estos dos estados, no hay diferencia alguna. La naturaleza del samsara reposa en la naturaleza del nirvana. La naturaleza del samsara no es samsara; no está confundida y no es tan rígida y sólidamente existente como la percibimos y la experimentamos. Esa naturaleza está completamente libre de toda fabricación. Por lo tanto, la naturaleza del samsara es la naturaleza de la liberación. Es por eso que la súplica al linaje Kagyu dice: «La naturaleza de los pensamientos es dharmakaya». Esa naturaleza es, de hecho, el estado último de la budeidad.

Debido a que la visión del Mahamudra de la base es que el samsara y el nirvana no son separables, no vemos dos cosas separadas cuando observamos estos dos estados desde el punto de vista del Mahamudra. No vemos este lugar como samsara y aquel lugar como nirvana. No vemos un estado como un lugar de confusión, sufrimiento y desdicha totales y pensamos que partiremos de este lugar para ir a otro lugar llamado liberación o nirvana. Desde el punto de vista del Mahamudra, esa es una visión errónea. Desde la perspectiva del Mahamudra, vemos que nuestras emociones perturbadoras son inseparables de la sabiduría. No solo vemos que la naturaleza del samsara es nirvana, sino que, además, vemos que la naturaleza de nuestra mente de klesha es sabiduría. La naturaleza de nuestras emociones y de las expresiones varias de nuestros pensamientos emocionales no son sino expresiones de nuestra sabiduría. Toda la experiencia del dolor y sufrimiento samsáricos es, simplemente, la expresión de esta liberación base. Por ende, no hay nada que temer. No hay nada por lo que tengamos que sentirnos mal, porque el samsara mismo está en el estado de liberación. En este sentido, no hay pensamientos que descartar, porque la naturaleza del pensamiento es la sabiduría de un buda.

Percibimos las emociones meramente como emociones, porque no contamos con un método para observarlas clara y precisamente. Por lo tanto, vemos las emociones como perturbadoras e irritantes, y experimentamos su energía como destructiva. Esta visión particular está basada en la percepción del ego de nuestras emociones. Sin embargo, si observamos nuestras emociones cuidadosamente, entonces aparecen como una expresión de sabiduría. Ya no vemos la emoción como una emoción ordinaria.

Cuando alcanzamos la realización de la visión del Mahamudra de la base, vemos la naturaleza inseparable de la base, el camino y la fructificación. No hay nada que separe al camino de la base. No hay nada que separe a la fructificación de la base. En otras palabras, comenzamos nuestro viaje en este nivel de la base, y terminamos nuestro viaje allí mismo. Regresamos a este estado fundamental, en el cual vemos la inseparabilidad del samsara y el nirvana.

Es esencial que desarrollemos la visión del Mahamudra de la base para comprender no solo el camino del Mahamudra, sino también el camino del Vajrayana. No puede haber camino Vajrayana sin esta visión pura y genuina del Mahamudra de la base. Es esta visión la que nos ayuda a desarrollar la perspectiva sagrada del camino del Vajrayana. Por lo tanto, antes de embarcarnos en nuestro viaje, es vital comprender la base, porque es el foco principal del camino. Cualesquiera que sean los métodos y las prácticas que aplicamos en el camino, estamos en realidad practicando la base. Estamos practicando de acuerdo con la visión de la base, que es la visión de la naturaleza fundamental de la realidad. No importa cuán vigorosamente practiquemos en el camino, en el futuro volveremos a esta base. Puede parecer que nos alejamos de ella cuando alcanzamos el nivel del camino y luego el nivel de la fructificación. En realidad, estamos regresando al estado fundamental, que es el nivel del Mahamudra de la base.

Es absolutamente necesario para nosotros reconocer que el aspecto resultante del Mahamudra existe ya en este preciso nivel de la base. De hecho, todo lo que estamos haciendo es redescubrir esta base. Podríamos decir que nos estamos reuniendo con el aspecto de la base a través del método del camino. Llegar al punto del retorno real a la base, experimentándola y estando en ella plenamente, es lo que llamamos el aspecto resultante.

La budeidad siempre presente: los tres kayas

La naturaleza de los tres kayas de la mente está presente dentro de la mente de todos los seres sintientes, justo ahora, pero no lo vemos. Aunque está presente, no logramos verla porque está oscurecida por la ignorancia. Los seres sintientes están ahogándose en un océano de conceptualizaciones ignorantes, experimentando olas de conceptos, pensamientos y aferramiento al ego. El samsara es así.

El verdadero estado no nacido y no existente del samsara es dharmakaya. Ese espacio básico o estado de libertad es llamado el buda dharmakaya. Desde esta base, la apariencia incesante del mundo relativo del samsara surge naturalmente. No obstante, también hay un aspecto de las apariencias lúcido y claro, que no es algo que surge solo una vez y luego desaparece. Hay un juego incesante de claridad, de lucidez, y esto es lo que llamamos sambhogakaya o budeidad del sambhogakaya.

Cuando cerramos nuestros ojos y meditamos, cuando observamos nuestra mente, no está simplemente en blanco. No es un gran agujero negro sin más. Cuando observamos esa mente, está llena de energía, es un campo de energía. Esto es similar a la experiencia de los físicos modernos al examinar un objeto a través de un poderoso microscopio. Aunque no encuentran ningún átomo sólidamente existente, lo que ven está lleno de energía. Hay un sentido de luminosidad completa u omnipresente en este punto. Ese sentido de la vivacidad básica de la luminosidad se conoce como la naturaleza sambhogakya de nuestra mente, «el cuerpo de gran gozo».

El campo de luminosidad que vemos cuando observamos nuestras mentes se vuelve más y más brillante y más y más sustancial. Cuando vemos esa continuidad de la luz manifestándose en todos los aspectos de la realidad, no solo en el aspecto de la mente, sino también en los objetos que experimentamos en nuestra vida cotidiana, la naturaleza de esa claridad se vuelve tan intensa y vívida que la solidificamos. Esto es semejante a tener un dolor en cierta parte de nuestro cuerpo, el cual se vuelve tan intenso que lo sentimos como si hubiera un trozo de piedra ahí. Tenemos la sensación de que hay una especie de sustancia sólida y perturbadora en una parte de nuestro cuerpo. Esa sensación parece muy real, sólida y material. La manifestación incesante de esta claridad no nacida, que permea cada nivel de la realidad, se llama nirmanakaya o el buda nirmanakaya, la naturaleza del «cuerpo de emanación» de nuestra mente.

Decir que esta luminosidad se manifiesta incesantemente significa que el nirmanakaya surge de forma continua en diferentes momentos y en diferentes formas. La naturaleza de la luminosidad se manifiesta, aparece o es proyectada sin descanso en una variedad de formas. Esta continuidad puede ser sugerida o parcialmente representada por la imagen de una serie ininterrumpida de eslabones en una cadena. Sin embargo, lo que se está describiendo está más allá de las palabras.

En el camino del Mahamudra, se dice que los tres kayas están siempre presentes en este preciso estado del samsara. Por lo tanto, los tres kayas no son algo recién producido. No son productos del camino. De hecho, están aquí justo desde el comienzo de la base del samsara. Están aquí desde el principio de este momento mismo de nuestro ser confuso. La budeidad ya está aquí.

La unión de la visión y la meditación

Al nivel del Mahamudra de la base, el linaje Kagyu enfatiza dos enfoques: la meditación cuya realización se alcanza a través de la visión y la visión cuya realización se alcanza a través de la meditación.

En el primer enfoque, encontramos el camino de la meditación a través de la visión correcta; es decir, a través de nuestra comprensión y proceso intelectuales. En el segundo enfoque, buscamos y encontramos la visión correcta a través del camino de la meditación. Aunque ningún enfoque puede mantenerse en pie por sí mismo, es la unión de ambos que se enfatiza con vehemencia en la tradición Kagyu.

Puede que pensemos que no necesitamos estudios intelectuales en el camino del Mahamudra. Puede que pensemos que, meditando y siguiendo el camino Mahamudra de la simplicidad, no necesitamos comprensión o análisis intelectuales. Sin embargo, si recurrimos a las instrucciones de todos los grandes maestros, descubrimos que tanto la comprensión intelectual del camino como la realización meditativa se enfatizan de igual manera.

Primero, llegamos a comprender el Mahamudra de la base a través de un proceso de estudio y análisis intelectuales. Segundo, experimentamos el Mahamudra de la base a través del camino de la meditación analítica o de la contemplación intelectual. Finalmente, llegamos a la etapa de la realización completa de Mahamudra, que surge de la meditación simple de reposo en el camino del Mahamudra.

Eso es el Mahamudra de la base. Sin embargo, nuestro problema es que habitualmente no alcanzamos la realización de la naturaleza de la base. Incluso si la reconocemos intelectualmente, no la reconocemos de manera experiencial. No podemos ser lo que pensamos que es. Por lo tanto, existe la necesidad de un camino que nos conduzca a través del proceso de desarrollar y manifestar completamente la sabiduría, el coraje y las cualidades fundamentales que ya poseemos: los tres kayas. Es en este punto que nos movemos del nivel de la base al nivel del camino.

5. El camino de las instrucciones: Shamatha de Mahamudra

El Mahamudra del camino es la práctica en sí que genera la realización de la base. En el nivel del Mahamudra de la base, desarrollamos nuestra comprensión intelectual. Experimentamos cierta realización a nivel conceptual, pero no tenemos una experiencia directa de la realización. En el nivel del Mahamudra del camino, alcanzamos la realización de que el estado real de nuestra mente, de nuestras emociones, del ego y del samsara está en la naturaleza de los tres kayas.

Podemos recurrir al gran yogui Milarepa como nuestra autoridad en el tema de la meditación de Mahamudra. Milarepa nos dio una definición de la meditación, así como instrucciones sobre cómo meditar. De acuerdo con Milarepa, «la meditación no es meditar sobre algo; más bien es familiarizarnos con la naturaleza de la mente».[13] En resumen, la meditación no es meditar sobre alguna «cosa»; la meditación es familiarización. La meditación es habituación o «acostumbrarse a».

---

13. Milarepa, *The Hundred Thousand Songs of Milarepa*, traducción de Garma C.C. Chang (Boston: Shambhala Publications, 1999).

Milarepa dijo también:

Hijo, cuando medites en Mahamudra
no te esfuerces en acciones virtuosas del cuerpo o del habla;
hay peligro de que la sabiduría no conceptual
desaparezca.[14]

Esto significa que, en el camino del Mahamudra del Sutra, no nos concentramos demasiado en el cuerpo y en el habla. En otras palabras, no practicamos muchas visualizaciones de deidades exóticas; no ponemos mucho énfasis en el mundo físico, sea este sagrado o profano, y no ponemos mucho énfasis en el esfuerzo verbal de recitar mantras o liturgias. Estas actividades no son importantes. Lo importante es sencillamente reposar en meditación. Eso es lo que hemos estado aprendiendo desde el comienzo mismo de nuestra práctica. Esa es la naturaleza de la meditación de Mahamudra aquí. Estos dos conjuntos de instrucciones sobre qué es la meditación y sobre cómo meditar son quizá las instrucciones más importantes para el Mahamudra del camino.

Después de que hemos trabajado con las prácticas preliminares, se vuelve posible que el camino o la experiencia de Mahamudra genuinos surjan a través de las instrucciones de señala-

---

14. De un canto que Milarepa cantó a Gampopa, «Instructions to Not Be Attached to the Conventional Provisional Meaning, and to Practice Only the Profound Definitive Meaning». Traducción inédita del tibetano de Elizabeth Callahan.

miento directo. Estas instrucciones de señalamiento directo se vuelven efectivas solo cuando tenemos devoción completa, un sentido pleno de rendición y de soltar nuestro propio orgullo.

Nuestro orgullo puede ser un orgullo intelectual o meditativo. Puede que nos sintamos orgullosos de nuestro origen social, de nuestras credenciales educativas o, simplemente, de nuestro estado psicológico. Cuando rendimos completamente ese orgullo ante la presencia de un maestro iluminado, entonces, a través de esa apertura de nuestros corazones con devoción, confianza y seguridad, las instrucciones de señalamiento directo se vuelven muy efectivas. De hecho, el señalamiento solo tiene sentido en ese punto. Los grandes maestros de Mahamudra como Milarepa, Gampopa y los Karmapas han enfatizado el camino de la devoción como el medio para entrar genuinamente a la meditación de Mahamudra.

Instrucciones de señalamiento directo de Mahamudra

Cuando estamos listos para entrar a esta etapa de la práctica, ¿cómo recibimos las instrucciones de señalamiento directo? De acuerdo con Gampopa, no es necesario pasar por un empoderamiento Vajrayana para recibir instrucciones de señalamiento directo. En la tradición del Mahamudra del Sutra, nuestro gurú puede dar instrucciones de señalamiento directo en el acto. Esta forma de señalar puede hacerse con palabras y a través de un proceso guiado de meditación. El estudiante escucha las palabras del gurú y genera devoción intensamente; luego, dentro de ese pico de devoción, la instrucción de señalamiento directo tiene lugar o «encaja» de manera maravillosa. Gampopa recalcó este método de instrucción en el Mahamudra del Sutra.

Muchos maestros Kagyu han utilizado este método de transmisión de las instrucciones de señalamiento directo. Sin embargo, algunos maestros del Vajrayana han cuestionado el estilo de dar instrucciones de señalamiento directo sin un empoderamiento. Por ejemplo, Sakya Pandita, el gran erudito Sakya, dijo que el señalamiento directo no es posible si no es en el contexto del empoderamiento Vajrayana. Aunque este método ha sido cuestionado, es claro que ha producido muchos maestros iluminados.

Cada una de estas dos perspectivas tiene un propósito. La intención de la primera es garantizar que la tradición tántrica o Vajrayana continúe. Debido al énfasis en la naturaleza indispensable del empoderamiento Vajrayana, la tradición es preservada. La intención de la segunda es transmitir la esencia de un linaje de enseñanzas cuya fuente escritural es el *Sutra Samadhiraja*, el *Sutra del Rey del Samadhi*.

El *Sutra Samadhiraja* es una enseñanza de la colección de sutras Prajnaparamita, la cual fue propagada por grandes maestros, como Maitripa y otros yoguis indios, y continuada por Gampopa a través de sus transmisiones en el Tíbet. Cuando Gampopa comenzó el ciclo de transmisión de esta instrucción en el Tíbet, no solo había alcanzado la realización de la naturaleza del Mahamudra, sino que también había experimentado una memoria muy vívida de haber estado en la presencia del Señor Buda Sakyamuni cuando se había impartido el discurso original. En aquel momento, hubo quinientos bodhisattvas escuchando al Buda. Al final del Sutra, Buda preguntó: «¿Hay algún bodhisattva aquí que se ofrezca como voluntario para continuar con esta enseñanza, para continuar este linaje hacia la Edad Oscura, hacia los tiempos más contaminados, el *kaliyuga*?». Solo un bodhisattva alzó su mano y dijo: «Sí, yo lo haré».

El nombre del bodhisattva era Da-ö Zhönu o Luz de Luna Joven. Más tarde, Da-ö Zhönu renació en el Tíbet como Gampopa, y mientras enseñaba el Mahamudra del Sutra tuvo una memoria vívida de este evento. Por lo tanto, Gampopa dijo que, al transmitir la esencia del *Sutra Samadhiraja* a través del Mahamudra del Sutra, continuaba su promesa en una vida anterior.

En la segunda etapa del Mahamudra del camino, que es el surgimiento en sí de la meditación de Mahamudra, el camino principal consiste en tres instrucciones, conocidas como las instrucciones de señalamiento directo de la mente coemergente:

1. Señalar la mente coemergente como dharmakaya.
2. Señalar el pensamiento coemergente como el despliegue de dharmakaya.

3. Señalar la apariencia coemergente como la luz de dharmakaya.

Estas son las tres instrucciones fundamentales impartidas en este camino. La primera instrucción de señalamiento directo, el señalamiento de la mente coemergente como dharmakaya, tiene dos aspectos: uno que se relaciona con las instrucciones sobre la práctica de shamatha y otro que se relaciona con las instrucciones de la práctica de vipashyana. Las instrucciones segunda y tercera de señalamiento directo se relacionan completamente con el vipashyana. En consecuencia, este capítulo se enfoca en el aspecto de shamatha de la primera instrucción de señalamiento directo, y el capítulo siguiente, que se enfoca en el vipashyana de Mahamudra, presenta el aspecto de vipashyana de estas tres instrucciones fundamentales.

El señalamiento directo puede también entenderse como el que nos presenten a la realidad de la naturaleza de la mente. Habiendo recibido estas instrucciones, comenzamos a practicarlas a través de las dos técnicas de shamatha y vipashyana. No hay otras técnicas involucradas. En todas las meditaciones del Buda, de principio a fin, las técnicas básicas son shamatha y vipashyana. Hay, sin embargo, ligeras variaciones entre las etapas tempranas y posteriores de ambas, shamatha y vipashyana.

Señalar la mente coemergente como dharmakaya

Esta instrucción señala que la mente coemergente es el dharmakaya, el espacio no nacido y básico o el estado de libertad. En el contexto del Mahamudra de la base, se dice que la naturaleza de las cosas es el dharmakaya no nacido, que es la misma afirmación. La cuestión es que, desde el principio, la naturaleza de la mente –cómo es la mente realmente– ha sido inseparable del dharmakaya. La mente y el dharmakaya han estado siempre juntos; no hay una «mente» que exista separada del dharmakaya. Este es el significado de «mente coemergente». Si miramos la mente que consideramos como un yo, entonces veremos que esta mente es no nacida. Además, si observamos las kleshas, que son una base de nuestras fijaciones, entonces veremos que su naturaleza también es no nacida.

De los dos aspectos conectados con la primera instrucción de señalamiento directo, shamatha y vipashyana, shamatha debe ir primero y es, en un sentido, el más esencial. Shamatha en ocasiones se traduce como «tranquilidad» o «morar en calma», y vipashyana como «visión profunda». En este contexto del Mahamudra, *shamatha* tiene un significado específico. Se define como «la pacificación natural del ir y venir de los pensamientos». Esto significa que la mente llega a reposar en su condición natural, que es un estado de gozo, claridad y no pensamiento. Otra característica distintiva de este tipo de shamatha es que el objeto sobre el cual nos enfocamos para desarrollar tranquilidad es la mente misma. No hay otro objeto, como la respiración o una estatua. Sencillamente reposamos la mente en su propia naturaleza, que es el dharmakaya coemergente.

¿Cómo llevamos a la mente a reposar en su propia naturaleza?

1. No prolongues el pensamiento previo.
2. No invites a los pensamientos siguientes o futuros.
3. Reposa desnudamente en la naturaleza de la conciencia fresca del momento presente.

Esa es la definición de shamatha en el contexto del Mahamudra. Además, hay tres maneras de descansar la mente.

1. Reposa la mente en la frescura sin distracción.
2. Reposa la mente, natural y expansivamente.
3. Reposa la mente de tal manera que se ilumine a sí misma y que sea clara para sí misma.

Reposar la mente en la frescura sin distracción significa que reposamos en un estado de conciencia del momento presente –el instante presente de la experiencia– sin que nuestra mente se distraiga con condiciones externas o internas.

Descansar la mente natural y expansivamente significa que, mientras meditamos, permanecemos en un estado libre de artificio o libre de esfuerzo. Una analogía tradicional para esta cualidad de atención libre de esfuerzo es la de un brahmán hilando un hilo. Si uno hila el hilo demasiado apretado, entonces se romperá. Si uno lo tuerce, pero lo deja flojo, entonces sus hebras no se adherirán de modo que se conviertan en cuerda o hilo. De manera semejante, cuando reposamos nuestra mente natural y expansivamente, nuestras tres facultades de cuerpo, habla y mente no están ni muy apretadas ni muy holgadas.

Reposar la mente de tal manera que se ilumine a sí misma y que sea clara para sí misma significa que no separamos la naturaleza de los pensamientos que surgen de la naturaleza de la atención plena y la conciencia que los aprehenden.

Este es el shamatha de Mahamudra en relación con la primera instrucción: señalar la mente coemergente como dharmakaya.

Reposar en la mente ordinaria

En la meditación shamatha de Mahamudra, simplemente nos relajamos y cliqueamos hacia el estado incondicional de nuestra mente fundamental. En el lenguaje de Mahamudra, este estado básico de la mente es llamado mente ordinaria, o mente no nacida. La mente ordinaria es la sabiduría del Buda y el estado de la liberación. El gran yogui Tilopa dijo: «Uno debe permitir a la mente que se relaje en este estado incondicional. Cuando la mente se relaja, uno alcanza la liberación».

Reposar en esa mente ordinaria es lo que llamamos shamatha. Cuando cliqueamos hacia ese estado incondicional, estamos reposando sin ningún sentido de esperanza o temor. No estamos esperando lograr el estado de reposo y, al mismo tiempo, no tememos ser perturbados, distraídos o agitados por nuestra mente de kleshas. Si podemos, sencillamente, reposar sin esperanza o miedo, entonces estamos reposando de verdad.

Por ejemplo, cuando un estanque de agua fresca de manantial es perturbado, el agua agitada se mezcla con el sedimento del fondo, y esto causa que el estanque parezca fangoso. Si intentamos aclarar este pequeño estanque revolviendo el agua, en realidad, lo que estamos haciendo es que el agua se vuelva aún más fangosa. Sin embargo, si dejamos el agua tranquila y la dejamos reposar, se aclarará por sí misma. El estanque regresará, naturalmente, a su propio estado de frescura y pureza, porque la tierra que se mezcla con el agua cuando se agita nunca la contamina de manera fundamental.

De manera semejante, la mente natural siempre ha sido pura como el agua de manantial. Aunque vemos nuestra mente como turbia y poco clara cuando se ve agitada por emociones potentes, la naturaleza de la mente nunca ha sido contaminada por estas emociones. Es solo debido a nuestra constante lucha por aclarar y purificar nuestra mente que la vemos como turbia. Esto es igual que batallar por limpiar un estanque de agua agitándola constantemente. Nuestra mente nunca ha tenido la oportunidad de aclararse a sí misma de forma natural porque nunca se lo hemos permitido. Por lo tanto, la instrucción para la meditación shamatha en esta etapa es, simplemente, descansar sin esperanza ni miedo.

Tres etapas de reposo

El estado de reposo tiene tres características o niveles básicos: no distracción, no meditación y no fabricación.

No distracción

La no distracción, que es la definición de la meditación de shamatha, se refiere al estado que está totalmente libre de todas las distracciones, externas o internas. Es decir, no estamos distraídos por el mundo exterior o las apariencias exteriores y, al mismo tiempo, no estamos distraídos por el mundo interior o por nuestros pensamientos discursivos. Por lo general, experimentamos una variedad de estados de pensamiento discursivo, como cotillear, soñar, fantasear y así sucesivamente, los cuales pueden ser conscientes o inconscientes. Podemos experimentar un espectro amplio de distracciones sin notar que nos estamos deslizando a estados de discursividad. La liberación de todo esto se llama no distracción.

No meditación

Se dice que, cuando nos preparamos para practicar la meditación, necesitamos el pensamiento sencillo «Ahora mismo, voy a sentarme y meditar». Y no necesitamos ningún otro pensamiento sobre la meditación después de este, porque después ya estamos meditando. Si después de sentarnos y comenzar a meditar, todavía tenemos pensamientos como «Tengo que meditar. Estoy meditando. Lo estoy haciendo de maravilla. Estoy practicando Mahamudra», entonces no estamos meditando. En ese punto, estamos todavía en el nivel de la preparación, estamos pensando en la meditación en vez de estar meditando. La meditación sentada debe estar completamente libre de cualquier estado de pensamiento; incluso el pensamiento de meditar debe ser liberado. No debe acecharnos.

La no meditación es soltar el pensamiento de meditar. Para soltar los pensamientos sobre la meditación cuando nos sentamos, debemos saber cómo reposar nuestro cuerpo, nuestra habla y nuestra mente. Necesitamos conocer el método para entrar en el estado meditativo, no solo físicamente, sino también con la mente y con el habla. En la etapa de no meditación hay una sensación total de reposo, y este reposo requiere una cierta cualidad de relajación. Nuestra postura física no debe hacernos sentir rígidos, irritados, incómodos o diferentes en cualquier modo. Debe ser completamente natural y relajada y, al mismo tiempo, debemos permanecer en una postura correcta, como la postura de siete puntos de Vairochana, que se refiere a los siete puntos de la postura física que comúnmente se adoptan durante la práctica de meditación.[15] La razón del én-

---

15. La postura de siete puntos de Vairochana es la postura de meditación en la cual el meditador se sienta con (1) la posición de las piernas cruzadas; (2) la columna vertebral recta; (3) los hombros alineados y relajados; (4) el cuello levemente inclinado; (5) las manos dispuestas en el gesto de ecuanimidad, con una mano con la palma hacia arriba encima de la otra, reposando

fasis en la postura es que la posición de nuestro cuerpo tiene un efecto directo y poderoso en el estado de nuestra mente. Adoptar una postura correcta y erguida causa que nuestra mente llegue a reposar naturalmente en un estado de tranquilidad o paz.

No fabricación

La no fabricación es un estado de la meditación de shamatha que está libre de cualquier etiquetado conceptual. En esta etapa, no hay ningún proceso de etiquetar nuestra experiencia como una cosa u otra, como pensamientos de «reposo» o «no reposo» o «Esto es shamatha de Mahamudra» o «Esto no es shamatha de Mahamudra». Debemos estar completamente libres de estas fabricaciones. Cuando descansamos en ese estado de la mente, hay una gran sensación de libertad. Somos libres no solo de los estados de discursividad y distracción, sino también de los pensamientos sobre la meditación y, además, no estamos encadenados por conceptos y fabricaciones de ningún tipo. No estamos atados por el pensamiento de estar sentados. No hay ninguna sensación de esfuerzo y no hay estrés. Hay una sensación total de libertad.

---

cuatro dedos por debajo del ombligo; (6) la punta de la lengua tocando el paladar y los labios ligeramente abiertos; y (7) los ojos entreabiertos, con la mirada siguiendo la línea de la nariz.

Tres métodos de reposo

Los grandes maestros del linaje presentaron tres métodos diferentes que nos pueden llevar al punto de reposo. Cuando contemplamos y trabajamos con estos tres procesos, descubrimos por nosotros mismos de qué modo llegar realmente a ese punto.

Corte abrupto de pensamientos repentinos

El primer método comienza con el desarrollo de la vigilancia. Comenzamos, sencillamente, mirando nuestras mentes. No estamos «meditando»; solo estamos mirando nuestras mentes del mismo modo que miraríamos el océano. Cuando el océano de nuestra mente está muy quieto y calmado, reposamos en ese estado. Entonces un viento kármico aparece y sopla sobre el océano. Sopla desde diferentes direcciones, creando olas hermosas. Simplemente miramos el surgimiento de las olas sin quedarnos atrapados en sus movimientos. Miramos el surgimiento de cada pensamiento y vamos más allá. No lo seguimos. Lo desbrozamos y volvemos a mirar. Cuando surge otro pensamiento, vamos más allá de la misma manera, en el momento mismo de su surgimiento. No permitimos que avance. Lo cortamos en ese momento y luego reposamos y miramos de nuevo. Nos instamos a ir más allá del surgimiento de todos y cada uno de los pensamientos repentinos que aparezcan. Continuamos haciendo esto, sin parar, con vientos diferentes y olas diferentes, hasta quedar completamente exhaustos.

Estamos atravesando un proceso. El primer paso es trascender, lo cual nos lleva al estado fundamental de dharmakaya o no existencia. Estamos trabajando arduamente para cortar a través de los pensamientos en el momento en que aparecen, lo cual es un método muy efectivo para desarrollar claridad. Desarrollamos esta claridad a través de nuestra práctica de conciencia y atención plena. Es muy importante prestar atención y concentrarse puntualmente con el fin de ver cada movimiento del pensamiento, reconocerlo y trascenderlo. Cuando permitimos que un pensamiento se desarrolle, es difícil trascenderlo.

Cuando practicamos este método de reconocer y trascender, no estamos simplemente allí sentados, dejando que los pensamientos vayan y vengan. No es tan simple como eso. Estamos entrando en una etapa diferente, una que requiere ser más directos y ejercer más energía y poder. Este nivel de práctica nos lleva al pico de intensidad, la intensidad de cortar, la intensidad de soltar. Limitarnos a sentarnos y soltar nuestros pensamientos es una actitud demasiado pasiva. Nos podemos acabar durmiendo. De acuerdo con un método así, soltar es como un arrullo para nuestros pensamientos. Puede que los pensamientos se vayan a dormir, pero regresarán.

Cuando cortamos pensamientos, no los estamos suprimiendo ni los estamos considerando como malos. No estamos diciendo: «No quiero este pensamiento». No los estamos cortando en ese sentido, es más bien en el sentido de reconocer el surgimiento del pensamiento mismo. «Reconocer» no significa etiquetar, identificar o perseguir estos pensamientos. Es ver el surgimiento de un pensamiento. No es ver que hay «algo ahí» o que «algo está ocurriendo». Eso sería muy vago. Por el contrario, tenemos que ser más claros y precisos con cada experiencia particular de pensamiento, no importa cómo surja. Ya sea que esté en la forma de enojo o de una etiqueta, tenemos que estar con él. Reconocer significa solo eso: estar con el pensamiento, verlo claramente y luego trascenderlo. Entonces volvemos a ser de nuevo un observador habilidoso. La práctica de mirar es como ir a un hermoso acantilado y mirar desde allí hacia el océano. Si sabes cómo disfrutar de la vista, entonces el surgimiento de los pensamientos es hermoso. No obstante, si te apegas a las olas y saltas del acantilado para ser uno con ellas, entonces no podrás seguir disfrutando de la vista de las olas danzando que vienen después. No tendrás tiempo para disfrutar de esa vista porque estarás completamente envuelto en la primera ola.

Si seguimos nuestros patrones conceptuales, entonces acabamos en el hermoso mundo del samsara. Cuando sabemos cómo ir más allá y cómo alcanzar el nivel del dharmakaya, o del gran shunyata, llegamos a ver los pensamientos y las emociones como el dharmakaya. Todavía no hemos alcanzado ese punto. Hasta aquí, hemos estado considerando la primera instrucción: señalar la mente coemergente como dharmakaya.

Dejar ser lo que sea que surja

Aplicamos el segundo método al haber llegado al estado de agotamiento. Después de trabajar arduamente, después de esforzarnos para trascender concepto tras concepto, los pensamientos que etiquetan y la mente que cotillea, acabamos completamente agotados y estamos listos para relajarnos. En esta etapa, dejamos que nuestros pensamientos y percepciones permanezcan tal como son. No les permitimos ganar poder sobre nosotros y controlar nuestras mentes, pero, al mismo tiempo, no los detenemos. Manteniendo la simple conciencia de atención plena, dejamos que estén en su estado natural.

En este punto, les permitimos a nuestros pensamientos un cierto sentido de libertad. Con el primer método, hemos estado intentando atrapar el surgimiento de cada pensamiento con un sentido agudo de conciencia y vigilancia, esforzándonos persistentemente por atrapar cada pensamiento y trascenderlo. Tenemos la sensación de atrapar nuestros pensamientos con una red, como si estuviéramos atrapando peces. Primero, tenemos que recoger nuestros pensamientos en la red de nuestra conciencia, de modo que podamos verlos con mayor claridad y estabilidad. Estamos intentando desarrollar una sensación de relación directa con nuestros pensamientos. Sin embargo, cuando se trata del segundo punto, estamos trascendiendo la idea de la red y la idea de atrapar nuestros pensamientos; estamos permitiendo que los pensamientos estén en su propio estado salvaje.

El método en este punto es, simplemente, decirles a nuestros pensamientos que sean lo que quieran ser. Les damos a nuestros pensamientos permiso para volar a donde quieran volar, como un cometa. Hay tres elementos necesarios para hacer volar esta cometa: el fuerte soplido del viento del karma; el surgimiento presente de la conciencia, que es la cometa misma y la cuerda de nuestra conciencia que está atada a la cometa. Cuando las dos oportunidades de viento y cometa se juntan, intentamos dejar que la cometa vuele de la manera en que quiera volar, de la manera en que quiera maniobrar en el espacio. Soltamos nuestros pensamientos y les damos libertad total. No obstante, esta cometa está atada por una cuerda diminuta para que nuestras mentes no se vuelvan completamente locas. Lo que intentamos hacer a través de este método es, sencillamente, dejar a los pensamientos en su propio estado, en vez de intentar transformarlos para que adopten un estado de ser diferente.

Los pensamientos nacen con cierto traje o atuendo particular. A veces, no nos gusta mucho el atuendo o vemos la posibilidad de mejorarlo o de reírnos de él. Así que ejercemos nuestro derecho de cambiar el atuendo de la cometa. Tratamos de vestir a nuestros pensamientos de diferentes maneras para que los pensamientos no permanezcan realmente como son. En este punto, nuestros pensamientos están completamente fabricados, totalmente cambiados. Al principio, comenzamos con la cometa básica, que está hecha de papel y que transmite una sensación natural de belleza tal como es. Sin embargo, queremos pintar la cometa de un color diferente y, a medida que la pintamos con nuestro grueso pincel, se va volviendo más y más pesada. Terminamos añadiendo más colores, más papel, vistiendo nuestra cometa como si quisiéramos aprisionarla, hasta que, eventualmente, la cometa ya no puede volar. No puede ejercer su energía y su poder completos en el cielo. De manera semejante, no les damos a nuestros pensamientos la oportunidad de ejercer su naturaleza en el gran espacio de dharmakaya, lo cual es su derecho. Lo que estamos tratando de hacer con este segundo método es dejar ser lo que sea que surja. Estamos intentando dejar que la cometa esté en su propio estado y que vuele tan lejos como pueda o quiera. En este punto de nuestra práctica, dejamos que la cometa vuele en el gran espacio de dharmakaya.

No obstante, hay una sensación sencilla de conciencia, que es la cuerda atada entre nosotros y la cometa. Necesitamos este amarre de conciencia básica en el momento mismo de echar a volar la cometa, en el momento de soltar por completo. Podemos imaginar cómo volaría la cometa si le quitáramos todo lo que le hemos puesto encima. Al dejar a nuestros pensamientos volar en el espacio de dharmakaya, podemos ver su ligereza; podemos ver su cualidad transparente, que tiene un cierto sentido de abrazar el cielo o el espacio. Hay un sentido de un espacio que todo lo abarca rodeando esta hermosa cometa, sin importar cómo aparece. Este soltar es, sencillamente, soltar nuestros pensamientos sin restringirlos más, sin cambiar su identidad y sin seguirlos o fantasear sobre ellos. La instrucción aquí es, simplemente, dejar de vestir la cometa y dejar que la cometa sea una cometa. Déjala volar en el espacio donde no hay un fin que alcanzar.

Soltar no es solo una cuestión de mirar nuestros pensamientos, porque el mirar mismo tiene una cierta cualidad de identificar un pensamiento. No estamos solo mirando nuestros pensamientos; también estamos dejándolos ser lo que son. Este método tiene un mayor sentido de liberar nuestras mentes de nuestro apego al samsara.

Ser habilidoso en los puntos clave de los métodos de reposo

Con el tercer método, desarrollamos la habilidad de reposar en equilibrio genuino. Se utilizan diversas analogías para ilustrar este método de reposo, una de ellas es un haz de paja: sin estar demasiado apretado o demasiado suelto, uno debe relajarse con completa atención plena y descansar como un haz de paja suelto. En este ejemplo, nuestros pensamientos y conceptos discursivos son como un haz de paja que está bastante apretado solo con un pedazo diminuto de cuerda. Cuando estamos atados de esta manera, no tenemos la energía para ir más allá de esta pequeña cuerda y regresar al estado natural de reposo. La cuestión aquí es que tenemos un haz de paja que está fuertemente atado y, a través del proceso de mirar nuestros pensamientos, estamos añadiendo constantemente más y más paja a este haz. Estamos estirando la cuerda que ata la paja hasta su punto de ruptura. Llegado cierto punto, la cuerda se rompe; se corta naturalmente a sí misma. No necesitamos utilizar tijeras. Entonces, cuando la paja cae, simplemente cae. Lo hace sin esfuerzo. Las briznas de paja no tienen nociones preconcebidas sobre cómo deben caer; no se organizan entre ellas para caer de esta manera o de esta otra. La paja cae libre y naturalmente y luego descansa. De manera semejante, debemos tener una sensación natural de caer y reposar sin planeamiento alguno.

En este estado de reposo, nos «desconectamos con claridad». No solo nos quedamos en blanco. Hay dos maneras diferentes de desconectarse o de estar en el estado de no pensamiento. La primera consiste en desconectarse sin claridad, o solo quedarse en blanco, lo cual es un estado de ignorancia. Por ejemplo, puede que nos quedemos atrapados en un estado de pensamiento y luego nos quedemos en blanco, después de lo cual reconocemos: «¡Oh, por un momento no tuve ningún pensamiento!». Eso solo muestra el alcance de nuestra ignorancia. El segundo estado de no pensamiento es desconectarse con claridad. Este estado tiene un gran sentido de luminosidad y de energía búdica. Tiene también su propio autorreconocimiento y autoconciencia, sin etiquetas o términos. Por lo tanto, no tenemos el pensamiento «No tuve un pensamiento», porque ya hay autorreconocimiento.

Cuando nos desconectamos con claridad, es como el haz de paja que se deshace. Finalmente logramos descubrir que la cuerda que nos ata es solo una cuerda diminuta y que, con un poco de esfuerzo de atención plena, se romperá y podremos regresar a nuestro estado natural de reposo. La naturaleza de la paja en sí, desde el principio, nunca ha estado constreñida o atada. Siempre ha estado en el estado de reposo. De manera semejante, la mente natural siempre ha estado en el estado de reposo, de liberación, sin ninguna esperanza ni miedo. Estamos tratando de regresar a ese estado. Con este método, trascendemos la cuerda que ata la paja. Entonces nos dejamos caer de nuevo sobre nuestros cojines y reposamos en ese espacio. Regresamos y descasamos sin ningún sentido de esfuerzo, sin hacer ningún intento de dar forma a nuestra experiencia. No obstante, debemos reposar sin la esperanza de reposar durante mucho tiempo, y sin el temor de que la cuerda vuelva a atarnos. Este método está relacionado con la etapa de no fabricación.

A través de nuestra práctica de cada uno de estos métodos, estamos dando más pasos en nuestro camino de meditación. Estamos intentando conducirnos hacia el gran shunyata, el dharmakaya, el Mahamudra de la base, cortando el surgimiento conceptual de los pensamientos. Puede haber un gran sentido de claridad, que surge del aspecto luminoso de nuestra mente, y luego, en ese preciso momento, surge otro pensamiento. Necesitamos un poco de poder, fuerza y coraje para ir más allá de ese pensamiento. No podemos siempre ser tan débiles, tan frágiles como la paja. No es gran cosa. Solo cortando una pequeña cuerda alcanzamos el estado fundamental de dharmakaya.

El tercer método se enseña a través de la analogía de hilar lana, que demuestra un enfoque ligeramente diferente. Se dice que los brahmanes son muy inteligentes y prudentes, y que tienen una manera habilidosa de hilar. No desperdician nada. Se dice que nuestra meditación debe ser como el método del brahmán al hacer hilo. Nada de la lana se desperdicia, ni siquiera una sola hebra. Al mismo tiempo, la lana se hila de tal modo que el hilo no queda ni muy apretado, lo cual dificultaría poder tejer con él, ni muy suelto, lo que lo haría inservible. El grado de tensión en el hilado se maneja con precisión para poder trabajar bien con el hilo. De manera semejante, cuando practicamos los métodos de shamatha, tenemos que equilibra todo. No debemos ser demasiado rígidos en nuestra postura física, y nuestras mentes no deben estar demasiado enfocadas ni demasiado tensas. Al mismo tiempo, nuestra concentración mental no debe estar completamente suelta, lo cual sería como no hilar nada en absoluto. Sería como limitarse a tomar la lana y sacarla del canasto, lo cual no sirve para nada. De igual manera, si pensamos «Solo tengo que relajarme y no hacer nada», entonces no entraremos en el estado real de meditación. Por lo tanto, desarrollar un sentido de equilibrio es un punto clave para saber cómo reposar adecuadamente. Por eso se habla de ser habilidoso en los puntos clave de los métodos de reposo.

Técnicas generales de la meditación shamatha

En la tradición del Mahamudra, las descripciones de las prácticas de meditación de shamatha son muy detalladas, y las prácticas en sí se vuelven bastante sutiles. Las tres clasificaciones principales de shamatha que se presentan aquí son: shamatha con soporte focal, shamatha sin soporte focal y shamata de la esencia.

Shamatha con soporte focal

Es importante entrenarnos en el método de shamatha con soporte focal para que podamos trabajar con objetos sensoriales y placeres sensoriales. Trabajar con estos objetos nos lleva a un nivel más profundo de experiencia de shamatha y extiende nuestra conciencia más lejos en el mundo. Este método es el comienzo mismo del shamatha de Mahamudra.

En este primer tipo de meditación de shamatha, «soporte» se refiere a una base externa para el desarrollo de shamatha. Los soportes están divididos en dos clases: puros e impuros. En ambos casos, los soportes son objetos externos de percepción visual que se utilizan como una base para llevar a la mente a reposar.

Los soportes impuros se refieren a objetos neutrales, como una flor, un guijarro o una pieza pequeña de madera. Acomodamos uno de estos objetos en nuestra línea de visión, de manera que estamos mirando ligeramente hacia abajo, siguiendo nuestra nariz. Por lo general, el objeto se ubica sobre una mesa u otra superficie frente a nosotros. Entonces relajamos nuestra respiración y dirigimos nuestra atención puntualmente a nuestra conciencia visual del objeto. Cuando nuestra mente alcanza el reposo, mezclamos nuestra mente con nuestra percepción del objeto. Esta técnica da lugar a las experiencias asociadas con la meditación de shamatha muy rápidamente y de manera muy contundente.

Esta puede ser una meditación muy relajante. Por ejemplo, puedes ir a un hermoso parque y meditar sobre una flor, un árbol, un lago o simplemente sobre las nubes. Puedes elegir cualquier objeto focal específico y meditar sobre él. Esta puede ser una práctica muy útil porque no necesitas quedarte adentro, sentado y mirando tu respiración o un objeto en particular, como la forma de una deidad. Puedes estar en cualquier sitio del mundo y elegir cualquier objeto como un objeto de meditación. Esta es una manera de llevar la práctica a tu vida cotidiana. Por ejemplo, cuando estás sentado en un banco esperando un autobús o esperando a tu cita en un restaurante, puedes, sencillamente, enfocarte en cualquier objeto que tengas delante de ti y descansar tu mente sobre él.

Un soporte puro se refiere a un objeto que no es neutral, sino que tiene un sentido positivo o espiritual, como una estatua del Buda o la imagen de uno de los maestros iluminados o bodhisattvas. Estos soportes son considerados puros porque, por lo general, nos traen más vipashyana –más conciencia de la iluminación– que los objetos corrientes, «impuros». El acto de mirar un objeto mundano, como una pluma, un guijarro o una flor, por lo general da lugar a alguna cualidad emocional porque estamos atrapados en el trato con estos objetos en la vida cotidiana.

Coloca la estatua o la imagen en tu línea de visión, justo como colocaste el guijarro antes. Puedes dirigir tu atención a una percepción visual desnuda de los detalles sucesivos de una estatua o a la estatua entera de golpe. Por ejemplo, dirige tu atención primero al pedestal o asiento de loto, luego al cuerpo de la figura, luego a la protuberancia de la coronilla en lo alto de la cabeza. Independientemente de cuál sea el enfoque que adoptes al dirigir tu atención, el uso de un soporte puro de este estilo genera también un tipo muy contundente y particular de experiencia de shamatha.

La práctica de shamatha con un objeto focal parece bastante básica y para nada profunda. Sin embargo, cuando te involucras realmente en la práctica, las experiencias que surgen a través de este tipo de meditación pueden ser bastante extraordinarias. Este método de práctica es particularmente útil, porque vivimos en un mundo de materialismo sustancial: hay un mundo material sustancial que nos rodea todo el tiempo. Cuando desarrollamos un cierto nivel de entendimiento, comprensión profunda y experiencia meditativa basado en las técnicas de shamatha que utilizan un objeto focal sustancial, tenemos una mayor oportunidad de dar lugar a una experiencia panorámica de vipashyana del mundo externo e interno.

Ya sea que nuestro objeto de meditación sea puro o impuro, nuestra mente debe estar libre de pensamientos. Simplemente mezclamos nuestra mente con la respiración y con el objeto de nuestra percepción. Nos volvemos uno con ese espacio y esa experiencia, y descansamos en ese espacio, sin conceptualizar.

No analizamos al objeto que tenemos frente a nosotros. Por ejemplo, no decimos: «Bueno, esta es una piedra negra de las Montañas Rocosas» o «Esta es una piedra blanca de Katmandú». No analizamos una imagen del Buda pensando lo bueno que era el artista, lo colorida que es la pintura o si nos gusta o no. Debemos recordar que el propósito de utilizar el objeto focal es simplemente reposar nuestra mente.

Shamatha sin soporte focal

El segundo tipo de meditación shamatha es shamatha sin soporte focal. En lugar de apoyarnos de un soporte externo y físicamente presente como base para dirigir nuestra mente, aquí nos apoyamos en una imagen imaginada o una visualización, que pueden ser externas o internas.

VISUALIZACIÓN EXTERNA

Como ocurría con el método anterior de shamatha con soporte focal, hay dos variaciones principales utilizadas en este método. En la primera, dirigimos nuestra mente a un aspecto particular de una imagen; en la segunda, dirigimos nuestra mente a la imagen completa. Desarrollar una visualización clara y estable puede llevar algún tiempo; una hora, días o meses.

En la primera variación, imaginamos la forma del Buda en el espacio frente a nosotros, generando progresivamente la imagen completa desde la base hacia arriba, comenzando con el asiento de loto. El primer paso es establecer claramente el loto. Luego pasamos a cada una de las partes, enfocándolas separada y claramente. Continúa visualizando aspectos individuales hasta que puedas generar la imagen completa del Buda claramente. En la segunda variación, dirige tu atención a toda la imagen de golpe; por ejemplo, la imagen general de la forma del Buda. Sin embargo, como esto es difícil al principio, empieza de manera sencilla y enfócate en un único detalle, como su mano o su cuenco de mendicante. No es necesario visualizar todo el cuerpo de golpe.

La visualización más común que se utiliza es la forma del Buda. No obstante, en esta técnica se emplean métodos adicionales para entrenar la mente una vez que se domina la visualización básica del Buda. Por ejemplo, reducimos gradualmente el tamaño de la imagen hasta que se vuelve tan pequeña como una semilla de sésamo. Una vez que la hemos visualizado de este modo, nos aseguramos de que todos los detalles de su apariencia, como los ojos y las orejas, se vean tan claros como se veían cuando la imagen era más grande. Luego agrandamos mucho la imagen –tan grande como una montaña– mientras mantenemos la imagen completa en nuestra mente. Estos son métodos para mejorar la claridad y la estabilidad de la imagen visualizada.

VISUALIZACIÓN INTERNA

En las descripciones precedentes, visualizas una forma externa a ti mismo. Por ejemplo, puede que veas una imagen del

Buda como si lo tuvieras delante. Otra variación de este método es visualizar una imagen dentro de tu cuerpo, como una esfera de luz de varios colores o un emblema, como un vajra. También puedes visualizar tu propio cuerpo en una forma iluminada. La imagen del Buda se usa a menudo para esta práctica. Para los budistas del Vajrayana es especialmente importante meditar sobre una imagen del Buda, porque hay una tendencia a quedar fascinados con las deidades y gurús coloridos.

Para practicar este método, elige una imagen que te haga sentir cómodo o que traiga un sentimiento de paz a tu corazón. Utiliza una imagen que realmente genere alguna sensación. Hay muchas imágenes hermosas del Buda en el arte indio. Algunas de esas imágenes son más vívidas y más humanas que las pinturas tibetanas. Primero, concéntrate en mirar una imagen real durante un tiempo y, luego, crea la visualización en tu mente, siguiendo las instrucciones para construir la visualización desde la base hacia arriba y para reducir y ampliar el tamaño de la imagen mientras mantienes claridad en los detalles.

Hay muchos otros métodos de visualización dentro de la categoría general de la meditación de shamatha sin soporte focal. Sin embargo, lo que estamos haciendo en todas estas prácticas es entrenar nuestra mente a enfocarse, relajarse y experimentar la cualidad del espacio.

Shamatha de la esencia

El shamatha de la esencia es, simplemente, reposar en la continuidad básica de la mente. Este reposo se explica como el apaciguamiento o disolución de las olas de pensamiento en el océano de la base de todo, o la mente básica, que no es ni virtuosa ni no virtuosa. «Olas de pensamiento» se refiere a los conceptos dualistas de sujeto y objeto, del experimentador y lo experimentado, que agitan nuestras mentes. El apaciguamiento de los pensamientos de sujeto y objeto es significativo aquí porque, en este nivel de shamatha, no hay objeto de meditación. Hasta este punto, hemos estado describiendo técnicas en las que había un objeto hacia el cual la mente se dirigía –dicho objeto se consideraba como separado, hasta cierto punto–. Aquí, el concepto de una cognición subjetiva que se dirige a un objeto separado de ella se abandona. Este acto de abandono deja la mente en un estado similar a un océano sin olas. El océano permanece calmo, y en esa calma hay una experiencia de profundidad, una experiencia que se considera un puente entre las meditaciones de shamatha y vipashyana.

Hay más prácticas de shamatha de Mahamudra, las cuales, generalmente, se comunican dentro del contexto de la relación individual gurú-discípulo.

Nueve etapas de reposar la mente

Nueve etapas de reposar la mente

Hay, básicamente, nueve etapas de reposar la mente o nueve asentamientos de la mente, en la práctica de meditación de shamatha. La ilustración de la página anterior puede ayudarnos a comprender estas etapas y su relación con nuestra práctica.

Las nueve etapas de meditación de shamatha se traducen aquí de la siguiente forma, con el tibetano entre paréntesis (primero la transliteración Wylie y después la transcripción fonética):

1. Colocación (tib. *'jog pa /jogpa*).
2. Colocación continua (tib. *rgyun du 'jog pa/ gyundu jogpa*).
3. Colocación repetida (tib. *bslan te 'jog pa /lente jogpa*).
4. Colocación cercana (tib. *nye bar 'jog pa / nyewar jogpa*).
5. Domesticación (tib. *'dul bar byed pa / dulwar jepa*).
6. Pacificación (tib. *zhi bar byed pa / shiwar jepa*).
7. Pacificación total (tib. *rnam par zhi bar byed pa / nampar shiwar jepa*).
8. Unidireccionalidad (tib. *rtse gcig tu byed pa / tsechigtu jepa*).
9. Colocación uniforme (tib. *mnyam par 'jog pa / nyampar jogpa*).

La primera etapa se muestra en la parte inferior de la ilustración, donde vemos a un monje, que representa al meditador. Carga con dos cosas. La primera es un palo con gancho, como el que suele llevar un domador de elefantes en la India. En su otra mano tiene una cuerda con un gancho en un extremo. El palo simboliza la vigilancia y la cuerda la atención plena. El elefante, que simboliza nuestra mente adormecida, es guiado por un mono, que representa la agitación –el aspecto salvaje, distraído e inquieto de la mente–. El gran fuego que brota en la primera etapa del camino representa el esfuerzo que ponemos en nuestra meditación. Desde aquí hasta la séptima etapa, las lenguas de fuego van disminuyendo, a medida que decrece el esfuerzo requerido en la atención plena y la vigilancia.

Etapa uno: colocación

La primera manera de reposar la mente se llama colocación. Colocamos o concentramos la mente en un objeto, que puede ser un objeto físico, como una estatua de un buda, una imagen visualizada o, simplemente, la respiración. Al comienzo, nuestra mente es muy salvaje, como una pluma que es empujada de aquí para allá por el viento. Así que primero intentamos poner nuestra mente en un lugar, enfocándola o colocándola. Normalmente, estamos distraídos por objetos externos a nosotros mismos o estamos distraídos internamente, y nuestra mente se vuelve inconsciente. La colocación consiste en reposar la mente en un estado de paz que no está distraído externamente ni se vuelve ajeno por algo interno.

Las instrucciones para esta primera meditación son las mismas que para la meditación básica de shamatha, tal como se entiende comúnmente. La práctica de asentar la mente consiste en traer de vuelta nuestra mente de las distracciones exteriores, traerla de vuelta del adormecimiento exterior y traerla de vuelta a la concentración interior. A diferencia de este estado de concentración interior, nuestra mente a menudo se descontrola con pensamientos acerca del mundo exterior –por ejemplo, pensamientos acerca de surfear o ir a las corridas de toros–. También puede ocurrir que nos sintamos completamente adormecidos y perezosos, sin ganas de hacer nada. Podemos sentir una especie de espesor mental. Cuando sacamos nuestra mente de cualquiera de estos dos estados y la traemos de regreso a un estado de concentración interior, al enfocarnos en la respiración u mediante otros métodos de shamatha, estamos llevando nuestra mente salvaje o adormecida de vuelta al estado de la mente ordinaria. Esa es la primer etapa de la meditación: asentar la mente.

Etapa dos: colocación continua

Cuando aprendemos cómo podemos asentar nuestra mente, nos movemos a la segunda etapa de meditación, que se llama colocación continua, en la cual colocamos nuestra mente una y otra vez. En esta etapa, podemos ver que la brecha se cierra un poco. El monje está acercándose al elefante y al mono. El fuego se hace más pequeño, lo que significa que la mente del meditador ya no está tan agitada, es menos intensa, aunque todavía necesita cierto grado de esfuerzo. Podemos ver también que el elefante y el mono están comenzando a volverse un poco más claros. Hay un toque de claridad en sus cabezas.

Sin embargo, en esta etapa, el mono todavía guía la mente. La agitación todavía guía nuestra mente de elefante, pero el paso se ha desacelerado. En la ilustración, podemos ver que las dos figuras no están corriendo tanto como lo hacían en la primera etapa, donde tanto el elefante como el mono casi volaban. Aquí, en la segunda etapa, no están realmente corriendo, solo caminan rápido, como los neoyorquinos o la gente de Hong Kong. En este punto, podemos ver que el adormecimiento y la agitación están decreciendo un poco.

Etapa tres: colocación repetida

La tercera etapa, colocación repetida, nuevamente se refiere a colocar la mente una y otra vez. La diferencia en esta etapa es que, cuando nuestra mente se distrae, intentamos recuperar su enfoque. A veces se le llama «asentarse firmemente». Esto se refiere a la habilidad de llevar la mente de vuelta al objeto elegido cuando se distrae. Una manera de hacerlo es primero reconocer la distracción y luego determinar cuál de las aflicciones mentales la produjo, para, finalmente, aplicar el remedio para esa aflicción mental en particular.

Podemos ver en la ilustración que el meditador y la mente están ahora implicados en alguna clase de comunicación. Ahora están cara a cara, en vez de que uno persiga a la otra.

El elefante ha vuelto su cabeza para mirar al meditador. El mono también está girando su cabeza hacia atrás. Por lo tanto, en este punto, el monje ha comenzado a desarrollar un grado de contacto con su propia mente. Hay una comunicación que se ha desarrollado entre la mente y el meditador. Ahora están mirándose a la cara. Esa clase de contacto o comunicación se desarrolla a través de la atención plena. En la ilustración, podemos ver que la cuerda que sostiene el meditador está ahora enganchada al elefante. La cuerda de la atención plena ha atrapado la mente de elefante. Aunque el mono todavía guía al elefante, y continúa habiendo una brecha entre el meditador y los animales, la brecha disminuye. Además, el mono ahora camina de una forma más tranquila.

En este punto, aparece un pequeño conejo, que representa el adormecimiento sutil. Esto indica que el adormecimiento del meditador no es tan grande o burdo como lo era en las etapas iniciales. El elefante proyecta una imagen de enorme adormecimiento que es sólida y espesa, mientras que el conejo sugiere una clase de adormecimiento más ligero, suave y delicado.

Poco a poco, el elefante, el mono y el conejo se están volviendo blancos. Sus cabezas son completamente blancas, y la trompa del elefante también es blanca. Esto indica que tanto el adormecimiento como la agitación están decreciendo. Podemos ver, además, que el fuego se vuelve cada vez más pequeño, lo cual ilustra que se necesita menos esfuerzo por parte del meditador.

Etapa cuatro: colocación cercana

En la cuarta etapa, colocación cercana, entramos más profundamente al estado de meditación, esforzándonos para alcanzar niveles más sutiles de enfocar la mente; aquí llegamos a un nivel de concentración en el cual cortamos cualquier vaguedad acerca del enfoque. En otras palabras, esta es la habilidad de reposar la mente de forma puntual en un objeto que es sutil o preciso, en vez de burdo o vago.

Podemos ver en la ilustración que la brecha entre el meditador y los tres animales se está cerrando. Además, el elefante se está volviendo más blanco, igual que el mono y el conejo; y el fuego ahora es más pequeño.

En esta etapa, el dibujo también muestra un árbol con fruta. El mono, que está recogiendo la fruta, es casi por completo blanco. El árbol es oscuro, pero las frutas son blancas. Las frutas claras simbolizan las actividades o acciones virtuosas. Estas son las «frutas virtuosas de los dos beneficios», que son el beneficio para uno mismo y el beneficio para los otros. Eso es lo que el mono está recolectando. Aunque las actividades virtuosas son una distracción desde el punto de vista meditativo, todavía necesitamos recolectarlas. El árbol es oscuro porque todavía es dualista y, por lo tanto, es también una distracción.

Etapa cinco: domesticación

El quinto método para llevar la mente al reposo, o asentar la mente, se llama domesticación. Tradicionalmente, se dice que la vigilancia no permite que la mente se distraiga. Uno da lugar a la confianza y es conducido al samadhi en este punto. La domesticación consiste en apaciguar el impedimento que puede surgir en esta etapa, que es el desagrado por la meditación –volverse vacilante, cansado o desanimado respecto a la meditación–. Este obstáculo se domestica a través de reflexionar una vez más sobre los beneficios y cualidades del samadhi.

Intercaladas a través de todas las etapas, encontramos imágenes que representan los cinco placeres sensoriales. Estos pueden variar en diferentes ilustraciones, dependiendo de la interpretación particular del artista; sin embargo, el significado básico sigue siendo el mismo. Los cinco placeres sensoriales son los objetos de agitación, y aquí son simbolizados por una tela, una fruta, una concha con agua perfumada, unos platillos y un espejo. La tela se muestra en la etapa uno, por encima del elefante. Tres frutos blancos y una concha con agua perfumada se muestran por encima del elefante y del mono en la etapa dos. Los frutos también se encuentran en el árbol en la etapa cuatro. Los platillos, representados por dos círculos que aparecen junto al elefante y el mono con sus cabezas giradas hacia atrás, se muestran en la etapa tres. Finalmente, aparece un espejo entre las etapas cinco y seis por encima del monje, quien ahora guía al elefante. La tela simboliza el placer sensorial del tacto;

la fruta simboliza el placer sensorial del gusto; la concha con agua perfumada simboliza el placer sensorial del olfato; los platillos representan el placer sensorial del sonido, y el espejo simboliza el placer sensorial de la vista.

Etapa seis: pacificación

La sexta etapa de meditación se llama pacificación, lo cual significa pacificar distracciones y pensamientos discursivos. Esto se refiere a la pacificación del letargo y del estado salvaje a través de la aplicación de sus remedios apropiados. En esta etapa, estamos reconociendo nuestros pensamientos e intentando deshacernos de las distracciones, pero todavía no estamos aplicando los antídotos completamente.

En este punto, ya no tenemos un interés genuino de entretener a nuestras mentes con estados salvajes y agitación o con adormecimiento. Hay un giro total y genuino en nuestra actitud. Ahora nos deleitamos completamente con el samadhi y la meditación. Por lo general, cuando vamos a nuestro cojín de meditación para practicar, experimentamos una especie de lucha. Nos cuesta llegar al cojín; nos cuesta sentarnos. Eso se debe a que todavía nos entretenemos con nuestros pensamientos –disfrutamos de esta mente salvaje y loca, así como del adormecimiento de la mente–. También experimentamos una sensación de arrepentimiento. Por ejemplo, podemos pensar: «¡No estoy haciendo nada! ¡Solo estoy sentado, sin hacer nada! Podría haber terminado este o aquel proyecto». Por eso no experimentamos un deleite completo al sentarnos. Sin embargo, en el sexto nivel sí desarrollamos un deleite completo al sentarnos, porque ya no nos sentimos culpables o mal por estar sentados. Ahora, en contraste, esta clase de pensamientos ya no surgen. Por el contrario, sentimos un deleite completo. El fuego, que representa el esfuerzo del meditador, se ha extinguido en este punto.

Etapa siete: pacificación total

La séptima etapa se llama pacificación total. En esta etapa, las kleshas, o aflicciones mentales, se pacifican completamente a través de la aplicación de los antídotos. No solo reconocemos el surgimiento de las aflicciones mentales, sino que también somos capaces de pacificarlas o adormilarlas. Se dice que es difícil que emerjan el adormecimiento y la agitación sutiles, pero aunque surgieran, podrían descartarse inmediatamente con un pequeño esfuerzo.

Etapa ocho: unidireccionalidad

La octava etapa, unidireccionalidad, es definida como un estado sin esfuerzo y natural de reposar la mente. Si nos apoyamos en la atención plena y la vigilancia al comienzo de nuestro viaje, entonces el adormecimiento, la agitación y la distancia ya no pueden crear obstáculos en esta etapa, donde entramos al samadhi completo. Aquí, el elefante, que simboliza el adormecimiento, está libre o casi completamente libre de toda oscuridad. En algunas representaciones de las etapas, la cola todavía está un poco oscura. El meditador está muy sosegado ahora y se limita a caminar con el elefante, el cual lo sigue gentilmente. El mono, que representaba la mente agitada, ha desaparecido por completo. Cuando analizamos el adormecimiento y la agitación, podemos ver que el adormecimiento es más sutil que la agitación, que es un estado de la mente muy burdo o no procesado. Es una especie burda de contaminación. Podemos domesticar esa agitación y librarnos de la mente agitada a través de la meditación, pero el adormecimiento permanece un buen rato. Hay una cualidad de ignorancia o ilusión en ese adormecimiento.

Etapa nueve: colocación uniforme

La novena etapa se llama colocación uniforme. En esta etapa final, cuando entramos en meditación, nuestra inmersión o absorción en ella es completa y total. Ya no tenemos que luchar; podemos reposar en la unidireccionalidad tanto como queramos, sin ningún pensamiento discursivo conceptual y sin obstáculos. Nuestra mente está completamente libre de esfuerzo.

En este punto, experimentamos un sentido completo de domesticación o equilibrio meditativo (*nyom-jug*). Podemos ver que el elefante y el meditador ahora están reposando juntos, sin esfuerzo. A partir de la sexta etapa, en la que el fuego se extingue, no hay esfuerzo. Se llama meditación sin esfuerzo, reposo sin esfuerzo o samadhi sin esfuerzo.

En esta etapa de reposar uniformemente, vemos al monje sentado con el elefante. El camino emerge del corazón del meditador, lo cual indica que viene puramente del corazón o de la mente. Sin embargo, todavía hay un sentido de viaje, de alguien que se embarca en el viaje, y de la meditación, llamada la situación de tres partes. Por lo tanto, todavía hay un estado de dualidad, que no está completamente libre o iluminado. En consecuencia, el camino permanece oscuro en la ilustración. La etapa de reposar uniformemente, donde el camino fluye del corazón, es el punto donde comenzamos el camino sutil del vipashyana.

El logro de Shamatha

El camino continúa hasta la compleción de la meditación shamatha, en donde alcanzamos la primera tranquilidad o el *shingjang* del cuerpo. Esta es la flexibilidad, la elasticidad y el procesamiento completo del cuerpo, a través del cual logramos el shamatha. El shamatha completo se logra en la novena etapa de samadhi, junto con la tranquilidad de la mente (la flexibilidad, la elasticidad y el procesamiento completo de la mente).

Después de este logro, continuamos el viaje de la meditación con la meditación vipashyana. En este punto, unificamos las meditaciones shamatha y vipashyana sobre la vacuidad y cortamos la raíz del samsara. De aquí en adelante, no hay un camino sólido, por decirlo de algún modo. Simplemente viene de la mente. Viene de nuestro corazón a medida que continuamos nuestro viaje, montando sobre esta mente de elefante.

Al final del camino, el monje sostiene una espada y un libro que, conjuntamente, simbolizan la sabiduría o prajña. El libro por sí solo no es una imagen muy activa. Sin embargo, la espada simboliza el filo o la cualidad cortante del prajña. Es el aspecto de la acción de la sabiduría, es lo que hace la sabiduría. Cuando tenemos esta espada, vemos cómo el filo de la sabiduría se manifiesta en la actividad de cortar la raíz del ego y la raíz del samsara.

En la imagen final, hay dos líneas que emergen del corazón del monje. Estas parecen estar relacionadas con la espada, y están conectadas con la sabiduría de las dos verdades: la verdad relativa y la verdad absoluta. Como resultado del surgimiento del vipashyana, alcanzamos la realización de la naturaleza de las dos verdades. Trascendemos el aferramiento al ego y alcanzamos la realización de la verdad absoluta, así como la verdad relativa y la naturaleza relativa de causa y efecto. La ilustración final parece representar la realización de las dos verdades que surgen del prajña. Además, hay otro fuego, que aparece al final del camino. Este fuego ya no representa el esfuerzo del meditador; más bien simboliza la fuerza y el poder de la atención plena y la conciencia, o la vigilancia, que surgen en el momento de la fructificación.

Podemos ver, además, que el monje y el elefante han dado la vuelta y parecen dispuestos a retomar el camino. Esto puede simbolizar dos cosas: en primer lugar puede representar la intención de buscar la visión a través de la meditación. Si no hemos logrado la visión antes de pasar por las etapas de meditación, entonces buscar la visión es, en un sentido, regresar a la base. La visión es la base. Segundo, la imagen puede indicar que no hay nada más allá de esta etapa, que no hay ningún sitio más a donde ir. No hay nada más allá de este estado básico. No importa cuán lejos vayamos en nuestro viaje de meditación, siempre regresaremos al estado de nuestra mente original, que es la mente ordinaria, *thamal gyi shepa*.

Cuando buscamos la visión a través de la meditación, descubrimos la visión al desarrollar el poder de la atención plena y la vigilancia. Esta es una etapa de meditación shamatha. Alcanzamos la realización de la visión a través de la meditación vipashyana. Es el mismo proceso tanto en el vehículo común como en la práctica de Mahamudra.

Podemos ver que, en esta novena etapa final se alcanza el reposo. La mente y el meditador son como dos muy buenos amigos y al encontrarse ambos experimentan alegría, relajación y apertura.

La ilustración nos proporciona un medio excelente para estudiar y aprender sobre el shamatha. En una escala mayor, el dibujo representa el proceso o camino completo del shamatha. En una escala menor, ilustra el proceso que atravesamos en casi todas las sesiones de meditación shamatha. Primero está la etapa de colocación o reposo, en la cual llevamos nuestra mente al punto de asentarse. Luego continuamos con la etapa de asentarnos continuamente, asentarnos repetidamente, asentarnos cercanamente, domesticar, pacificar, pacificar totalmente, hacerlo puntualmente y, por último, asentarnos uniformemente. Al final de una sesión de práctica, podríamos estar relativamente asentados.

Estas son guías generales creadas para cada meditador, entre las miles de personas que practican la meditación. Por supuesto, cada persona experimenta un viaje diferente. Las instrucciones representadas en la ilustración se pueden ver como los horóscopos que leemos en el periódico todos los días. La predicción diaria para cualquier signo astrológico no será igualmente precisa para todos los que nacieron bajo ese signo. Las personas de un mismo signo comparten ciertas cosas, pero si queremos entender realmente nuestro propio horóscopo, tenemos que basarnos en los detalles de nuestra fecha y lugar de nacimiento, etc., y tendríamos que consultar a un astrólogo para desarrollar una carta individualizada. Las instrucciones de meditación son similares. Podemos comenzar con las imágenes generales de la ilustración del shamatha, pero si queremos nuestra propia carta personal de las nueve etapas de shamatha, entonces tenemos que trabajar con nuestro maestro, que está familiarizado con las particularidades de nuestra situación individual.

Antes de comenzar nuestra práctica de vipashyana, es muy importante desarrollar el fundamento básico del reposo. Con frecuencia se señala la importancia de este punto. Durante este período, podemos continuar con nuestros estudios y contemplaciones sobre el vipashyana. Nuestra comprensión teórica puede desarrollarse, pero nuestra práctica concreta de vipashyana no puede comenzar hasta que la mente esté completamente asentada. Hay una diferencia entre la meditación vipashyana y el desarrollo de la visión de vipashyana. Una vez que tenemos el contexto y la experiencia de reposar la mente, podemos desarrollar la visión intelectual y teóricamente a través de la contemplación. Sin embargo, el sentido real de reposar en esa visión no puede ocurrir sin un sentido completo de reposar en shamatha. Por esa razón, se hace un gran énfasis en que es esencial atravesar los diferentes niveles de shamatha, etapa por etapa, con un maestro.

Khenpo Tsültrim Gyamtso Rinpoché, un gran maestro del budismo Vajrayana.

6. El camino de las instrucciones: el vipashyana de Mahamudra

Durante la etapa del camino, intentamos internalizar la visión de Mahamudra que hemos establecido al estudiar la base y llevar esa visión a la realidad del camino y nuestra experiencia. Como se describió anteriormente, hay tres maneras básicas de entrar al Mahamudra del camino: las prácticas preliminares, las instrucciones de señalamiento directo y las prácticas de enriquecimiento. Tras nuestra discusión del shamatha de Mahamudra, examinaremos ahora las tres instrucciones de señalamiento directo y los métodos de práctica en relación con el vipashyana de Mahamudra.

El señalamiento del vipashyana

Desde el punto de vista del Mahamudra, el término *vipashyana* se relaciona con la comprensión que alcanza directamente la realización de la naturaleza de la mente ordinaria. Además, se refiere a las meditaciones que son aplicaciones de prajña, que se practican después de haber cultivado algún grado de estabilidad meditativa a través de la práctica de shamatha. En tibetano, la palabra para vipashyana es *lhagthong*. La primera sílaba, *lhag*, significa «superior». Es el mismo término que encontramos cuando se habla de «entrenamiento superior», un término que es común en muchas tradiciones budistas. *Thong* significa «ver» o «vista». Por lo tanto, *lhagthong* significa «visión superior» o «vista superior».

El término vipashyana a menudo se entiende mal en las comunidades budistas occidentales, porque se usa de manera diferente en diferentes tradiciones de meditación. Los budistas Theravada, Mahayana y Vajrayana, así como algunas escuelas hindúes, hablan de «meditación vipashyana». Incluso entre las diversas escuelas budistas, se utiliza para referirse a cosas ligeramente diferentes. Sin embargo, en el contexto del Mahamudra, el vipashyana está conectado con la realización o experiencia superiores de la naturaleza básica de la mente. Cualquier otra comprensión del vipashyana es irrelevante para el tema de Mahamudra. Por lo tanto, la realización de esta mente ordinaria es lo que llamamos «vista superior» o «visión profunda superior».

El término *mente ordinaria* puede ser confuso si tomamos *ordinario* como *mundano*. Si ese fuera el caso, entonces *mente ordinaria* significaría conciencia mundana, mente confundida, mente de kleshas, una mente que está totalmente atrapada en este mundo del samsara. Sin embargo, en este contexto, *ordinaria* significa «no fabricada». Cuando experimentamos esta mente ordinaria, experimentamos la mente búdica. La mente búdica no es una mente especial que parecemos siempre estar buscando en algún otro sitio. Es simple y ordinaria en el sentido de que está totalmente libre de elaboraciones, de fabricaciones y de todo pensamiento conceptual. Es la mejor parte de la mente. Usualmente, pensamos en la mente búdica como algo extraordinario, superespecial, pero, en este punto, vamos más allá de todos estos conceptos y regresamos a la naturaleza fundamental de la mente, que es la mente búdica o el corazón de la mente búdica. Es ordinaria porque es muy simple.

Los grandes yoguis, como Milarepa y Gampopa, han dicho que la mayoría de las personas no creen o no pueden creer esto porque parece muy ordinario y muy natural. En lugar de eso, buscamos algo muy elaborado, quizá algo como un santuario tibetano. Sin embargo, la naturaleza de nuestra mente no es tan elaborada o compleja. El término *ordinario* en sí expresa este sentido de naturalidad y simplicidad. Cuando decimos que la naturaleza de nuestra mente es ordinaria y básica, esto sugiere que no es algo que exista fuera de nosotros. Por otro lado, cuando decimos que la naturaleza de la mente es extraordinaria o especial, esto nos hace sentir que la naturaleza de la mente es algo externo. Cuando alcanzamos la realización de la naturaleza fundamental y de la simplicidad misma de nuestra mente, alcanzamos la realización de la mente ordinaria.

La mente coemergente: el dharmakaya

En general, la práctica de vipashyana comienza con las instrucciones de señalamiento directo. Hay diferentes maneras de presentar esto; sin embargo, nosotros abordaremos la instrucción sobre el vipashyana de Mahamudra a través de las tres etapas siguientes:

1. Mostrar la esencia de la naturaleza de la mente.
2. Desarrollar certeza sobre la naturaleza de la mente.
3. Recibir las instrucciones que señalan directamente la verdadera naturaleza de la mente.

Durante todas estas etapas de meditación, sencillamente reposamos la mente en un estado de frescura. Esa es la característica básica o la naturaleza de la visión profunda. Estamos reposando en un estado de la mente que es fresco y sin distracciones. Estamos reposando natural y expansivamente, en completa comodidad, por decirlo de algún modo. No estamos intentando generar algo fresco o algún estado natural o expansivo. Simplemente estamos reposando, y hay un sentido de comodidad natural. Por el contrario, si intentamos hacer algo, si tratamos de hacer que nuestra meditación sea natural o fresca, entonces hay una sensación de tensión. No hay un sentido de comodidad o de reposar libremente. Por lo tanto, en toda nuestra meditación, debemos reposar natural y expansivamente, de tal modo que nuestra mente se ilumine a sí misma o se aclare a sí misma. No dependemos de generar una luz desde afuera. No dependemos de «hacer» que nuestra mente sea luminosa. Está, naturalmente, en ese estado de luminosidad y claridad. Es a través de estos métodos que recibimos la instrucción de señalamiento directo de que la mente coemergente misma es el dharmakaya.

Pensamiento coemergente: el despliegue de dharmakaya

A través de los métodos de meditación de Mahamudra se nos presenta un camino progresivo de instrucciones. Mientras que la primera instrucción señala directamente la naturaleza de la mente misma como la naturaleza de dharmakaya, la segunda instrucción señala directamente que los pensamientos mismos son el despliegue de dharmakaya. Hay una transmisión directa que señala directamente la naturaleza de la mente a través de la quietud y a través del movimiento. Nos entrenamos practicando en ambas situaciones: la mente en reposo y los pensamientos en movimiento. Es aquí donde el aspecto de Vipashyana, o visión profunda, del Mahamudra, se vuelve más importante. También trabajamos con el método de cortar la raíz del aferramiento al ego.

El primer método es el desarrollo de la quietud, que significa reposar en el estado de no distracción. En la tradición del Mahamudra, la no distracción se conoce como meditación. Cuando definimos meditación como no distracción, podemos ver la diferencia entre la cualidad de la meditación shamatha y vipashyana ordinaria del Hinayana-Mahayana, por un lado, y la cualidad de la meditación del Mahamudra. Desde el punto de vista del Mahamudra, si estamos en un estado de no distracción, entonces no importa si nuestra mente todavía sigue nuestra respiración o si está en un estado de pensamiento conceptual o si está produciendo emociones. Si nuestra mente no está distraída, entonces estamos en la experiencia de «hueco» de la meditación.

El segundo método implica trabajar con el movimiento de la mente. Practicamos con la aparición plena de pensamientos, así como con la corriente oculta de pensamientos y con los pensamientos que persiguen pensamientos.

El tercer método es el proceso de cortar la raíz del aferramiento al ego. Es cortar la raíz del egocentrismo a través de la combinación de las experiencias directas de señalamiento directo, las bendiciones directas del linaje y del gurú y nuestra meditación. En este punto, cortar la raíz del aferramiento al ego no es muy difícil, porque no estamos trabajando solos. Estamos trabajando con las bendiciones del gurú y del linaje.

Las prácticas primarias son los métodos para llegar a reconocer o aprehender el aspecto de claridad de la mente. Cuando hemos logrado un estado de quietud a través de las prácticas del shamatha de Mahamudra, entonces, dentro de esa quietud, un pensamiento surgirá. Cuando ese pensamiento surge, aplicamos la segunda práctica de vipashyana, que consiste en mirar directamente la naturaleza de ese pensamiento. Si reconocemos la naturaleza de ese pensamiento –o la naturaleza de la mente– directamente, entonces la visión profunda o vipashyana surgirá.

Desde el punto de vista práctico, esto significa que, cuando estamos reposando, relajados en un estado de tranquilidad, necesitaremos que surja un pensamiento para poder practicar esto. Un pensamiento puede surgir naturalmente o nosotros debemos generar un pensamiento intencionalmente. Puede ser cualquier clase de pensamiento, como un pensamiento de aversión o de apego. Una vez que el pensamiento ha surgido, miramos directamente su naturaleza e intentamos ver si hay alguna diferencia entre nuestra conciencia en un estado de quietud y nuestra conciencia en un estado de aparición de un pensamiento. Este escrutinio de un pensamiento no dura mucho tiempo, porque el escrutinio mismo causará que el pensamiento regrese a un estado de meditación.

Nuestra mente es como el océano, y la aparición de pensamientos es como el movimiento de las olas en la superficie del océano. El estado de shamatha, o tranquilidad, que cultivamos es similar a las profundidades del océano, donde no hay movimiento. Por lo tanto, del mismo modo que las olas son un ornamento del océano, cuando un practicante de Mahamudra puede meditar dentro del surgimiento de un pensamiento, los pensamientos y las kleshas se convierten en un ornamento de su práctica. De hecho, un océano sin olas es bastante apagado y aburrido; las olas hacen que el océano sea más hermoso. Sin embargo, si no podemos meditar utilizando el surgimiento de un pensamiento, entonces las olas de pensamiento se hacen peligrosas. Podríamos sumergirnos en ellas y ahogarnos.

Igual que las olas surgen de y regresan al océano, los pensamientos que surgen en nuestra mente surgen de la mente misma y se disuelven de regreso en la mente misma. Incluso cuando las olas están presentes, no son otra cosa que los contornos del agua que conforma al océano y, por lo tanto, no son otra cosa que el océano mismo. De igual manera, los pensamientos que surgen en la mente no son otra cosa que esa mente misma, el dharmakaya coemergente. La naturaleza de estos pensamientos no es diferente de la naturaleza de la mente misma.

Hay dos aspectos de la aparición de pensamientos, conocidos como la aparición plena y la corriente oculta. Una aparición plena de pensamiento es un pensamiento plenamente manifestado. Se trata de un pensamiento burdo u obvio que es fácil de aprehender. La corriente oculta se refiere al movimiento del pensamiento sutil que es muy difícil de aprehender porque, una vez aprehendido, suele desaparecer. Tanto la aparición plena de pensamientos como la corriente oculta de pensamientos necesitan ser observadas de cerca.

Una parte de este proceso de examen implica el escrutinio de nuestros pensamientos de «yo» y «mío». Escrutinio significa llevar a cabo nuestro análisis, intentando descubrir si este «yo» y estas instancias de «mío» realmente existen. A través del escrutinio directo y experiencial del pensamiento, llegamos a determinar que este «yo» imputado y este «mío» imputado –lo que pertenece al «yo» imputado– nunca han existido. Determinamos que la mente en su naturaleza nunca ha sido un «yo» ni un ser y, por lo tanto, nunca ha poseído nada que pueda reclamar como «mío». De esta manera, los pensamientos llegan a mezclarse con el dharmakaya. Esto significa que reconocemos que, desde el comienzo, la naturaleza de la mente y la naturaleza de los pensamientos ha sido el dharmakaya coemergente. Nunca ha habido un yo; nunca ha habido algo que se llame «mío».

Apariencia coemergente: la luz de dharmakaya

La tercera instrucción es el señalamiento directo de que las apariencias son la luz de la mente y, en ese sentido, también son coemergentes. Son coemergentes en el sentido de que son el despliegue o proyección de la mente. Por lo tanto, se llaman la luz del dharmakaya; la idea es que las apariencias son el brillo o resplandor de la mente. La instrucción implica un proceso de dos pasos en el que trabajamos con el reconocimiento de la mente no fabricada.

El primer paso de este proceso es comprender el despliegue propio o la manifestación propia de la naturaleza no fabricada de la mente, es decir, la mente ordinaria. Reconocemos las apariencias que surgen de la mente inalterada o no fabricada.

Esto se llama la *apariencia propia* o *apariencia individual*, que es una apariencia pura. El segundo paso del proceso es reconocer las apariencias de confusión que surgen de la mente que se aferra.

Si bien experimentamos los aspectos puros e impuros o confusos de estas apariencias llamadas externas, hay algunas diferencias entre los dos. Al trabajar con estos dos aspectos de las apariencias, la práctica principal consiste en analizar las apariencias de modo que podamos distinguir correctamente entre la apariencia propia de una cognición natural inalterada y las apariencias confusas o las proyecciones desconcertadas de una cognición que se aferra. A través de este escrutinio, llegamos a reconocer que todas las apariencias son el juego natural de dharmata. Esta práctica implica meditar en las apariencias dirigiendo nuestra conciencia a esas apariencias, sin aferrarnos a ellas. Esto nos permite reconocer la naturaleza de las apariencias como el brillo o resplandor de la mente.

Los métodos específicos para esta técnica se dan cuando recibimos instrucciones detalladas de Mahamudra. En ese punto, no limitamos nuestra práctica a trabajar con la cognición conceptual, tal como ocurre en el surgimiento de pensamientos. También trabajamos con la cognición no conceptual o directa de las apariencias mismas.[16]

---

16. Dos textos del Noveno Gyalwang Karmapa, Wangchuk Dorje, proveen más explicaciones de la introducción a la mente basada en las apariencias. Véase *The Ocean of Definitive Meaning* (Nueva York: Nitartha International, 2001); y *Pointing-Out the Dharmakaya* (Nueva York: Nitartha International, 2001).

Esencialmente, con esta práctica, utilizamos una aplicación secuencial de esta técnica para mirar las apariencias que surgen para cada una de las conciencias sensoriales. Comenzamos mirando directamente las formas que experimenta la conciencia visual, luego los sonidos que experimenta la conciencia auditiva, luego los olores que experimenta la conciencia olfativa y así sucesivamente.

Aunque nuestra conciencia sensorial está dirigida hacia su objeto –la forma visual, etc.–, no estamos mirando hacia afuera. Estamos mirando hacia dentro, a la experiencia de esa conciencia sensorial en sí. Quizá incluso la palabra «mirar» es engañosa, porque implica una especie de atención dirigida hacia afuera. Nuestra atención está, en realidad, dirigida a la experiencia de la mente de una forma, un sonido, un olor, etc. Estamos mirando u observando hacia dentro, con la condición de una conciencia sensorial desbloqueada y sin trabas. Sin embargo, lo que estamos haciendo esencialmente en esta etapa de la práctica es aprender a reconocer la apariencia propia de una cognición no fabricada y, de esta manera, disipar las proyecciones confusas de una cognición que se aferra.[17]

---

17. Hay una similitud considerable entre la técnica de Mahamudra de señalar directamente la mente en el contexto de las apariencias y la técnica de Dzogchen del «salto» o *thogal*.

Trabajar con las instrucciones de señalamiento directo

Apariencias puras e impuras

Para hacer un genuino viaje de Mahamudra, debemos comprometernos a atravesar las primeras etapas de las instrucciones de señalamiento directo y las prácticas preliminares. Si viajamos en este camino de manera diligente y sabia, entonces veremos la expresión y la manifestación en sí de la mente, que es una experiencia de apariencia pura. Esto nos presenta a la noción de visión pura. Podríamos decir que «el negocio sagrado», la visión sagrada del mundo Vajrayana, se cuela en la foto. Vemos las apariencias exteriores como una manifestación o expresión de esta mente última; es decir, de la vacuidad, de la ausencia de ego. Por ende, esta expresión debe ser una expresión sin ego; esta manifestación debe ser una manifestación carente de yo.

Aunque estas apariencias puras sí se manifiestan en ciertas formas, de todos modos están vacías de existencia inherente. Cuando experimentamos esta expresión carente de yo, hay un gran sentido de espaciosidad, unidad y totalidad. En contraste, si no estamos familiarizados o no hemos tenido éxito en el camino de meditación y en el viaje espiritual, entonces nos quedamos atrapados en el segundo aspecto de la apariencia, que es la confusión –la manifestación de la mente que se aferra–. Esa expresión es una manifestación egoísta; es una experiencia estrecha y claustrofóbica. No hay sensación de espacio, porque estamos aferrándonos a una experiencia, tratando de congelarla y hacerla permanente. Esa experiencia es lo que llamamos la experiencia de la conciencia mundana, conciencia samsárica o mente samsárica, que está justo aquí.

La tercera instrucción de señalamiento directo –las apariencias son la luz de la mente y, en ese sentido, también son coemergentes– se refiere a estas dos maneras muy sutiles de trabajar con las apariencias.

Trabajar con la claridad de la mente

Previamente, describimos la naturaleza de la mente como el dharmakaya no nacido; el despliegue de la energía creativa de la mente como el sambhogakaya sin permanencia; y la luz de la mente, o las apariencias radiantes de la mente, como el nirmanakaya sin trabas o el nirmanakaya que puede aparecer como cualquier cosa. Para entender lo que esto significa, podemos contemplar la analogía de un cristal y los despliegues de arcoíris que este produce. Un arcoíris que emerge de un cristal no es simplemente una cosa. Es una suerte de variedad fluctuante. De la misma manera, el pensamiento no es unitario ni permanece. Incluso cuando un pensamiento está surgiendo, ya está cesando de existir. De hecho, el pensamiento por sí mismo, como el despliegue de la mente, ejemplifica las cualidades de no tener nacimiento, permanencia y cesación. Por lo tanto, deberíamos decir que los tres aspectos de la mente –su naturaleza, su despliegue y su luz– contienen perfectamente las cualidades de los tres kayas.

Ese es todo el sentido de Mahamudra, es tan profundo justamente porque solo un simple pensamiento está en la naturaleza de los tres kayas. No tenemos que decir: «Muy bien, esto es dharmakaya, entonces, ¿dónde está el sambhogakaya? Muy bien, hemos encontrado el sambhogakaya, pero ¿dónde está el nirmanakaya?». En la presentación general del Mahayana, una realidad así parece muy distante, mientras que en los enfoques del Mahamudra o del Dzogchen, los tres kayas están presentes en un simple pensamiento. La naturaleza de ese pensamiento es el dharmakaya. La luminiosidad o la vivacidad de ese pensamiento es el sambhogakaya. La continuidad de esa vivacidad es el nirmanakaya.

Hay una energía creativa constante de la mente, que es la base para el surgimiento de las apariencias radiantes de la mente, del mismo modo que la luz del sol reflejada a través de un cristal, que crea un despliegue prismático, siempre está ahí. Algunas veces, realmente podemos experimentar esta lucidez cognitiva de manera directa, en lugar de lo que solemos considerar una manera cognitiva. Por ejemplo, puede que escuches una corriente oculta continua de sonido, como un zumbido, lo cual se llama el sonido de dharmata.

En las enseñanzas de Mahamudra, no se dan muchos detalles acerca de lo que significa esta lucidez o claridad. Se dice tan solo que la mente tiene una claridad o lucidez, que es extremadamente intensa y que se convierte en la base para la confusión. Se dan más detalles en la presentación del Dzogchen, en donde se refiere a esta claridad como las apariencias de la base o el despliegue de la base. En la presentación del Dzogchen, la manera en la cual esta claridad surge o se desarrolla se divide en lo que se denominan las ocho puertas de las apariencias de la presencia espontánea. Los textos de Dzogchen también dan una presentación más detallada de cómo exactamente esta claridad se vuelve tan intensa. No obstante, desde un punto de vista de Mahamudra, la idea básica es que, cuando miramos la naturaleza de nuestra mente, percibimos una claridad cognitiva muy intensa. Muchos maestros han dicho que necesitamos mirar una y otra vez esta claridad cognitiva en nuestra práctica. Si bien la vacuidad de la mente es importante, hay un sentido en el cual la claridad cognitiva es más importante como una base para la práctica. Esto es así porque la confusión comienza cuando no logramos reconocer esta claridad por lo que es. Por lo tanto, para romper la cadena de confusión, necesitamos trabajar con la claridad cognitiva en particular.

El método preciso a través del cual miramos la claridad cognitiva de la mente es un tema dentro del contexto del Mahamudra del camino. Sin embargo, entre las prácticas del Mahamudra del camino hay dos técnicas que son particularmente útiles para trabajar con la claridad cognitiva de la mente. Una de ellas es mirar la mente dentro de las apariencias y la otra es observar la mente dentro del movimiento o surgimiento del pensamiento. Ambas son importantes, porque tanto la mente que experimenta las apariencias como la mente que experimenta los pensamientos son situaciones en que la claridad cognitiva de la mente es evidente y, por lo tanto, fácil de aprehender. Por ejemplo, cuando una klesha surge en nuestra mente, hay una mayor intensidad de la claridad cognitiva. En esa situación, si miramos la klesha, entonces estaremos mirando directamente la claridad cognitiva. En este caso, *mirar* significa mirar desnuda o directamente la klesha o la apariencia, sin ningún tipo de superposición conceptual o análisis basado en el pensamiento discursivo. Podemos hacer esto no solo cuando miramos las kleshas y otros pensamientos, sino también cuando miramos la experiencia de las apariencias. Por ejemplo, si los seis sentidos son dirigidos a objetos externos, entonces miramos directamente la experiencia de ese objeto. No «pensamos acerca de» o analizamos discursivamente la experiencia, sino que miramos directamente la experiencia misma.

Estos dos métodos, mirar la mente dentro de las apariencias y mirar la mente dentro de los pensamientos o el movimiento de los pensamientos, son métodos para trabajar con la claridad cognitiva.

Si hacemos esto de manera efectiva, si miramos esta claridad con claridad, entonces podremos ser capaces de ver realmente el desarrollo de la separación entre el sujeto que aprehende y el objeto aprehendido. Este reconocimiento es muy significativo porque, desde el punto de vista de Mahamudra, la separación es algo que está siempre desarrollándose en el presente y no es algo que se desarrolló en algún momento en el pasado. Si bien no estamos especialmente intentando buscar esta separación, esta aparecerá de forma natural algunas veces. Lo que estamos haciendo con nuestra práctica es mirar directamente la claridad cognitiva en sí. No estamos separando la claridad; no estamos intentando dividirla en un sujeto y un objeto. Paradójicamente, es justo porque no estamos dividiéndola que vemos la división.

La lucidez cognitiva de la que se habla en el contexto de Mahamudra es lo mismo que la sabiduría o la conciencia primordial. Si podemos reposar sin fabricación en la experiencia y el reconocimiento de la lucidez cognitiva natural de la mente, entonces el despliegue de la sabiduría surgirá ahí dentro. Esta es la razón misma por la cual en el Mantrayana, en general, y en el Mahamudra y Dzogchen, en particular, el énfasis está puesto en el aspecto de lucidez de la mente más que en el aspecto de vacuidad. En el Vajrayana, practicamos la visualización de deidades, que realmente es una manera de cultivar o familiarizarnos con esta lucidez cognitiva. En el Mahamudra, el énfasis está puesto en la práctica de mirar la mente dentro de la aparición del pensamiento y dentro de las apariencias. En el Dzogchen, cultivamos la práctica de *thogal* o «salto». Sin embargo, todas estas prácticas funcionan con el aspecto de lucidez cognitiva de la mente.

Niebla matutina y espacio

Cuando trabajamos con estas enseñanzas, estamos trabajando, principalmente, para obtener confianza –en nosotros mismos, en las enseñanzas y en el maestro– de modo que podamos cliquear nuestras mentes para sumergirnos en la experiencia de hueco. Esta experiencia no es una producción nueva. No es producida por ningún maestro, ningún buda o cualquier poder nuestro. La experiencia de hueco existe en la naturaleza de nuestra mente todo el tiempo. Por eso, en uno de sus cantos, Milarepa decía que, entre todos los momentos del pensamiento discursivo, hay huecos de sabiduría no dual. Entre un momento de pensamiento y el siguiente, siempre hay una experiencia de hueco; está ocurriendo todo el tiempo. En nuestra práctica, intentamos «desconectarnos» dentro de este hueco con un sentido total de claridad. De eso se trata el vipashyana: de cliquear hacia esta experiencia.

A partir de nuestra meditación shamatha y vipashyana, producimos experiencia. Eso es lo que debemos buscar. Esa es nuestra meta. No debemos fijarnos en el tiempo que estamos sentados. Sentarnos durante períodos cada vez más prolongados no es nuestro objetivo. No debemos preocuparnos por la cantidad de tiempo que nos sentamos ni por el tipo de retroalimentación que recibimos de gente que puede decir: «Te has estado sentando muy bien. Eres un gran meditador» o «Eres un gran instructor de meditación». Eso no significa nada. Debemos ser muy claros acerca de por qué nos sentamos y qué es lo que estamos buscando. Lo que estamos buscando en este camino es experiencia, que es el producto de nuestra meditación y desarrollo interior.

Cuando nos sentamos apropiadamente, diversos estados de experiencia surgen de forma natural a través de nuestra práctica de meditación shamatha y vipashyana. Cuando practicamos la meditación, el criterio para determinar si la sesión de práctica fue buena o mala es si realmente lo estamos haciendo, si nos sentamos realmente para meditar, o si tenemos otras razones, las cuales pueden incluso ser inconscientes. ¿Por qué nos sentamos? Puede que nos sentemos para pasar el rato o puede que nos sentemos porque pensamos: «Tengo que sentarme una hora cada día porque mi maestro me lo dijo». Ese tipo de práctica es muy buena y nos ayudará a acumular mérito, pero no producirá los estados deseados de experiencia. Por lo tanto, no satisfaremos nuestro deseo fundamental, que es nuestro deseo de liberarnos a nosotros mismos y a todos los demás seres sintientes. Cuando nos sentamos, debemos hacerlo con un sentido de absoluta claridad en lo que respecta a nuestra motivación. Si nuestras metas y razones para meditar son muy claras, entonces nuestra meditación será clara, y si nuestra meditación se vuelve clara, entonces las experiencias diversas surgirán.

No obstante, trabajar con estas experiencias es muy delicado. Puede que aparezcan como experiencias muy placenteras, como gozo, claridad y vacuidad o no pensamiento. Estas tres experiencias y muchas otras pueden ser producidas a través de la meditación. Sin embargo, debemos evitar quedarnos atrapados en estas experiencias. El gran yogui Milarepa dijo que estas experiencias son como la niebla matutina. ¿Qué significa esto? Significa que, cuando sale el sol, la niebla desaparecerá. Antes de que el sol salga, la niebla matutina parece muy densa, y pensamos: «Oh, estará nublado todo el día», pero cuando sale el sol, la niebla desaparece poco a poco.

Milarepa dijo que estas experiencias parecidas a la niebla no son la meta última de nuestra meditación porque, en cuanto pensamos que obtuvimos algo, desaparecerá. Se dice a menudo que, cuando necesitemos esas experiencias, no estarán allí. Es cuando realmente nos sentimos deprimidos y perdidos y pensamos: «Ahora necesito las experiencias de gozo, claridad y no pensamiento», que no las tendremos. Se han ido, igual que la niebla matutina. Por lo tanto, ¿qué sentido tiene aferrarnos a estas experiencias? No tiene sentido.

El proyecto real de la meditación es la realización –la realización directa de la mente ordinaria. Dijo Milarepa que la realización es como el espacio, que descansa en el estado de la naturaleza inmutable. Ese espacio nunca cambia; por lo tanto, las realizaciones nunca cambian. Nuestra realización es el logro último de nuestra experiencia y de la práctica de meditación.

Invitar el despertar

Estas tres instrucciones de señalamiento directo son medios hábiles que utilizamos para intentar despertarnos de este estado soñoliento y soñador de la mente samsárica. En este punto, las instrucciones de Mahamudra no sugieren que utilicemos un reloj despertador para despertarnos. Están sugiriendo que utilicemos un cubo de agua. Sin embargo, para hacer esto necesitamos confiar en un amigo que ya esté despierto.

Cuando viajamos en este camino del Mahamudra, a través de las diferentes etapas de instrucciones profundas, métodos y caminos de meditación, debemos entender que nuestro viaje es un esfuerzo mutuo del estudiante y del gurú. Como estudiantes, necesitamos esforzarnos en cierta medida para despertarnos y para dejar que nuestro amigo espiritual nos despierte. Necesitamos esforzarnos en cierta medida para desarrollar un sentido de confianza y espaciosidad y una disposición para rendir nuestro propio ego. Esto lo hacemos dándole a nuestro amigo espiritual las llaves de nuestro apartamento. Luego está el esfuerzo del gurú, quien lleva a cabo los pasos de entrar a nuestro apartamento, abrir la puerta con las llaves que le dimos y traer un cubo de agua temprano por la mañana.

Mientras estamos dormidos y soñando, nuestro amigo espiritual de confianza viene e intenta despertarnos volcando el cubo de agua sobre nuestra hermosa cama samsárica y dentro de nuestro sueño samsárico. Consecuentemente, nos despertamos con cierta sensación de conmoción. Al mismo tiempo, nos despertamos por completo. Este método no nos da opción de tontear y apagar el reloj despertador. No podemos decir: «Solo estaba bromeando». Nos guste o no, haya funcionado completamente o no, el agua ya está allí, en nuestra cama y sobre nosotros. Ya estamos despiertos y no podemos volver a dormirnos en ese estado. Nuestra cama samsárica ya no es cómoda y, así, no tenemos opción más que levantarnos y tomar una ducha caliente. Esto no es lo mismo que confiar en un reloj despertador para despertar. Cuando utilizamos ese método, aún podemos regresar a nuestro sueño cómodo, porque nuestra cama todavía está caliente y pensamos: «Oh, puedo dormir cinco o diez minutos más». Entonces apagamos el despertador y nos damos la vuelta.

Antes de que podamos hacer uso del método del cubo de agua para despertarnos, debemos confiar en nuestro amigo. Necesitamos confiar en que él o ella no usará algo como un cuchillo, que nos matará al tiempo que nos despierta. Esa es una manera de despertar, pero es una manera muy difícil. Necesitamos confiar plenamente en nuestro compañero, quien está despierto y con quien tenemos una comprensión mutua. Un amigo espiritual así conocerá el momento preciso y dirá: «Sí, son las cuatro de la mañana, ahora es el momento para que te levantes». Entonces lanzará el cubo de agua. Sin embargo, solo puede ocurrir cuando nos abrimos plenamente y decimos: «Por favor, despiértame. Apreciaré ser despertado por el método que sea, siempre y cuando me despierte por completo». No puede ocurrir de ninguna otra manera. El maestro no nos secuestra y nos despierta cada mañana con un cubo de agua; no somos rehenes. Tenemos libertad total. Expresamos nuestra seguridad y confianza plenas al remover cualquier barrera. Le damos a nuestro amigo las llaves de nuestro apartamento porque, de otro modo, ¿cómo puede entrar nuestro gurú a nuestra habitación para verter el cubo de agua? Sin embargo, el momento de entregar las llaves está determinado enteramente por nuestra disposición.

Despertar no tiene diferentes etapas. Despertar es despertar. El problema es que, después de despertar, nos volvemos a dormir. Ese es nuestro problema habitual. No hay problema con despertarnos. Una vez que el maestro hizo el trabajo de despertarnos, entonces depende de nosotros mantenernos despiertos. ¿Queremos levantarnos de esa cama, tomar una ducha y salir al mundo con su aroma fresco de aire matinal? ¿O queremos levantarnos, limpiar nuestro cuerpo con una toalla samsárica sucia y echarnos en un sofá o algún otro lugar cómodo donde podamos volver a dormir? Si somos muy perezosos, puede que incluso volvamos a dormirnos estando completamente mojados.

Hay un sueño inacabado que queremos continuar, de modo que volvemos a dormirnos para soñar de nuevo. No vemos otra alternativa, excepto volver a dormirnos para terminar toda la historia de nuestro sueño. Es como ver la mitad de una película muy emocionante en la televisión y luego ser perturbados por una llamada telefónica de nuestro amigo. Durante toda la conversación, nuestra mente vuelve una y otra vez a la película, porque queremos verla hasta el final. Esa es la clase de cosas que pasan aquí. Sentimos una fuerte urgencia por regresar a nuestro sueño samsárico, que parece muy interesante. La fuerza de esa urgencia nos impele a regresar. Por lo tanto, volver a dormirnos es nuestro patrón habitual. La diligencia, que es una de las cualidades de un precioso nacimiento humano, se vuelve muy importante. Debemos hacer un esfuerzo para mantenernos despiertos.

El despertar comienza con las instrucciones de señalamiento directo y continúa hasta el nivel último. Es el mismo proceso, la misma técnica y el mismo estado de despertar. El proceso de despertar es el corazón de las enseñanzas de Mahamudra. Es un proceso que se logra a través de las prácticas de meditación vipashyana y a través de todos los métodos de señalamiento directo. Sin embargo, determinar cuáles son los métodos más efectivos para despertar es un asunto muy individual. No podemos generalizar. El maestro puede aparecer con una sandalia, un cubo de agua o con cualquier clase de métodos sorprendentes para despertarnos, tal como podemos verlo en la historia de estas enseñanzas.

Podemos echar un vistazo, por ejemplo, a la relación entre Tilopa y Naropa. Naropa recibió instrucciones de señalamiento directo por parte de Tilopa –intermitentemente– durante muchos años. Al final, Tilopa dijo: «¡Todavía no lo entiendes, hijo mío!». Se quitó su sandalia y le soltó un golpe en la frente. Tilopa era un pescador en el Ganges, en la India, así que puedes imaginar cuán sucia estaría su sandalia. Todo el escenario debió haber sido una locura. En cualquier caso, en este momento, cuando Tilopa se quitó su sandalia y le dio a Naropa un buen golpe en su frente, Naropa lo entendió. En ese punto ya no eran necesarias palabras o explicaciones. Naropa no tuvo más preguntas. Por ejemplo, no preguntó: «¿Cómo hiciste eso?». No se preguntó por qué Tilopa utilizó su sandalia en vez de una vasija de oro, lo cual se hubiera visto como un objeto mucho más sagrado. Es difícil para nosotros imaginar las instrucciones de Mahamudra impartidas con una sandalia india; sin embargo, así es como funcionan las instrucciones de señalamiento directo.

A partir de esta historia, podemos ver también que las instrucciones de señalamiento directo se repiten una y otra vez. Sin embargo, se recomienda que los estudiantes no las reciban demasiado a menudo –por ejemplo, cada mes o cada año–. Eso no funciona, porque la experiencia pierde su cualidad de frescura. Podemos acabar hastiados de las instrucciones de señalamiento directo y, en ese punto, nada nos ayudará. En el Dharma del Linaje de la Práctica, tenemos un dicho: «Si tu mente se distrae con perturbaciones ordinarias y mundanas, eso es muy fácil de resolver a través del Dharma, el camino y la meditación. Pero si tu mente está hastiada del Dharma, entonces no hay antídoto». Esa es una situación muy peligrosa y la razón por la cual se pone tanto énfasis en evitar el materialismo espiritual.

El camino del Mahamudra es un camino muy individual, y la conexión con el maestro es una conexión muy individual. Queramos o no ser despertados por un cubo de agua, debemos confiar en la persona despierta. Esa confianza es nuestra devoción. Tener o no esa confianza es lo que determina si nuestro amigo tomará la iniciativa para despertarnos. El cubo de agua no llega al comienzo de nuestra relación con nuestro amigo. Viene solo después de que el maestro y el estudiante han desarrollado un sentimiento de confianza entre ellos, y solo después de que hayamos entregado nuestras llaves. El camino del Mahamudra es un viaje muy profundo que está basado en nuestra conexión individual con el amigo espiritual, el método y nuestro prajña relacionado con las enseñanzas. De acuerdo con esto, las instrucciones que señalan directamente la naturaleza de la mente deben recibirse del maestro propio de cada quien. Lo que ellos están señalando es la mente ordinaria y cómo la señalarán; eso está por verse.

Nuestro viaje espiritual es un esfuerzo mutuo. No podemos decir que es solo el trabajo del gurú, incluso si hemos entregado nuestras llaves y el gurú las ha utilizado para transmitir un cierto método de despertar. Tenemos que esforzarnos en despertar nuestro propio corazón iluminado, que ha estado dentro de nuestra propia mente desde el tiempo sin principio. En última instancia, la iluminación no es algo nuevo que obtenemos a través del maestro, a través del camino o a través de cualquier sabiduría exterior. Es algo que descubrimos dentro de nuestros propios corazones.

7. El camino a la iluminación: los cuatro yogas de Mahamudra

El yoga de Mahamudra se desarrolla a través de cuatro etapas que se conocen como los cuatro yogas: el yoga de la unidireccionalidad, el yoga de no fabricación, el yoga de un solo sabor y el yoga de no meditación. Cada nivel es tanto la fructificación del nivel precedente como el camino al siguiente. Estas etapas reflejan un reconocimiento creciente de la naturaleza de tres kayas de nuestra mente. El estado de no meditación es el logro final de esta realización. En ese punto, todos nuestros oscurecimientos, todas nuestras emociones y nuestro aferramiento al ego se vuelven parte de la experiencia de la iluminación. No hay nada que descartar.

Unidireccionalidad

La primera etapa de viajar en este camino de iluminación a través de los cuatro yogas se llama el yoga de unidireccionalidad. Este yoga es nuestro primer reconocimiento de la mente ordinaria. Es el «primer clic» del despertar genuino. Podemos compararlo con la primera vez que fuimos despertados en la mañana con un cubo de agua fría. Hay un enorme poder y energía asociados a esta forma de despertar. Es muy diferente a escuchar el sonido de nuestro reloj despertador. Hay un mayor sentido de valentía, coraje y certeza cuando usamos el método del cubo de agua. Cuando usamos un reloj despertador para despertar, hay una sensación de debilidad y temblor; incluso el sonido de la alarma es un sonido tembloroso. El ego siente que tiene todo el poder para rechazar la alarma del reloj despertador presionando simplemente el botón con un dedo y volviéndose a dormir.

En esta primera etapa de reconocimiento de la mente ordinaria, nuestro enfoque se dirige puntualmente al estado del despertar. Estamos concentrados en el proceso del despertar. En este punto, comenzamos a experimentar varios estados positivos de meditación. En general, estos estados se llaman gozo, claridad y no pensamiento. No son experiencias continuas, pero sí surgen de vez en cuando en nuestra meditación. En la etapa de la unidireccionalidad, también desarrollamos un sentido de poder en nuestra meditación. Podemos entrar directamente a la meditación unidireccional en cualquier momento, sin distraernos con perturbaciones exteriores.

No fabricación

La segunda etapa de los cuatro yogas se llama no fabricación, o simplicidad, que se refiere a la experiencia de cortar completamente a través del aferramiento al ego. Implica una comprensión y una experiencia completas de ciertas etapas de ausencia de ego, ausencia de yo, vacuidad o shunyata. En este nivel, nuestra mente no está siendo fabricada por ningún vestigio de aferramiento al ego o aferramiento conceptual. En consecuencia, realmente vemos la naturaleza de la mente como vacuidad, la naturaleza del ego como ausencia de ego y la naturaleza del yo como ausencia de yo. Esta es la visión enseñada ampliamente por maestros como Nagarjuna, y este yoga depende de la comprensión y del estudio del linaje de Nagarjuna. Por lo tanto, para obtener estas experiencias, debemos entender la visión del Mahamudra, que es la visión de Nagarjuna.

En general, consideramos las apariencias como una cosa y a la vacuidad como otra. Por un lado, pensamos que hay cosas tales como las formas. Por ejemplo, pensamos que hay mesas sólidas y sillas sólidas. Pensamos que la tierra es una tierra sólida y que hay gente sólida con quienes hablamos. Por otro lado, hablamos de la vacuidad y pensamos, vagamente: «Esta vacuidad es la naturaleza de estas formas». Consideramos esta «naturaleza» como algo que existe detrás de estas formas. Cuando pensamos de este modo, creamos una distinción entre la forma y su vacuidad. En esta etapa, sin embargo, trascendemos el estado de conceptualidad que distingue entre apariencia y vacuidad.

El *Sutra del corazón* es famoso por su presentación de la vacuidad cuádruple. Este Sutra afirma: «La forma es vacío, el vacío también es forma. La forma no es otra que el vacío, y el vacío no es otra cosa que la forma». La vacuidad cuádruple en realidad transmite un sentido genuino de vacío como la naturaleza real de las apariencias externas, en vez del vacío como algo diferente llamado «una naturaleza». Por lo tanto, la forma y el vacío no son separables. La forma no puede ser separada del vacío y el vacío no puede ser separado de la forma.

Esta es la realización que alcanzamos en la etapa del yoga de no fabricación: obtenemos una experiencia directa de la unión de apariencia y vacuidad. Llegamos a la realización de que no podemos separarlas. Un aspecto expresa la cualidad de vacuidad y el otro expresa la cualidad de forma o apariencia.

Un solo sabor

El yoga de un solo sabor se refiere a la experiencia de apariencia y mente. En esta etapa, no hay diferencia entre las apariencias externas y la conciencia interna que percibe estas formas. Hay un sentido de penetrar en las profundidades de la dualidad, transformándola, y de ver la naturaleza no dual de nuestras mentes. Eso se llama *un solo sabor*. No hay un sabor para lo que sea que designemos como un *objeto* y un sabor diferente para lo que sea que designemos como un *sujeto*. No hay un sabor para algo llamado *apariencia* y un sabor diferente para algo llamado *vacuidad*. La experiencia de un solo sabor es como comer una barra gigante de Snickers. No importa qué lado mordamos, el sabor es el mismo. De igual modo, ya sea que medites del lado de la vacuidad o del lado de la apariencia, del lado del sujeto o del lado del objeto, no hay diferencia de sabor. Hay solo una naturaleza y tú experimentas esa naturaleza genuina.

Esta es filosofía budista muy básica, que explica el gran maestro indio Aryadeva del Madhyamaka o Camino Medio. Desde este punto de vista, no hay diferencia entre el vacío de una taza y el vacío de una mesa. Solo hay un vacío. No podemos decir: «Este es el vacío de mi mente y no el vacío de tu mente» o «Esta es mi mente ordinaria y no tu mente ordinaria». En el nivel fundamental de la mente ordinaria, el nivel básico del vacío, no hay diferencia. Si verdaderamente nos damos cuenta de que todo tiene un solo sabor, entonces no hay diferencia en la realización de la naturaleza del vacío de cualquier fenómeno. Cuando alcanzamos la realización del vacío de una taza, alcanzamos la realización del vacío de todo el universo. Ese es el argumento lógico presentado por Aryadeva. Una vez que hemos alcanzado la realización del vacío del yo, alcanzamos la realización del vacío de todos los fenómenos. Hay un solo sabor porque hay una sola vacuidad, una sola realidad, una sola verdad absoluta.

Debido a que hay un solo sabor en el sentido último, las diferentes prácticas o caminos no resultarán en sabores diferentes. No acabaremos diciendo: «Cuando practico Mahamudra, experimento la vacuidad de este modo. Cuando medito en Madhyamaka, experimento la vacuidad de aquel modo. Cuando medito en Dzogchen, experimento la vacuidad de otra manera». No se pueden hacer estas distinciones porque la realidad última del mundo fenoménico es simplemente una sola realidad. La naturaleza de la mente ordinaria es una sola naturaleza fundamental. Por lo tanto, no importa qué camino tomemos, si alcanzamos el nivel de la realización de un solo sabor, entonces experimentaremos la mismidad, que es la realidad en sí. En el linaje de Mahamudra, se suele enseñar que Madhyamaka, Mahamudra y Dzogchen son absolutamente uno mismo. Esto a veces se expresa al decir que Madhyamaka es la base, Mahamudra es el camino y Dzogchen es la fructificación. Como alcanzar el resultado o la fructificación es realmente la experiencia de la base, no hay diferencia entre estas tradiciones. Por lo tanto, el yoga de un solo sabor se refiere al solo sabor de la naturaleza de la mente ordinaria y la naturaleza del mundo fenoménico.

No meditación

El cuarto yoga se llama el yoga de no meditación o no más aprendizaje, que es el estado de completo agotamiento de nuestra basura samsárica. Todo se ha reciclado y procesado totalmente. Además, debido a que ya no queda basura, tampoco queda un sentido de pureza. Estas dos nociones de *basura* y *pureza* dependen completamente la una de la otra. Cuando percibimos algo como puro, debe haber algo más que llamamos *impuro*; y cuando percibimos algo como impuro, debe haber algo más que estamos etiquetando como *puro*. Por lo tanto, ninguno de estos dos estados existe en realidad. En esta etapa, todas las nociones de este estilo han sido totalmente procesadas y agotadas.

Este es el punto en el cual alcanzamos la realización o la actualización del estado de dharmakaya, en lugar de solo pensar o meditar sobre ello. Vamos más allá de todos esos pensamientos, más allá de nuestra lucha y esfuerzo, y alcanzamos el punto en el cual ya no se necesita esfuerzo alguno. Alcanzamos la realización de la naturaleza de la mente ordinaria y de la naturaleza del dharmata o del mundo fenoménico. Esta es la etapa de la budeidad, en la cual todas las tendencias habituales y los patrones emocionales samsáricos de nuestra vida se agotan.

Aquí estamos alcanzando el aspecto resultante o fructificación del Mahamudra. Nuestro viaje comenzó desarrollando la visión del Mahamudra de la base, que es ver nuestra mente y la naturaleza fundamental del samsara como existente en la naturaleza de los tres kayas. En este punto, nos remontamos a ese nivel de la base. Estamos alcanzando la actualización de la naturaleza de los tres kayas y descubriéndolos dentro de nuestra propia mente, esta mente de nuestro ser samsárico confundido.

El yogui Milarepa dijo: «Si estás buscando algo llamado iluminación fuera de tu propia mente, eres como el gran luchador que buscó una joya familiar preciosa en el campo». El ejemplo de Milarepa cuenta la historia de un hijo particular de una familia india de luchadores, que se convirtió en uno de los luchadores más famosos en ese siglo. De acuerdo con la costumbre tradicional, había heredado una piedra preciosa de su padre. Cuando estaba a punto de comenzar su carrera como luchador, ató su joya preciosa en su pelo, como era la costumbre. Durante una lucha, recibió un corte profundo en su frente. En ese tiempo, la mayoría de las personas tenían mucho miedo de recibir un corte y, por ello, aplicaban alguna medicina a la superficie exterior para ayudarlo a sanar, pero raramente exploraban heridas así más profundamente.

Al final de esta lucha, el luchador se dio cuenta que había perdido la joya preciosa que era el emblema de su familia. La buscó por todos lados, por todo el escenario y el campo de lucha. No pudo encontrarla, aunque continuó buscándola durante meses y años. Finalmente, fue a consultar a un sabio brahmán. Actualmente, pensaríamos en una persona así como un psiquiatra, pero en ese tiempo el rol era cumplido por aquellos que eran considerados hombres sabios. El luchador fue a ver a este sabio brahmán para pedirle consejo acerca de cómo lidiar con la pérdida de la joya, así como para recibir consejo acerca de cómo recuperarla. El sabio brahmán escuchó con atención mientras el luchador le contaba la historia. Entonces el brahmán le preguntó: «¿Tenías ese bulto en la frente antes de convertirte en luchador?». El luchador tocó su frente y dijo: «No, no realmente. Recibí este corte en mi cabeza cuando estaba luchando». El brahmán le dijo: «Ah, tu joya cayó dentro de la herida. Todavía está allí». Todo el tiempo que el luchador estuvo buscando su joya fue un desperdicio, porque la joya siempre había estado dentro de él, como parte de su propio ser físico. Milarepa dijo que, de manera similar, buscamos nuestra iluminación, que perdimos recientemente o hace mucho tiempo, en nuestra lucha con nuestro ego. Es como si tuviéramos una herida semejante, que ha crecido sobre una joya preciosa.

Alcanzar este nivel del Mahamudra de la fructificación significa, simplemente, que recuperamos nuestra joya perdida; redescubrimos el corazón búdico que siempre está dentro de nuestra propia mente. No hay nada más allá de eso. La iluminación no está y nunca ha estado fuera de nuestra mente. Por lo tanto, regresar a ese estado en sí es lo que llamamos la etapa de la fructificación, que probablemente vemos como algo que ocurrirá en el futuro. Pensamos que estamos emprendiendo este viaje para llegar a algún resultado en el futuro, para que algún día lleguemos a un destino llamado budeidad. Sin embargo, en realidad estamos «regresando al futuro», porque el estado de budeidad siempre ha sido la naturaleza de nuestra mente. Es como la base, que siempre ha estado allí. Estamos intentando regresar a esa mente búdica básica, que existe en el estado de los tres kayas. La iluminación completa de nuestra mente como los tres kayas del buda es lo que llamamos la etapa de fructificación del Mahamudra.

8. El Mahamudra de la fructificación: los tres kayas

El Mahamudra de la fructificación es el punto en el cual finalmente descubrimos la naturaleza verdadera de nuestra mente. Es la perfección del camino de la simplicidad, el punto en el cual hemos completado el viaje de Mahamudra, que nos ha llevado a través de todas las etapas y experiencias de nuestras meditaciones shamatha y vipashyana. Finalmente, hemos descubierto todos nuestros oscurecimientos y contaminaciones a través de estas prácticas. Cuando por fin alcanzamos la realización de la naturaleza verdadera de la mente, sin barrera alguna, cuando se vuelve una experiencia directa, más que una comprensión conceptual, alcanzamos inmediatamente la budeidad, en esta misma vida. Más allá de toda duda, es posible para cualquiera que sigue el camino de Mahamudra experimentar la iluminación en esta misma vida. En el linaje Kagyu, el logro de esta etapa se conoce como el estado de Vajradhara o el estado de no meditación.

Es en esta etapa cuando experimentamos la naturaleza de los tres kayas dentro de nuestra conciencia básica. Como señalamos previamente, los tres kayas –el dharmakaya, el sambhogakaya y el nirmanakaya– son los tres aspectos inseparables de la naturaleza iluminada de la mente. En este punto, tenemos claro que esta naturaleza existe dentro de nuestra mente, ahora. No es solo una teoría, un mito o una idea abstracta. Está verdaderamente presente en este preciso momento.

Trascender los puntos de referencia

Aunque la naturaleza de tres kayas de la mente está presente dentro de las mentes de los seres sintientes justo ahora, no la vemos porque está oscurecida, cubierta por la ignorancia y las conceptualizaciones ignorantes. Cuando nos liberamos de nuestras ataduras samsáricas, nos estamos liberando de dos aspectos conocidos como las dos contaminaciones o los dos oscurecimientos. Estas son las contaminaciones de las kleshas y las contaminaciones del conocimiento, que son los oscurecimientos de nuestra liberación del samsara. Las contaminaciones de las kleshas son nuestras emociones aflictivas o perturbadoras –las emociones desatendidas y salvajes–. Las contaminaciones del conocimiento son aferramientos sutiles al ego, nuestra sensación sutil de que hay un punto de referencia. Independientemente del tipo de actividad de las kleshas en la cual nos involucremos, siempre hay una sensación básica de que existe un punto de referencia. Ya sea que las emociones estén atendidas o desatendidas por la atención plena y la conciencia, hay una sensación o experiencia sutil y fundamental de un punto de referencia. Esta sensación de un punto de referencia es la contaminación del conocimiento, y esta contaminación es la base sobre la cual todo el castillo de las contaminaciones de las kleshas está construido.

Si sencillamente trascendemos este punto de referencia fundamental, lo cual puede compararse con demoler los pilares de una casa elevada, entonces todo el castillo de las contaminaciones de las kleshas colapsará automática y naturalmente. Una vez que somos libres por completo de estas dos contaminaciones, alcanzamos la etapa resultante o final de la iluminación. El proceso de trascender estas dos contaminaciones tiene lugar en el nivel del Mahamudra del camino.

La sabiduría del Buda

Los tres kayas de la etapa de la fructificación se llaman la esencia, la naturaleza y el despliegue de la mente. Los tres se refieren a la mente en sí misma: la esencia vacía de nuestra mente es el buda dharmakaya. La naturaleza luminosa de nuestra mente es el buda samghogakaya. El despliegue sin trabas de nuestra mente es el buda nirmanakaya. Los tres kayas siempre están dentro de nuestro corazón, siempre dentro de nuestra mente. Cuando nos remontamos al estado original del Mahamudra de la base, reconociéndolo completa y totalmente, esto es lo que llamamos fructificación.

Nuestro estado básico de la mente posee las dos sabidurías del Buda: la sabiduría que ve las cosas como son, que se refiere a la sabiduría del dharmakaya, y la sabiduría de ver el alcance de las cosas, que se refiere al mundo relativo. Cuando miramos estos dos aspectos, podemos ver que esta «sabiduría» abarca no solo la comprensión completa de la dualidad, la relación sujeto-objeto del mundo relativo, sino también la completa comprensión de la mismidad, de *tathata*, la «talidad». Por lo tanto, la sabiduría se aplica a ambas dimensiones, la última y la relativa. Por ejemplo, cuando hablamos de la sabiduría con respecto a las emociones, estamos hablando de la «sabiduría de ver el alcance de las cosas», porque las emociones tienen mucho carácter y mucho color. Cuando reconocemos la naturaleza de las emociones, se convierten en los ornamentos de la iluminación.

Nuestra mente posee esos dos aspectos de energía-sabiduría de la budeidad desde un principio. Regresar a ese estado básico es el logro de la budeidad, que en realidad está presente en tres estados: la esencia, la naturaleza y el despliegue.

El dharmakaya

El dharmakaya es la esencia vacía de nuestra mente; es la sabiduría de ver la mismidad. Esa esencia es la esencia de la ausencia de ego o de la naturaleza carente de yo de nuestra mente. El estado básico de dharmakaya es la naturaleza de todos los fenómenos, más allá de toda palabra, pensamiento y expresión. Esta mismidad no es creada o conceptualizada por nada; es, más bien, el estado básico, al que llamamos budeidad dharmakaya. Dharmakaya puede traducirse como «cuerpo de verdad» o «cuerpo de realidad». Es el fundamento básico de la vacuidad de donde surgen todos los fenómenos.

El sambhogakaya

La budeidad dharmakaya no está solo en blanco, vacía o sin color. Tiene una energía y poder de manifestación tremendo, al que llamamos claridad o luminosidad. La naturaleza luminosa de la mente es el sambhogakaya. Cuando esta energía se manifiesta más allá de la simple expresión de la claridad, aparece en la forma de un buda sambhogakaya, que está más allá de la existencia física ordinaria. La existencia del buda sambhogakaya no es percibida por los seres ordinarios porque el sambhogakaya se manifiesta en un estado del todo diferente al de nuestra mente dualista. Este aspecto tiene una cualidad permanente, que es un sentido básico de continuidad o la manifestación ininterrumpida de esa claridad. Esta continuidad inmutable y siempre presente de la claridad se manifiesta en la apariencia lúcida de un buda físico, quien hace girar la rueda del profundo Dharma del Mahayana para los bodhisttavas más realizados en el cielo de Tushita. Estos bodhisattvas existen en el mismo estado de claridad. De hecho, el reino de sambhogakaya mismo, en su totalidad, es una manifestación de esa claridad. *Sambhogakaya* significa, literalmente, «cuerpo de gozo», y es llamado así porque existe como la manifestación de la energía de la naturaleza luminosa de la mente.

Se dice que el buda sambhogakaya tiene cinco cualidades permanentes, que se llaman las cinco certezas: la certeza del maestro o del cuerpo, la certeza de las enseñanzas, la certeza del lugar, la certeza del séquito o los discípulos, y la certeza del momento.

LA CERTEZA DEL MAESTRO

La certeza del cuerpo o del maestro es el buda sambhogakaya, que es la energía luminosa en sí misma de la budeidad dharmakaya. Esa energía luminosa en sí misma existe como una expresión del dharmakaya en una forma pura de energía. La certeza del maestro significa que quien enseña en ese lugar o en ese nivel siempre es el buda sambhogakaya, siempre esa energía de luminosidad, esa expresión del dharmakaya.

LA CERTEZA DE LAS ENSEÑANZAS

La certeza de las enseñanzas significa que el buda sambhogakaya solo enseña el Dharma del Mahayana. El buda presenta solo las enseñanzas del gran vehículo a los bodhisattvas en este nivel. No hay otra cosa que esté pasando. Entran directamente a la esencia del Dharma.

LA CERTEZA DEL LUGAR

La certeza del lugar significa que las enseñanzas siempre se imparten en el cielo de Tushita. El buda sambhogakaya siempre se manifiesta en el reino puro llamado el reino búdico de Tushita.

LA CERTEZA DEL SÉQUITO

La certeza del séquito significa que los estudiantes que pueden comunicarse al nivel del buda sambhogakaya son exclusivamente bodhisattvas que están en los bhumis octavo, noveno y décimo de los bodhistattvas. Los seres que están en los niveles inferiores no pueden comunicarse con tales budas. Por lo tanto, la certeza de los discípulos se establece. Todo el séquito de discípulos que aparecen como estudiantes del buda sambhogakaya tienen el mismo nivel de realización y están listos para digerir tales enseñanzas.

LA CERTEZA DEL MOMENTO

La certeza del momento significa que la apariencia del maestro y la presentación de las enseñanzas son continuas. Esto se refiere a la naturaleza ininterrumpida de la apariencia, la naturaleza ininterrumpida de las enseñanzas y la naturaleza ininterrumpida de la existencia en general.

La mayoría de nosotros tenemos enormes dificultades a la hora de imaginar un mundo así. Por lo tanto, como una expresión de medios hábiles, Buda Sakiamuni dio varios ejemplos, como el de los reinos puros, para explicar el estado de la budeidad sambhogakaya a los seres ordinarios. Podemos ver ejemplos de este tipo de imágenes en la representación de los palacios puros y de las formas puras de las deidades sambhogakaya. Las deidades están adornadas con las joyas y los ornamentos más preciosos y lucen las prendas de los emperadores, que eran los seres más reverenciados de aquella época. Todas las pinturas y estatuas indias o tibetanas muestran a los budas sambhogakaya con los ornamentos y joyas completos de los emperadores o reyes indios. Estas imágenes nos proveen algo tangible, que podemos fácilmente imaginar y fácilmente contemplar. El Buda nos dio estos ejemplos particulares porque muestran la riqueza del reino de sambhogakaya: es tan magnífica y resplandeciente como la de los emperadores y sus palacios reales. Sin embargo, esas imágenes son simplemente ejemplos o formas simbólicas; no son literales. Por ejemplo, el reino de sambhogakaya o el cielo de Tushita no está ubicado en algún lugar de la India. Todas las formas que vemos son representaciones simbólicas que transmiten la riqueza y la cualidad profunda y dignificante del buda sambhogakaya.

El nirmanakaya

El buda nirmanakaya es el despliegue sin trabas de la mente de las energías del dharmakaya y el sambhogakaya. Es el despliegue de la energía de la vacuidad y la forma, que aparece en la forma del nirmanakaya, como la forma del Buda Sakiamuni. El buda nirmanakaya aparece o se manifiesta como un ser humano, como un ser humano muy, muy asentado. Por ejemplo, el Buda Sakiamuni apareció como un ser humano real que caminó en nuestra tierra. Comió la comida ordinaria que se le ofreció y vistió la ropa de algodón manufacturada en Varanasi. El Buda no fue un ser sobrenatural; fue un ser humano real como nosotros. Comparado con el buda sambhogakaya, el buda nirmanakaya tiene un mayor sentido de acercarse a los varios niveles de los seres. Como ser humano, él o ella puede acercarse no solo a aquellos con trasfondos puros y buenos antecedentes kármicos, sino también a los seres con antecedentes realmente malos y trasfondos kármicos impuros. No importa quiénes seamos, podemos acercarnos a este buda.

En la época del Buda Sakiamuni había grandes maestros, como Shariputra, Maudgalyayana-putra y el regente del Buda, Kashyapa. En el mismo tiempo, había un individuo llamado Devadatta, que estaba muy confundido. Debido a su mente totalmente caótica, siempre estropeaba todo aquello con lo cual se involucraba. Sin embargo, Devadatta conoció al Buda Sakiamuni, estudió con él y aprendió las enseñanzas del Tripitaka. Al final, el conocimiento de Devadatta del Dharma se hizo tan vasto que el Buda dijo que el número de escrituras que conocía llenaría las alforjas de quinientos elefantes.

Debido a que el buda nirmanakaya puede acercarse a muchos niveles de los seres y manifestar compasión de maneras más diversas, él o ella tiene un rol mayor al beneficiar a los seres sintientes. Consecuentemente, el buda nirmanakaya se conoce como el kaya que tiene pleno poder sobre las actividades del Buda. Aunque el sambhogakaya tiene gran poder, no se extiende a los seres confundidos, como nosotros. Como la manifestación del nirmanakaya es impermanente por naturaleza, el Buda Sakiamuni padeció todos los dolores humanos del nacimiento, la vejez, la enfermedad y la muerte, tal como nos ocurre a nosotros. Hay, también, un sentido mayor de la impermanencia de las enseñanzas impartidas por los budas nirmanakaya.

Los tres kayas en la vida cotidiana

Los tres kayas también se manifiestan en nuestra experiencia cotidiana del mundo. La vacuidad se expresa o se manifiesta como la mente. La claridad se expresa como el habla. La consciencia libre se manifiesta como el cuerpo. Por lo tanto, cuando experimentamos el cuerpo, el habla y la mente, podemos intentar también conectar con esos tres aspectos de la mente. Por ejemplo, podemos observar la experiencia de emociones como la envidia, el enojo o la pasión. Cuando experimentamos cualquiera de estas emociones, podemos mirar la naturaleza de la emoción, que es la naturaleza de la mente misma. Cuando vemos la cualidad espaciosa, abierta e insustancial de la mente, estamos viendo su naturaleza de dharmakaya, que es el cuerpo verdadero de la iluminación.

Cuando experimentamos ese espacio y la naturaleza insustancial de la mente, vemos que no está solo vacía y plana. Vemos que está llena de energía, llena de surgimientos y llena de una radiación vibrante. Cuando vemos esta naturaleza luminosa y radiante de la mente que posee todas las cualidades de riqueza y gran gozo, estamos viendo su naturaleza de sambhogakaya, el cuerpo de gozo.

Estas dos cualidades de espaciosidad y claridad radiante no son separables. Esa naturaleza inseparable se manifiesta en todos lados y todo el tiempo. Cuando surge la pasión, la naturaleza inseparable está allí. Cuando la agresión, la envidia o el ego surgen, la naturaleza inseparable está allí. Cuando surge cualquier pensamiento en nuestra mente, ya sea un pensamiento de un buda o un pensamiento de dañar a alguien, la naturaleza inseparable de la espaciosidad y de la claridad radiante está presente. Esa cualidad omnipresente y que se manifiesta continuamente es el buda nirmanakaya. La cualidad iluminada de la manifestación está presente en todos lados. Por supuesto, esto no significa que no haya cualidades diferentes asociadas con las diversas emociones que experimentamos. La experiencia de la envidia tiene una cualidad diferente que la experiencia del enojo o de la pasión. Sin embargo, independientemente de la forma en que se manifiesta el nirmanakaya, lo que de verdad se está manifestando es la unidad de la apertura o espaciosidad y la cualidad de claridad radiante de la budeidad. Cuando vemos este despliegue sin obstrucción de la mente, estamos viendo al buda nirmanakaya.

Generalmente, estos tres estados básicos, componentes de la mente genuina o de la realidad pura, están atrapados o congelados en nuestra existencia ordinaria como seres samsáricos confundidos. Sin embargo, a través de la meditación en Mahamudra, se puede alcanzar la realización de la naturaleza verdadera de la mente. En ese momento, estos tres componentes se manifiestan y aparecen como los tres kayas del Buda. La esencia vacía es el dharmakaya. La claridad radiante es el sambhogakaya. La conciencia sin obstrucción es el nirmanakaya. Cuando reconocemos la naturaleza de la mente como el *trikaya*, esto se llama budeidad o iluminación. Es tan simple o confuso como eso, dependiendo de nuestro punto de vista.

En el linaje de la práctica del Mahamudra, la fructificación es simplemente el reconocimiento de la naturaleza de la mente. No hay nada más. Eso es a lo que llamamos nirvana o liberación del samsara. No hay nada más que agregar. Sin embargo, el modo en el cual tú, individualmente, te manifiestes como un buda depende de las aspiraciones particulares –tus aspiraciones ahora, mientras estás en el camino–. Esas aspiraciones, que incluyen la expresión de la bodhichitta relativa –compasión y amor hacia los seres sentientes– y el deseo de beneficiar a los seres de una manera particular, determinarán cómo te manifestarás como un buda cuando alcances la realización de la verdadera naturaleza de la mente.

9. El Mahamudra del Mantra

En la tradición del Mahamudra del Mantra, el camino espiritual se ve como algo completamente innecesario, porque la naturaleza de la mente de todos los seres sintientes siempre ha sido la iluminación. En este sentido, la teoría de la evolución no aplica aquí. En la teoría de la evolución, comenzamos con algo que tiene una naturaleza completamente salvaje y barbára, y luego ese algo evoluciona gradualmente y acaba siendo algo con una naturaleza más civilizada e iluminada. Desde el punto de vista del Mahamudra del Mantra, este no es el modo de ser de las cosas.

Aquí, el camino nos conduce en realidad a las profundidades de nuestra propia neurosis, de nuestro propio dolor y de nuestro propio corazón. No intentamos escapar de las situaciones en nuestra vida que conllevan dolor y neurosis; por el contrario, el viaje consiste en penetrar la realidad de la naturaleza cruda de nuestra agonía, nuestras emociones y nuestro sufrimiento. La visión básica en el Mahamudra del Mantra no es buscar algo fuera de esas experiencias que se llame *despertar*, ya que la iluminación está en realidad dentro de nuestra experiencia aparentemente mundana y ordinaria. De hecho, el camino del Mahamudra del Mantra utiliza estas mismas experiencias de emociones y neurosis como métodos poderosos para despertar.

Experimentar genuinamente el viaje del Mahamudra del Mantra depende de la fortaleza de nuestra confianza, anhelo y devoción. No hay ninguna otra causa. El conocimiento intelectual no es la causa, y tampoco lo es una gran resistencia en el camino de meditación con alguna esperanza conceptual de alcanzar la realización de la budeidad. La causa de este tipo de experiencia es una seguridad y confianza completas en el gurú, en el linaje y en nuestra propia naturaleza verdadera, que es la unión de gozo y vacuidad. Esta naturaleza es la mente del gurú y de los budas de los tres tiempos. Es la iluminación y está más allá de los conceptos.

Sin embargo, el camino del Mahamudra del Mantra generalmente no es nuestro punto de partida. No nos zambullimos desde el primer día. Eso, definitivamente, no es recomendable, y no es como la mayoría de los maestros genuinos del Vajrayana presentarían el camino, aunque es algo que deberá decidirse, individualmente, entre el maestro y el estudiante. Para entrar al camino del Mahamudra del Mantra de manera apropiada, necesitamos las tres cualidades de renuncia, bodhichitta y visión correcta. Estas tres cualidades determinan si realmente nuestra práctica es el Vajrayana genuino.

La renuncia es la repulsión a nuestro apego a la alegría samsárica y a las experiencias que, en última instancia, nos traen dolor. ¿Cómo afecta la renuncia a nuestra mente? La renuncia nos ayuda a desarrollar compasión hacia aquellos que tienen el mismo apego que tenemos nosotros hacia esos objetos samsáricos. No solo desarrollamos compasión, sino también la pasión por la liberación de otros seres, que es la bodhichitta, la segunda cualidad. La tercera cualidad es la visión correcta, que es la comprensión correcta de shunyata, ya sea intelectual o experiencial.

Los nombres del Mantrayana secreto

El camino que estamos tratando de cultivar dentro de nuestro corazón se conoce como el Mantrayana secreto, el Vajrayana o el Tantrayana.

La palabra sánscrita *mantra* tiene dos sílabas: *mana*, que significa «mente», y *tra*, que significa «protección». *Mana* puede ser vista como el elemento crudo de la mente –nuestras kleshas y emociones básicas–. Esta naturaleza áspera de nuestra mente tiene una gran cantidad de energía. Es muy poderosa, completamente cargada, pero muy cruda. La sílaba *tra* se refiere a los medios hábiles, o upayas, que nos permiten saltar a este estado básico de la mente y llevarlo a un nivel diferente. Por lo tanto, el mantra tiene una cualidad de trascender. Desde el punto de vista tántrico, la aspereza está en la naturaleza de la sabiduría. Cuando reconocemos esa naturaleza, entonces la naturaleza cruda de la mente misma es una protección.

Mana también puede verse como prajña, la mente de la comprensión profunda. Cuando mana se ve como prajña, la protección de tra es la compasión. Hay un sentido de unión de prajña y compasión en el significado básico de *mantra*. La sabiduría que alcanza la realización del vacío es inseparable de la compasión. Esa es la segunda manera de entender el significado de *mantra*.

El Mantrayana secreto también se llama Vajrayana, que significa, literalmente, «vehículo de diamante». Un diamante es indestructible; no puede ser destruido por otras piedras. La cualidad de indestructibilidad se refiere a la naturaleza fundamental de la mente, que es imperecedera. *Vajra* también significa «indivisible» o «inseparable». Nuestra naturaleza vajra básica no es solo indestructible; es también indivisible e inseparable.

En el término *Tantrayana*, *tantra* significa, literalmente, «continuidad», que se refiere a la cualidad inmutable de nuestra naturaleza verdadera. Si algo es continuo, no cambia. No hay necesidad de evolución o mejora. El corazón indestructible del despertar es continuo e inmutable a lo largo de las etapas de la base, el camino y la fructificación. Esta naturaleza pura de nuestro cuerpo, habla y mente es continua desde el tiempo sin principio hasta que alcanzamos la iluminación. Al comienzo, están en la naturaleza de la budeidad y, al final, están en la naturaleza de la budeidad; eso no cambia. Esta es la razón por la cual decimos que el comienzo es el final de nuestro viaje.

El Mantrayana secreto, el Vajrayana y el Tantrayana, son los nombres principales por los cuales se conoce este camino. A veces también se le llama el yana de la fructificación, porque la fructificación de la iluminación se toma como el camino o como el Vehículo de los Vidyadharas, o portadores de la conciencia. *Vidya* significa «conciencia» o «conciencia desnuda», y *dhara* significa «poseedor». Los seguidores de este camino son capaces de sostener la conciencia de la naturaleza verdadera.

Intensificar la confianza

Como practicantes del Mantrayana secreto, necesitamos desarrollar un sentido de seguridad, confianza y devoción hacia el significado del Mantra Secreto. Esta confianza necesita ser tan intensa que se convierta en el espacio completo. ¿Qué se quiere decir con espacio completo? El espacio completo tiene la cualidad de estar liberado en sí mismo, de haberlo soltado todo por completo. ¿Qué es lo que soltamos? Soltamos las esperanzas y los miedos que surgen de la falta de confianza. Cuando desarrollamos este sentido de confianza, seguridad y devoción completo e intensificado, ese espacio se experimenta dentro de cada momento vivo. Ya sea que estemos sentados en un cojín, meditando, caminando en la calle o disfrutando de una taza de capuchino, da lo mismo, porque no tenemos esperanzas ni miedos. Cuando no tenemos esperanzas ni miedos, solo nos queda dar lugar a la iluminación.

El aspecto más importante de esta confianza es la confianza en nuestro propio corazón. Además, la confianza en las instrucciones del linaje es crucial. Las enseñanzas del linaje dicen que podemos alcanzar la iluminación «ahora mismo». Ese pensamiento puede causar algunas preocupaciones e incomodarnos mucho. La pregunta es: ¿realmente queremos alcanzar la iluminación ahora? Si realmente queremos la iluminación y si tenemos confianza, estamos allí en cualquier momento.

Cuando nos sentamos en un cojín a practicar el camino del Vajrayana, nuestra meta no es alcanzar la iluminación mañana o en la próxima sesión. Nuestra meta es alcanzar la iluminación en esa sesión, en ese cojín, en ese momento.

El vehículo secreto

El camino del Vajrayana se llama el camino secreto, pero esto no significa que tenemos algo que esconder o que algunas de sus prácticas son vergonzosas o ilegales. Hay dos razones por las que se llama secreto al Vajrayana. La primera es que hay un peligro de malentender la visión, las prácticas y el camino entero. Por eso las prácticas en sí del Vajrayana se mantienen en secreto entre un maestro vajra individual y un estudiante dedicado. En segundo lugar, se dice que el Vajrayana es «secreto en sí mismo». La literatura del Vajrayana es naturalmente secreta, porque existe en la forma de un código secreto. Si alguien se dedicara simplemente a leer un tantra varias veces, no tendría mucho sentido. La literatura del Vajrayana se convierte en un sinsentido cuando se traduce a otras lenguas sin una verdadera comprensión del linaje.

El camino del Vajrayana puede ser bastante peligroso, porque si lo malinterpretamos podemos destruir todo nuestro viaje de iluminación. Por ejemplo, en ciertos tantras se dice: «Mata a tus padres. Mata a tu padre y mata a tu madre». Si tomásemos esas afirmaciones literalmente, haríamos un daño enorme a todo nuestro camino y acumularíamos un karma negativo tremendo. Ni siquiera estaríamos siguiendo el camino budista básico. En este tantra particular, esta afirmación de matar a los padres, en realidad, hace referencia a la noción de trascender la dualidad. En este contexto, el padre y la madre representan la noción del perceptor y lo percibido, o la dualidad.

Hay muchas referencias como esta en los tantras del Vajrayana, los cuales pueden ser muy peligrosos si se interpretan mal. Por eso el camino del Vajrayana tradicionalmente se enseñaba en secreto. De hecho, la existencia del Vajrayana no se conoció públicamente a lo largo de la historia entera del budismo en la India.

Shunyata y la perspectiva sagrada

Para entender el camino del Vajrayana, es de crítica importancia desarrollar conocimiento, experiencia y la realización de shunyata o vacuidad. La visión de shunyata es la base de la visión de igualdad o un solo sabor. Cuando reconocemos que los fenómenos no tienen características inherentes y sólidas, podemos verlas como iguales, de un solo sabor. Esta visión de igualdad es la base de la perspectiva sagrada, de experimentar todas las emociones, percepciones y pensamientos como apariencias sagradas del mandala iluminado. Sin la perspectiva sagrada no puede haber una visión vajra. Por lo tanto, la perspectiva sagrada depende de una comprensión y una experiencia de shunyata. Estas pueden emerger a través de un proceso intelectual y un proceso intuitivo, lo cual es una conexión básica con el corazón. Para dar lugar a la visión sagrada –la visión y la experiencia de shunyata–, no necesitamos adoptar necesariamente un enfoque filosófico. Sin embargo, la mayoría de nosotros debemos atravesar etapas progresivas, los cuales involucran un proceso intelectual al principio, así como una conexión básica con el corazón.

Sin shunyata, nuestra visión y nuestra experiencia del Vajrayana son incompletas. Se vuelven unilaterales y caen en el extremo de la existencia. Cuando caemos en el extremo de la existencia, nuestras visualizaciones se convierten en un tipo de aferramiento egoísta y egocéntrico que ignora las formas sutiles de existencia. No hay pureza, no hay un sentido básico de sacralidad.

La visión central de las enseñanzas del Vajrayana es la unión indivisible de prajña y upaya, de la sabiduría y los medios hábiles compasivos. Es la unión de la luminosidad y la vacuidad.

Aquí es necesario enfatizar la vacuidad, porque es probable que malentendamos la luminosidad y pensemos que es más fácil conectar con ella. Algunas veces pensamos que la claridad vívida y cruda de la mente es más fácil de experimentar que su insustancialidad y que, quizás, esta luminosidad es todo lo que necesitamos. Sin embargo, necesitamos experimentar realmente la unión o inseparabilidad de estos dos aspectos, en apariencia diferentes, de la mente. Shunyata sin luminosidad es también una comprensión incompleta. En el Vajrayana, se hace mucho énfasis en el aspecto de la unión: la naturaleza inseparable del gozo-vacuidad, de la apariencia-vacuidad y de la conciencia y, también, el espacio.

La visión de la perspectiva sagrada es el medio a través del cual percibimos el mundo vajra, que se conoce como el mundo sagrado. El mundo sagrado suele simbolizarse en las pinturas y esculturas de los mandalas de las deidades del Vajrayana. *Mandala* no tiene un significado complejo o esotérico en sánscrito o en tibetano, aunque suena muy misterioso en español. *Mandala* significa, sencillamente, «centro y entorno». Eso es lo que vemos en un mandala: un círculo que contiene un cuadrado, en el centro del cual suele estar la imagen de una deidad. La práctica de un mandala consiste, sencillamente, en colocarnos en el medio del mismo y aprender a relacionarnos con la estructura social y la atmósfera que nos rodea como un entorno sagrado. Para entrar al mandala sagrado de la deidad, debemos recibir una iniciación por parte de nuestro gurú. A través de este proceso de iniciación, se nos empodera para usar los medios hábiles de la práctica de visualización del Vajrayana.

Cualidades y marcas del camino del Mantrayana

El viaje del Vajrayana es muy diferente al camino que hacen los vehículos causales del Sutrayana. El sutra y el tantra tienen la misma comprensión de la naturaleza de luminosidad y vacuidad, de conciencia y espacio, de apariencia-vacuidad, etc. Sin embargo, entrar al Vajrayana es como meterse en un coche de carreras o a un jet en vez de caminar o ir en bicicleta. Es un vehículo mucho más veloz y fluido, y nos da muchas más opciones para llegar a nuestro destino. Pero también es más peligroso. Por lo tanto, quien maneje un vehículo así debe saber cómo utilizar sus muchas opciones e instrumentos hábilmente.

Se suele enseñar que el Vajrayana tiene cuatro características distintivas que lo hacen superior o diferente al camino básico del Sutrayana. Se dice que el camino del Mantra secreto (1) está libre de ignorancia, (2) tiene muchos métodos hábiles, (3) tiene métodos que pueden aplicarse sin dificultad, y (4) requiere practicantes que posean facultades agudas.

Está libre de ignorancia

La primera distinción entre el Sutrayana general y el Vajranaya es que es inteligente o sin ignorancia. En este contexto, ser hábil o inteligente se refiere a dos aspectos: no ser ignorante respecto a la naturaleza profunda de la realidad y no ser ignorante respecto a la realidad vasta o extensa.

Los métodos del camino del Vajrayana trabajan con nuestra sabiduría básica y son las herramientas a través de las cuales reconocemos y alcanzamos la realización de esta naturaleza verdadera. El camino pone énfasis en trabajar con el reconocimiento directo y no conceptual de la naturaleza fundamental del cuerpo, el habla y la mente. Partimos de la base fundamental, que es nuestro estado mismo de existencia física, y nos dirigimos a la experiencia del mundo sagrado, justo en el acto. Es una experiencia muy inmediata. Trabajamos de la manera más directa posible con los aspectos físico, verbal y mental de nuestro ser. A través de estos métodos, somos capaces de determinar la base fundamental de nuestro ser, que es la naturaleza de la sabiduría búdica, no la produce ningún aspecto de la mente relativa. Entonces reposamos en esa naturaleza.

En la súplica al linaje Kagyu, se dice lo siguiente:

Se enseña que la conciencia es el cuerpo de la meditación.
Todo lo que surge es fresco, la esencia de la realización.
A este meditador que simplemente reposa sin alterarse,
concedan su gracia para que mi meditación esté libre de conceptualizaciones.[18]

---

18. Esta súplica fue escrita por Pengar Jampal Zangpo, y traducida por el Nalanda Translation Committee.

Estos versos se refieren a la práctica concreta de «reposo» en la tradición tántrica. No trabajamos simplemente en contar la respiración, mirar un guijarro o realizar un análisis conceptual. Más bien, entramos directamente al estado fundamental y reposamos en el mismo, sin alterarlo. A través de esa práctica, se dice que podemos alcanzar la budeidad en esta vida, en esta sesión, en este preciso momento. Por lo tanto, no estamos creando nada; no estamos practicando arduamente para que esto ocurra. Está pasando en cada estado, en cada momento.

Una vez que reconocemos nuestra naturaleza iluminada, el camino del Vajrayana nos conduce a través de prácticas que funcionan con la expresión y el despliegue extensos de la realidad relativa.[19] Todas las apariencias interdependientes de la mente y los fenómenos se experimentan con la visión sagrada, sin que abandonemos o adoptemos nada. Trabajamos con la vastedad de la realidad relativa viéndola en su estado verdadero, el estado del mundo sagrado. Por lo tanto, el mundo relativo se ve como un mandala sagrado o un campo búdico.

En la tradición del sutra, la base se analiza y se determina a través del razonamiento conceptual o a través de la cognición inferencial válida. Ponemos un enorme esfuerzo en las

---

19. La realidad relativa extensa se refiere a los skandhas, dhatus y ayatanas, todos los elementos que componen el mundo de la originación interdependiente. Los cinco skandhas son las bases de la forma física, las sensaciones, la percepción, el desarrollo de las formaciones kármicas y la conciencia misma. Las ayatanas y los dathus comprenden todos los elementos de los procesos perceptivos.

prácticas de meditación shamatha y vipashyana, intentando reposar en la naturaleza básica de la base, que se descubre a través de la visión. Tenemos la sensación de que hay una meta, y alcanzamos la etapa de la fructificación solo después de muchos, muchos eones o vidas de trabajo duro. No trabajamos directamente con la naturaleza de nuestro estado físico o con la realidad extensa del mundo sagrado y la perspectiva sagrada. Las prácticas del sutra sencillamente se relacionan con las clasificaciones y distinciones básicas y sutiles de los *skandhas*, *dhatus* y *ayatanas*. Su enfoque permanece, principalmente, en las sutilezas relativas, entonces toma mucho tiempo experimentar el despertar. No hay métodos para transformar nuestra experiencia en el acto. Por lo tanto, desde el punto de vista tántrico, el camino del sutra todavía contiene ignorancia, porque no hay métodos a través de los cuales podamos reconocer directamente la naturaleza verdadera de la base, el camino y la fructificación.

Tiene muchos métodos hábiles

La segunda característica distintiva del camino del Vajrayana es que tiene muchos métodos hábiles. En este contexto, la noción de no ser ignorante –de ser inteligente– se refiere a la disponibilidad de los muchos métodos prácticos, accesibles y coloridos que se emplean en este camino. No es solo un camino simple con un método simple. Hay cuatro niveles de tantra, cada uno con su propia manera precisa de trabajar con la experiencia. Por lo tanto, el camino tiene numerosas herramientas y medios hábiles.

Cuando trabajamos individualmente con este enfoque, hay una diversidad de métodos a través de los cuales podemos experimentar la naturaleza verdadera de nuestras emociones. En general, en la primera etapa de la práctica Vajrayana, transformamos las emociones a través del proceso de visualización, justo como transformamos los skandhas, los dhatus y las ayatanas. Luego, a través del aspecto de prajña del método, las emociones se transforman por nuestro reconocimiento de su esencia. Nos zambullimos en esa esencia, sin temor. Hay un sentido de liberación propia dentro de cada elemento de la emoción: sea pasión, agresión o ignorancia, su esencia es la sabiduría búdica. Cualesquiera que sean los métodos que practiquemos en el Vajrayana, ninguno de ellos implica renunciar a las emociones. No hay nada a lo que renunciar. No hay a dónde escapar. En el camino del Vajrayana trabajamos con los objetos del deseo sin renunciar a ellos.

En el camino general del Sutrayana, sin embargo, cultivamos el conocimiento de lo que tenemos que abandonar y lo que tenemos que adoptar. Por ejemplo, el método para trabajar con las emociones es, básicamente, renunciar a ellas o abandonarlas. Desarrollamos cierto grado de desapego y luego trascendemos nuestras emociones a través de trascender nuestro apego y nuestro aferramiento básico. Ciertas prácticas, como la meditación Hinayana sobre la fealdad o la práctica Mahayana de la generosidad, se ven como antídotos que hay que adoptar.

En el contexto del Sutrayana, el abandono depende de la idea de la dualidad, de la relación sujeto-objeto y de abandonar el aferramiento al objeto. El camino del Hinayana pone énfasis en renunciar a la existencia samsárica y en escapar de dichos objetos. El camino del Mahayana incluye también prácticas de adoptar y abandonar. Por ejemplo, en la práctica Mahayana de la generosidad, dar es una forma de soltar completamente el objeto al que estamos apegados. De hecho, todas las prácticas de las paramitas –generosidad, disciplina, paciencia y demás– están conectadas a la noción del abandono y la aceptación, de asumir y descartar. Tratamos de adoptar lo que es positivo o virtuoso, como las dos acumulaciones de mérito y sabiduría, y abandonar lo que es negativo, como los dos aferramientos a uno mismo, las kleshas, etc. Sin embargo, en el enfoque del Vajrayana, llevamos todo al camino y trabajamos con ello a través de la aplicación de una vasta variedad de medios hábiles.

Está libre de dificultad

La tercera característica que distingue al Vajrayana del Sutrayana es que está libre de dificultades. Esto significa que hay menos luchas en el camino del Vajrayana. En el camino del Sutrayana, atravesamos luchas y esfuerzos tremendos para llevar a cabo prácticas que son muy difíciles e implican mucho tiempo, paciencia y resistencia antes de alcanzar el estado de fructificación. Estas prácticas reflejan el enorme énfasis del

Sutrayana en lo que debe abandonarse y lo que debe adoptarse; vemos las cosas como buenas o malas, sagradas o profanas, y así sucesivamente. Estas divisiones dualistas perpetúan una sensación de lucha que continúa durante muchos eones y que parece interminable.

Sin embargo, en el Mantrayana, todo surge como una condición favorable del camino. Las emociones y el aferramiento al ego no se transforman convirtiéndolas en algo que hay que abandonar. Cuando pensamos que hay algo que abandonar, se necesita mucho esfuerzo y tiempo solo para abandonarlo. Además, hay muchas cosas que adoptar, lo cual también requiere mucho esfuerzo y tiempo. En el Vajrayana, no hay nada que abandonar. Todo se convierte en camino; todo surge como una experiencia de la iluminación y del despertar. Podemos incluso transformar nuestro aferramiento al ego en el acto, llevando el ego al camino como una condición favorable para reconocer la naturaleza de nuestra mente.

Cuando entendemos el viaje del Vajrayana, todas nuestras experiencias de emociones se traen al camino como gran alegría y gran gozo. Incluso el dolor se experimenta como alegría. Para un yogui que se entrena en el camino de experimentar todas las sensaciones como gozo, incluso las astillas afiladas de bambú insertadas bajo las uñas pueden experimentarse como alegría. Esto puede ser difícil de entender para nosotros, pero si usamos nuestra mente inferencial, podemos ver que todos los sentimientos, sensaciones y experiencias pueden llevarse al camino como gran alegría.

Requiere facultades agudas

La cuarta característica distintiva es que el Vajrayana se llama el camino de facultades agudas. El término *facultades agudas* no se refiere necesariamente a tener una inteligencia muy aguda del tipo que nos lleva a examinar, analizar, responder preguntas y obtener las mejores notas en la clase. El término se refiere a aquellas facultades que tienen cierta conexión kármica con este camino. Un cierto sentido de madurez está presente en su flujo mental kármico. Por lo general, cuando alguien se involucra activamente con las emociones, esa experiencia lo conduce a un sufrimiento más intensificado. Sin embargo, en el caso de un practicante del Vajrayana, involucrarse con las emociones de la pasión, la agresión y la ignorancia puede conducirlo a la fructificación de la iluminación, en vez de a más sufrimiento y dolor. La persona que puede transformar el veneno en medicina, las kleshas en néctar, es una persona de facultades agudas.

Como vajrayanistas, una de las facultades más importantes que necesitamos desarrollar, y para la cual podemos tener una semilla kármica, es la confianza unidireccional y afilada. Este tipo de confianza puede demoler a través de cualquier clase de duda egocéntrica y que se da con las preguntas interminables. La confianza comienza confiando en tu propio corazón vajra, que puede despertarse al desarrollar confianza en el mandala iluminado del gurú. Por lo tanto, desarrollamos una confianza sin miedo en nuestro propio corazón, en los maestros del linaje y en sus instrucciones.

Los tres vajras

El Vajrayana se conoce como el camino de los medios hábiles porque es el gran medio que nos conduce a este estado vajra. El término *gran medio* se refiere al camino de la fructificación o el camino que ve todos los venenos como néctar. La pasión, la agresión y la ignorancia se llaman pasión vajra, agresión vajra e ignorancia vajra. Este es un camino secreto que funciona con la naturaleza secreta inconcebible del cuerpo, el habla y la mente, que se conocen como los tres vajras.

Cuerpo

En el camino general del Sutrayana, la práctica en relación con el elemento corporal es bastante convencional. Implica, principalmente, involucrarse con lo que consideramos acciones virtuosas, como ayudar a una persona enferma, encender una lámpara de mantequilla o limpiar un santuario. Estas prácticas nos permiten, como mucho, ver la existencia física del cuerpo en la forma de una ilusión. Sin embargo, hasta allí podemos llegar en el Sutrayana en lo que concierne al trabajar con el cuerpo físico o con la existencia. En el Vajrayana, la existencia física de la forma es vista como el mundo sagrado. Nuestros propios cuerpos se conciben en la naturaleza de los cuerpos luminosos iluminados, y nuestro entorno es visto como un palacio sagrado. Esta visión sagrada de la forma se expresa en la súplica al linaje Kagyu cuando decimos: «A este meditador que surge en juego incesante...». Por ende, hay una diferencia marcada entre el sutra y el tantra en cómo se relaciona cada uno con el cuerpo físico.

Habla

Dentro del Sutrayana, el habla virtuosa es la práctica de involucrarse con la recitación de sutras y liturgias o con la práctica del silencio. El silencio incluye no hablar y no involucrarse con pensamientos mundanos. La práctica del silencio es una práctica budista muy común que se enfatiza generalmente en el camino del Sutrayana. Lo máximo que uno puede obtener de estas prácticas en el Sutrayana es ver la naturaleza del habla o del sonido como un eco. En contraste, dentro del Vajrayana, el habla vajra es el habla del mandala del mundo sagrado; es el sonido del mantra. La naturaleza primordial del habla surge y se manifiesta en la forma de los elementos de upaya y prajña del habla, que son la naturaleza fundamental del sonido del habla. Cuando experimentamos todo sonido como el mandala primordial del habla, no es, claramente, el parloteo ordinario de nuestra habla cotidiana.

Mente

En el camino del Sutrayana, utilizamos el método de la meditación shamatha-vipashyana para trabajar con nuestra mente y prevenir que se manifiesten los pensamientos mundanos o conflictivos y los estados de aflicción. Esto se hace a través de técnicas de respiración, meditación sobre la vacuidad, etc.

En el viaje del Mantrayana, nuestro corazón vajra es visto como una conciencia prístina, primordialmente luminosa y autoemergente. Todos los fenómenos y la naturaleza de todos los pensamientos y emociones son vistos como el despliegue de dharmata. No solo son vistos a través de los filtros de la mente conceptual, sino que se experimentan como una expresión de dharmata. Eso significa que el samadhi del yogui es ininterrumpido. Si experimentamos cada elemento de los pensamientos y emociones como el despliegue de dharmata, el samadhi nunca se detiene. Es la continuidad incesante del corazón vajra.

Al conducirnos al reconocimiento de las tres naturalezas vajras, el camino del Vajrayana nos lleva a un nivel muy diferente del nivel del camino básico del Sutrayana. Cuando hablamos de las tres naturalezas vajra de cuerpo, habla y mente como continuas desde el tiempo sin principio, puede que nos preguntemos cuándo comenzaron todas estas cosas. ¿Cuándo comenzó nuestra historia de confusión? Pero el tiempo sin principio no tiene que ver con el tiempo. Tiene que ver con el ahora. El comienzo del samsara es ahora y el fin del samsara es ahora.

El momento mismo en el cual no podemos reconocer la naturaleza vajra es el samsara. El momento mismo en el que, con las bendiciones del linaje, reconocemos los tres vajras, es la iluminación. Desde el punto de vista del Vajrayana, la iluminación está aquí y en ningún otro sitio. El fin es el principio y el principio es el fin. No hay contradicción. Cuando pensamos acerca del tiempo sin principio, suena muy largo, pero en realidad estamos hablando de la cuestión de un momento. Un momento hace la diferencia.

La relación maestro-discípulo

La relación maestro-discípulo es la base de nuestra entrada al mundo del Vajrayana, y el factor más importante al construir la relación con nuestro gurú es el aprecio. Cuando hablamos sobre la devoción, samaya, y otros aspectos de la relación maestro-discípulo en el Vajrayana, estos temas a veces suenan amenazantes o intimidantes. Sin embargo, la devoción y la conexión perfecta de samaya puede surgir simplemente del aprecio: apreciar a nuestros gurús individuales, a nuestra conexión con el mundo vajra y con el linaje y a nuestra propia presencia, nuestra propia continuidad. El aprecio es la clave para desarrollar una experiencia genuina de la mente del gurú. En un sentido, entrar al mundo del Vajrayana es un proceso complicado. En otro sentido, es bastante simple. Se trata, básicamente, de apreciar nuestro propio mundo y el mundo que nos rodea.

¿Cómo nos conectamos con un linaje y con un maestro del linaje? Nos conectamos como individuos con un maestro individual de un linaje. Tenemos que hacer una conexión personal y real, más que una conexión intelectual general. Tiene que ser una experiencia personal que nos conecte con el camino y con la presencia del linaje. La relación maestro-estudiante es muy humana. Una relación genuina con un gurú es abierta de corazón y honesta. Es una relación espiritual que es totalmente directa y en la que no hay nada que esconder o retener.

Anhelo

Si tenemos el anhelo de experimentar el mundo sagrado directamente, entonces la devoción al linaje es en extremo importante. Nuestro anhelo no se refiere, en realidad, a estar con alguien al que se llama gurú. Anhelamos unirnos, ser uno con el mandala de la naturaleza vajra. El mandala del gurú de la naturaleza vajra es la naturaleza de nuestro propio corazón y de nuestra propia mente.

Para la gente ordinaria, la presencia física de un gurú trae enormes beneficios. Nos permite experimentar directamente la desnudez del mundo vajra. Cuando estamos ante la presencia del gurú, ese mundo está allí, frente a nosotros. ¿Qué podemos hacer? No hay manera de escapar de él. Dicho de manera general, la presencia física de un gurú tiene un efecto tremendo. Aunque no hay diferencia entre las bendiciones de la presencia del gurú en persona e imaginar el mandala del gurú de Vajradhara, como seres ordinarios que no han alcanzado directamente la realización de la naturaleza profunda de la vacuidad, tenemos más dificultades para conectar con algo que está totalmente más allá de nuestros conceptos. Cuando nuestros gurús están frente a nosotros, experimentamos su presencia tan vívida y desnudamente a través de nuestras percepciones, nuestros sentidos y nuestras mentes que experimentamos el mundo vajra de forma directa. Un gurú nos conduce al camino del Vajrayana y, por consiguiente, a la experiencia directa de nuestra naturaleza verdadera. El método que nos conduce a las experiencias directas de nuestra naturaleza vajra se llama *proceso de maduración*. A través de las instrucciones del gurú y de nuestra propia práctica adicional, ese proceso de maduración nos lleva a la liberación.

Podemos pensar que no podemos tener esta clase de relación porque nuestro maestro tiene muchos estudiantes y, por lo tanto, es difícil conectar con él o con ella a un nivel directo y personal. Sin embargo, el lapso de tiempo que pasamos con nuestro gurú no es un problema. Lo único que importa es que usemos el momento de conexión de la manera más efectiva y completa. En los sutras, se dice que el Buda tuvo un asistente durante veinticinco años. Al final de los veinticinco años, el asistente se marchó, diciendo: «No veo ninguna diferencia entre nosotros, excepto la aureola en tu cabeza y algunas otras cosas». Podemos ver, a partir de esta historia, que estar con alguien durante un largo período de tiempo conceptual no significa nada.

Más allá de las apariencias ordinarias

En el proceso de relacionarnos con nuestro gurú, de vez en cuando nos quedamos atrapados en proyecciones. En cada ocasión es diferente. Algunas veces reconocemos nuestras proyecciones y otras no. Podemos reconocerlas más tarde y trabajar con ellas entonces. Sin embargo, cuando nuestras proyecciones se han ido, podemos experimentar verdaderamente a nuestro gurú, ver quién es realmente él o ella, en vez de experimentar solo nuestros conceptos de lo que queremos que sea nuestro maestro. Con frecuencia preferiríamos encargar nuestra versión ideal del gurú, una que se ajustaría a nuestros estándares. Pero nuestros estándares son solo conceptos; son culturales. Necesitamos atravesarlos y simplemente relacionarnos con el camino y el maestro de la manera más directa posible; ir más allá de nuestros conceptos culturales y desarrollar la cualidad de claridad en la relación maestro-discípulo del Vajrayana.

Cuando nos hablamos de «ver al gurú como Buda», como un ser completamente iluminado, no nos estamos refiriendo a cómo se ve el gurú. Las apariencias pueden ser engañosas. Estamos hablando de nuestra propia fe y confianza en el estado completamente iluminado de la mente del gurú. Si lees la historia de los maestros Vajrayana, ninguno de estos gurús proclamó alguna vez que estaba iluminado. Ninguno de ellos dijo: «Yo soy el que está despierto y puedo darte el despertar». De hecho, la mayoría de ellos ni siquiera parecían ser maestros. Tilopa no tenía todos los signos de un buda, como la luz brillante, las ruedas del Dharma y los dedos palmeados, porque esos son los signos específicos del Buda histórico.

Nunca podemos adivinar qué métodos utilizarán los gurús o cómo aparecerán. Las historias de los ochenta y cuatro mahasiddhas, los grandes maestros de la India, describen cómo algunos de ellos dormían entre perros y cómo otros cazaban en las montañas. Uno de los más grandes maestros, Saraha, fabricaba flechas. Ya sea que entendamos los relatos de estos yoguis como enseñanzas simbólicas o biografías literales, sus historias de vida pueden ayudarnos a ir más allá de nuestros juicios conceptuales mundanos, para que podamos desarrollar la perspectiva sagrada y la devoción.

No importa cómo se manifiestan los maestros del Vajrayana, todos tienen la misma cualidad de cuidar completamente a sus discípulos. Hay una sensación de dedicación total, ya sea que esta se manifieste en la forma de prajña afilada o de compasión muy suave. Hay siempre una voluntad de volcar completamente sus corazones en los corazones de sus discípulos. Hay un sentido completo de dar, de no retener nada. No es como verter agua de un vaso a otro vaso, de modo que uno se vacía para que el otro se llene. Más bien, esta cualidad de verter es como encender una lámpara. Cuando utilizas una vela para encender otra vela, la llama continúa con fuerza y luminosidad plenas. Aun así, sigue habiendo un sentido de inseparabilidad y de unidad entre las dos llamas. Podemos ver este proceso en la manera en que los maestros genuinos del linaje Vajrayana se manifiestan.

El corazón del linaje del gurú

El Mahamudra del Mantra es el camino de intensificar nuestra confianza y desarrollar nuestra seguridad. La devoción genuina es la clave para traer todas las experiencias y los resultados de la práctica del Vajrayana a nuestro flujo mental. Puedes estar seguro de que no hay iluminación y no hay fructificación sin esta confianza. La confianza en la verdad inconcebible es el factor más importante de nuestra habilidad de experimentar el mandala del gurú, el mundo sagrado y el camino del Vajrayana en general. La razón misma de que no podamos experimentar la apariencia-vacuidad, la budeidad, el mandala de la deidad o el mundo sagrado en nuestra vida cotidiana es que nos falta un sentido básico de apertura.

No tenemos que confiar completamente, solo debemos tener la mente lo bastante abierta para decir: «Quizá hay una posibilidad de la verdad inconcebible». Si nuestras mentes no están abiertas, entonces es casi imposible que estas experiencias surjan. Debemos preguntarnos qué queremos y qué necesitamos. Si queremos experimentar la devoción genuina, el gozo y vacuidad, o la iluminación, entonces sin dudarlo necesitamos abrirnos.

El camino de la devoción es una manera mucho más efectiva de trabajar con nuestra experiencia que usar maniobras conceptuales. Nuestra propia naturaleza vajra, que no es separable de la naturaleza vajra del Buda, de la naturaleza vajra de los mahasiddhas y de la naturaleza vajra de los gurús, es nuestra máxima devoción. Cuando tenemos confianza en nuestro propio corazón, en el corazón del linaje del gurú y en las instrucciones que los unen, esta confianza no puede sino traernos experiencias. No hay más alternativa para nosotros que tener una experiencia directa de nuestra naturaleza vajra.

10. El Mahamudra de la Esencia: la mente del ahora

El Mahamudra de la Esencia se considera como el más profundo camino de Mahamudra. Es más profundo que el Mahamudra del Sutra y el Mahamudra del Mantra, porque es el camino que conduce a la realización de la iluminación en el acto. Esta realización se logra a través de las bendiciones del gurú y de la mente aguda y devoción unidireccional del discípulo. Cuando estos tres elementos se reúnen, la realización puede ocurrir al instante. Desde el punto de vista del Mahamudra, no hay nada por encima de este camino. Es incomparable e insuperable.

El despertar salvaje

El Mahamudra de la Esencia es el camino más simple y sin forma del Mahamudra. No depende de los métodos elaborados del Mahamudra del Mantra, ni requiere la progresión gradual del entrenamiento intelectual en las escrituras o en los detalles de las prácticas, etapa por etapa, del Sutrayana. En el Mahamudra de la Esencia, la realización de la naturaleza de la mente se lleva a nuestro flujo mental puramente a través de las bendiciones del gurú; a veces, a través de métodos dolorosos y agonizantes y, otras veces, a través de métodos gozosos. Este método instantáneo de transmisión también se llama «señalar directa y enérgicamente la esencia profunda».

Podemos ver ejemplos de este camino en las biografías de los fundadores del linaje Kagyu, que incluyen grandes maestros como Naropa, Marpa y Milarepa. La relación de Naropa con su gurú, Tilopa, quien se mencionó antes, es especialmente famosa y representa el estilo de transmisión de la Esencia. Desde una perspectiva, su viaje espiritual juntos no fue nada especial; no contuvo elementos o eventos espectaculares. Tilopa era un pescador. Su estudiante, Naropa, vivía con él, y juntos pasaban sus días pescando a la orilla del río Ganges. Por supuesto, Tilopa era un individuo completamente iluminado de forma «oculta». Era considerado algo así como un inadaptado e incluso un paria en la sociedad tradicional. Naropa vivió con su gurú durante doce años, recibiendo su entrenamiento, que incluyó pruebas como saltar de acantilados y recibir palizas por robar tazones de sopa e interrumpir ceremonias de matrimonio. Hay muchas historias de la fe completa de Naropa en su gurú y de su absoluta devoción al camino del despertar. No obstante, en su mayoría, el viaje de Naropa fue bastante ordinario. A lo largo de estas historias, nunca encontramos palabras como *trono dorado*. Ni Tilopa ni Naropa se convirtieron en fundadores de monasterios importantes que entrenaron a cientos de monjes y *arhats* disciplinados.

En el Mahamudra de la Esencia, todas las actividades no esenciales o sin sentido se eliminan. En este camino, el punto es regresar al estado básico: al estado primordial de emociones, la vida y las apariencias. Llegamos a ver la naturaleza fundamental de todas las cosas al trabajar con estas precisas cosas. Por ejemplo, para alcanzar la realización de la mente de Mahamudra, Naropa no tuvo que ir a un santuario complejo para recibir la bendición final de una vasija dorada colocada en su cabeza. ¿Cómo alcanzó Naropa la realización de la mente de Mahamudra? Naropa simplemente caminaba con su gurú. Es probable que fuera descalzo, y que Tilopa llevara alguna clase de sandalias indias de madera. Como se comentó antes, Tilopa se quitó una sandalia y golpeó la frente de Naropa con ella. Esa fue la abhisheka. Qué poderosa. Qué simple. Hoy, en nuestro mundo, Tilopa habría comprado una chancla en las rebajas de K-Mart. El mundo es así de simple cuando se trata del Mahamudra de la Esencia. La realización se trae a nuestra vida ordinaria a través de objetos ordinarios como unas chanclas. Esto muestra claramente que la realización no depende de las apariencias. La realización puede surgir dentro de la situación más mundana y caótica. Cuando Tilopa golpeó a Naropa, no dijo nada profundo. Dijo simplemente: «No lo entiendes, ¿verdad? ¿Cuántas veces te he dado esto?»: ¡Plas! Así es como Naropa recibió la transmisión completa de la mente de Mahamudra. Por ende, se llama el Mahamudra de la Esencia. Es la esencia de la esencia.

El camino más poderoso del mundo Vajrayana y de todo el mundo budista está justo aquí, en nuestra vida ordinaria. Podemos experimentar la realización completa de Mahamudra mientras conducimos en la interestatal, si estamos en la situación apropiada, que es el mundo ordinario. Desde el punto de vista de la Esencia, todos los adornos de la espiritualidad que tenemos –el santuario hermoso y sagrado, los cojines, los estandartes, etc.– pueden convertirse en los obstáculos mismos que nos impiden alcanzar la realización de la mente de Mahamudra. Por lo tanto, Milarepa a menudo instruía: «Cuando medites en Mahamudra, no te molestes con las actividades físicas del dharma y no te molestes con las actividades verbales del dharma». Esas actividades no son importantes. Solo debemos estar donde estamos y meditar. En la práctica de la meditación de Mahamudra, en ocasiones incluso la recitación de mantras se ve como un desvío.

Desde el punto de vista del Mahamudra de la Esencia, es muy sencillo. Un maestro realizado lleva la adhishthana, la bendición, o la realización de Mahamudra a nuestro mundo ordinario, a nuestra mente ordinaria. Esto se denomina la simultaneidad de la realización y la liberación.

La base del Mahamudra de la Esencia

La base, el camino y la fructificación también se enseñan en el camino del Mahamudra de la Esencia. Como en el Mahamudra del Sutra y del Mantra, la base es la mente ordinaria, que es la mente del ahora. Esta mente del ahora no es ninguna mente particular *per se*, sino la mente de todo. Es la mente «que todo lo permea, aunque está más allá de todo». Cuando decimos que la mente del ahora lo permea todo, no queremos decir que es «todo». Queremos decir que lo trasciende todo.

En el camino de Mahamudra, la base no permanece en la naturaleza del samsara o del nirvana. No se inclina hacia ninguno de estos dos. Está más allá de toda elaboración, más allá de toda complejidad, más allá de todo artificio y más allá de toda expresión. Es la naturaleza inseparable del espacio y la luminosidad. Es la unión del *ying*, que es el espacio, y de *rigpa*, que es la conciencia. Cuando tenemos la comprensión y el enfoque correctos de esta mente ordinaria, que es thamal gyi shepa en tibetano, ese conocimiento es el Mahamudra de la base. Desde este punto de vista, no estamos buscando algo especial, porque cualquier cosa especial no está en la naturaleza de la iluminación. Ese es un mensaje muy importante en el Mahamudra.

El juego de nuestra conciencia es tan vívido y brillante que no puede reconocer su propia naturaleza, que es la mente ordinaria. Debido a la intensidad del brillo de la conciencia, nos confundimos. En el nivel de la base, nuestra mente confusa divide el brillo intenso en dos. Esto se llama dualidad. Este es el punto en el cual nos quedamos enredados en el samsara.

Cuando no reconocemos la conciencia como es, tomamos un aspecto como el yo: un «yo» o un «mío», que genera la sensación de que hay un punto de referencia fundamental. Luego vemos el juego propio de esta conciencia como un otro: «tú», «ellos» y todos los «objetos» que existen separadamente. En este punto, la dualidad empieza a dominar nuestra mente. A través de esta dualidad, acumulamos karma. Llevamos a cabo acciones positivas y negativas. A partir de estas acciones, generamos los resultados del samsara. Desde el punto de vista del Mahamudra, podemos decir que el «creador» es, en realidad, la incapacidad de la conciencia de reconocerse a sí misma.

En el nivel de la base, la instrucción básica es simplemente mirar esta mente ordinaria en cada momento de experiencia. Podemos reconocer la mente ordinaria en un solo momento de percepción. No importa si estamos escuchando un sonido, viendo un objeto visual, experimentando una sensación táctil o saboreando una barra de Snickers. No importa qué experimentamos en relación con estos objetos sensoriales, la instrucción es, sencillamente, mirar la naturaleza misma de estas apariencias con la mente del ahora. Podemos reconocer la mente ordinaria incluso en un momento de pensamiento conceptual. Las circunstancias particulares no importan. Sin embargo, una vez que conectamos con esa experiencia, una vez que reconocemos la naturaleza de la base, comenzamos nuestro viaje en el camino de Mahamudra. En breve, el Mahamudra de la base es la visión de la mente ordinaria.

El Mahamudra de la Esencia señala la devoción al linaje y, especialmente, al gurú como la clave de la realización. Por lo tanto, el yoga del gurú se enfatiza, y se ve como la práctica que conecta directamente nuestros corazones con el linaje y los principios del linaje.

El camino: shamatha y vipashyana de Mahamudra

El camino del Mahamudra de la Esencia comienza con las prácticas de shamatha-vipashyana. En este camino, el reconocimiento y la realización de la naturaleza de la mente surgen de la combinación de dos cosas: las bendiciones del gurú y la maduración de nuestro propio karma, nuestra propia semilla kármica de conexión con el gurú y con el linaje de las instrucciones de Mahamudra.

En este punto, nuestras visiones y teorías intelectuales, nuestros estudios teológicos del budismo y los razonamientos sofisticados de las tradiciones lógicas se ven como cáscaras de trigo. Si queremos disfrutar del trigo puro en sí, debemos tener el coraje de soltar estas cáscaras. En el camino del Mahamudra de la Esencia, nos despojamos de todas las capas de intelectualización que, previamente, nos esforzamos tanto por adquirir. En este punto, todo el camino se vuelve un proceso de desaprendizaje, en vez de un proceso de aprendizaje. Podríamos decir que, en la esencia del trigo, no se encuentra ninguna cáscara. Desde el punto de vista del trigo mismo, hay una sensación natural de estar libre de la cáscara. No se necesita esfuerzo alguno para liberarse. Por lo tanto, ya no ponemos ningún esfuerzo específico en desarrollar más conocimiento intelectual.

Se dice que, cuando meditamos en el camino de Mahamudra, no debemos meditar. Mientras tengamos una idea de que estamos meditando, entonces no estamos meditando. La meditación debe estar libre de pensamiento, de esfuerzo y de la idea de meditación. En cambio, la no distracción, la no meditación y la no fabricación son los puntos clave.

El shamatha de Mahamudra es una no distracción simple. Es, simplemente, el reconocimiento de la mente ordinaria que descubrimos en el nivel del Mahamudra de la base. Esto luego se practica en el shamatha de Mahamudra. Esta mente ordinaria es lo que se presenta o se señala en el vipashyana de Mahamudra, que es una claridad simple.

En relación con la meditación shamatha, la postura básica del cuerpo es cómoda, espaciosa y relajada. Estos son los tres aspectos principales de la postura física. La postura de la mente es, simplemente, permanecer en shamatha. Enfocamos nuestra mente en un cierto punto, como puede ser nuestra respiración o una parte de nuestro cuerpo y, luego nos relajamos. Dónde y cómo nos enfocamos es una cuestión individual y difiere de acuerdo con nuestra progresión en el camino de la meditación. Una vez que hemos asumido la postura correcta, la instrucción es relajarse libremente en ese lugar, sin ansiedad ni preocupación.

La habilidad de relajarse en nuestra práctica de meditación es un punto clave. Las enseñanzas dicen que la persona que puede relajarse más tendrá la mejor meditación, la persona que solo puede relajarse un poco solo experimentará un poco la meditación de Mahamudra, y la persona que no puede relajarse en absoluto, o cuya relajación es muy pobre, tendrá una meditación pobre de Mahamudra.

Los seis puntos

El octavo Karmapa enumera seis puntos esenciales para desarrollar nuestra práctica de meditación de Mahamudra: (1) devoción; (2) fe; (3) dar la meditación a su dueño; (4) confiar el enriquecimiento a la súplica; (5) emplear la atención plena como un vigilante, y (6) confiar tu actividad de posmeditación a la compasión.

Con los primeros dos puntos, devoción y fe, ya estamos familiarizados. El dueño de la meditación al que se hace referencia en el tercer punto es la renuncia. El cuarto punto demuestra la importancia de la súplica como un medio de enriquecer nuestra experiencia de Mahamudra. De acuerdo con las muchas instrucciones para suplicar al gurú, podemos hacerlo cantando, recitando o hablando. No importa cómo lo hagamos, lo que importa es suplicar puntualmente. De hecho, se dice que es aceptable cantar tu súplica incluso si tu voz suena como el aullido de un perro, que es, en realidad, un aullido natural y maravilloso. Tanto en la meditación como en la posmeditación, simplemente activamos a nuestro vigilante de la atención plena y nos relajamos. No nos tensamos ni nos esforzamos; un simple hilo de atención plena es todo lo que necesitamos.

Finalmente, empleamos la compasión como la práctica principal de la posmeditación. Dejamos a nuestras mentes en un estado de compasión.

Estos seis puntos son las prácticas que traerán las realizaciones de Mahamudra al camino.

Los tres niveles de capacidad

Generalmente, se dice que los practicantes tienen uno de los tres niveles de capacidad en el camino. Un practicante puede poseer un intelecto básico y una capacidad básica, un intelecto agudo y una capacidad aguda o un intelecto totalmente agudo y una capacidad totalmente aguda.

El camino de los tres yanas se enseña de acuerdo con estas tres capacidades que acabamos de señalar. Desde este punto de vista, se espera que los practicantes de Mahamudra tengan una capacidad totalmente aguda, un intelecto totalmente agudo y una devoción totalmente pura. En el nivel más alto del intelecto totalmente agudo y la capacidad totalmente aguda, hay otra subdivisión: básico, agudo y totalmente agudo. Aquí, por ejemplo, cuando decimos «básico», no nos estamos refiriendo a lo «básico de lo básico». Estamos hablando de tres clasificaciones más sutiles de las capacidades de los practicantes de Mahamudra: lo básico de lo totalmente agudo, lo agudo de lo totalmente agudo y lo totalmente agudo de lo totalmente agudo.

Iluminar una oscuridad antigua

Desde la perspectiva del Mahamudra de la Esencia, independientemente de cuánto tiempo queramos permanecer como practicantes en este camino, no nos podemos quedar en él. No hay nada más en lo que meditar. No hay nada más que obtener o reunir, excepto la no distracción.

Esta cualidad del camino a menudo se ilustra con la imagen de una habitación o una cueva que ha permanecido en la oscuridad durante cientos de miles de años, quizá eones. Debido a que la oscuridad ha llenado la cueva durante tanto tiempo, la oscuridad misma parece muy densa a nuestras mentes conceptuales. Mientras nos aferremos a la noción de que la oscuridad es tan densa, nos parecerá muy difícil de eliminar, como si necesitáramos miles de años de esfuerzo para ello. Sin embargo, desde el punto de vista del Mahamudra, si entramos en esa cueva oscura con una linterna, la oscuridad se puede eliminar en un solo instante. No importa cuán densa o cuán antigua es la oscuridad. A los practicantes de Mahamudra no les importa la historia de la oscuridad; solo les importa iluminarla con la poderosa luz de la conciencia.

Independientemente del tiempo que hayamos estado atrapados en el samsara con nuestra confusión, aferramiento al ego y perturbaciones emocionales –el contenido completo de nuestra basura kármica–, cuando recibimos instrucciones de señalamiento directo, experimentamos como si el botón de nuestra linterna se hubiera accionado. En ese momento, la luz brilla por toda la cueva y la oscuridad se ilumina.

Esa clase de experiencia de «destello», que emana de nuestras instrucciones de señalamiento directo, se convierte en la clave de nuestra práctica. Esas instrucciones de señalamiento directo son el comienzo. Alguien nos muestra el botón y dice: «Hay un botón aquí. Solo tienes que presionarlo».

Sin embargo, como hemos estado en esta oscuridad durante eones, nos resulta difícil soportar la luz. «Medio» presionamos este botón, pero con sentimientos de ambivalencia y mucho miedo. Luego, en cuanto vemos la luz, soltamos el botón y regresamos una vez más a la oscuridad. El proceso se vuelve uno en el que tenemos que seguir apretando el botón para experimentar continuamente la luz, la luminosidad, el espacio y la vacuidad.

En un nivel fundamental, no hay diferencia entre la experiencia de la oscuridad y la experiencia de la luz, ya que en ambos estados hay un sentido de gran espacio. Ese espacio es shunyata. Ese espacio es el vacío. Ese espacio es la ausencia de ego. Cuando la luminosidad se reúne con este espacio, el espacio se vuelve muy vívido para nosotros; se vuelve completamente uno con la luz. En ese momento, no vemos primero algo llamado luz, que es sólido como un cubo de hielo, y luego vemos el espacio, en algún lugar fuera de la oscuridad. No. Cuando la luz se reúne con el espacio, el espacio se convierte en luz y la luz se convierte en espacio. No tienen identidades individuales. El espacio y la luminosidad o la conciencia no se preocupan de sus identidades tanto como nosotros.

En esta etapa, nuestra experiencia fluctuará, lo cual es natural. Tenemos una experiencia de presionar el botón y experimentar la luz, y luego de regresar a la oscuridad. Luego volvemos a presionar el botón y regresamos a la luz. Aunque nuestra experiencia puede no haberse estabilizado aún, estamos creando más huecos.

Ocho puntos de meditación

En este punto del camino del Mahamudra de la Esencia, debemos meditar utilizando los siguientes ocho puntos, para llevar nuestra mente a reposar plenamente.

1. Reposa en la conciencia presente, que está primordialmente vacía de un yo y vacía de toda confusión.
2. Reposa en la naturaleza innata del estado ordinario, sin ningún enfoque específico o deseo de experiencias particulares de meditación.
3. Reposa en el estado innato, sin esperanza ni miedo y sin alterar nada.
4. Reposa en la conciencia fresca, sin contaminar esa frescura con pensamientos sobre el pasado y el futuro.
5. Reposa en la conciencia clara, libre de agitación y adormecimiento.

6. Reposa con la conciencia y comprensión de la naturaleza vacía de los pensamientos.
7. Reposa en las percepciones desnudas, sin ir detrás de los objetos.
8. Reposa en la continuidad de la atención plena y la conciencia inexpresables de la visión y la meditación.

¿Qué significa la instrucción de reposar nuestra mente en la visión inexpresable? Podemos comparar esto con conducir por la autopista y detenernos en uno de esos miradores panorámicos, y luego salir del coche. Normalmente hay una bello y pintoresco paisaje. Podría ser la vista de un océano con olas, un despliegue colorido de árboles o simplemente una vista expansiva del espacio. Cuando estamos en el mirador, esta experiencia de «vista» es tan clara, tan vívida, tan abierta y tan experiencial, que está más allá de las palabras. No es conceptual. Claro, podemos tener conceptos, como «océano hermoso», «colores hermosos» o «árboles hermosos». Sin embargo, la experiencia real está en nuestro corazón, y está más allá de las palabras. Esa es la experiencia de la visión.

Algunas personas que se asoman al mirador se apegan tanto a la vista que saltan para estar más cerca del océano o de los árboles. Si eso nos ocurre, entonces tenemos un problema. Si saltamos desde ese sitio, perdemos completamente el sentido panorámico de las vistas. En ese punto, toda la noción de las vistas se pierde. Puede que nos quedemos con un único árbol, con algunas hojas muertas o que quedemos atrapados en un océano maloliente con unas cuantas olas tocando nuestros pies.

De manera similar, si nos apegamos a cualquier visión y nos aferramos a ella, entonces perderemos nuestra experiencia panorámica de la misma. En contraste, cuando experimentamos la visión dentro de la continuidad misma de la conciencia y la atención plena inexpresables, es como si estuviéramos planeando. Somos como un águila que vuela en el espacio mientras disfruta de una vista extremadamente hermosa y espectacular.

Cuando experimentamos esa visión panorámica y no nos distraemos, esa es la meditación. Nuestra meditación es, simplemente, la no distracción. Todavía disfrutamos la visión; no la estamos abandonando. No estamos intentando escapar de la experiencia de la visión. Estamos desarrollando la continuidad de nuestra experiencia de la visión a través de la experiencia sencilla de no distracción.

Para sostener esas experiencias de meditación en el camino del Mahamudra de la Esencia, se enfatiza el desarrollo de la devoción. Continuamente desarrollamos nuestra devoción a nuestro maestro principal, quien es el punto de referencia básico para nuestro camino. Se dice que, cuando tienes devoción, hay bendiciones. Cuando hay bendiciones, hay realización. Esa es la verdad infalible del camino. En nuestra práctica, si nuestras experiencias de las instrucciones de señalamiento directo se vuelven puramente conceptuales –meras palabras y conceptos–, entonces es importante mantener nuestra realización de la mente de Mahamudra enfatizando la devoción, la confianza y el respeto al maestro vivo.

Hay muchas historias que ilustran estas cualidades de devoción y confianza, como las que aparecen en las biografías y las crónicas de los maestros del linaje. Un incidente particular se describe en la biografía de Gendün Chöpel, un gran maestro y traductor tibetano del siglo XX. Tradujo el *Dhammapada* del pali al tibetano.

Un día, Gendün Chöpel y uno de sus estudiantes estaban sentados en la terraza de una casa en Lhasa, en el Barkhor. Gendün Chöpel bebía cerveza tibetana, *chang*, que el estudiante le ofrecía. El estudiante le servía a su maestro, pero él mismo no estaba bebiendo.

Estaban discutiendo el Dharma, hablando acerca de la práctica, y el estudiante continuaba ofreciéndole chang a su maestro, una y otra vez. El estudiante escuchaba tan intensamente todas las palabras de su maestro que, en un cierto punto, comenzó a oler el alcohol en su propia respiración y a saborear el alcohol en su propia boca. Entonces empezó a sentirse un poco embriagado. Describió su experiencia a Gendün Chöpel, quien dijo que así debe ser la devoción. Uno debe estar enfocado unidireccionalmente, para que ocurra lo que llamamos «fusionar nuestra mente con la mente del gurú». Este es un ejemplo perfecto de la devoción. Cuando enfocamos nuestra mente intensamente, podemos experimentar la mente iluminada del gurú.

Este camino evidencia que tenemos que hacer la parte que nos corresponde al trabajar con la devoción. No podemos ser pasivos. Tenemos que comprometernos activamente con la devoción y la confianza, y penetrar el corazón del gurú.

Prácticas de enriquecimiento: rugido de león, aullido de hiena

Las prácticas de enriquecimiento que se imparten para el estado de posmeditación varían de un individuo a otro. Las prácticas particulares se ofrecen de acuerdo con el reconocimiento individual de la mente ordinaria. Estas instrucciones no se presentan de manera general, ni se presentan todas a la vez.

> El salto del tigre es diferente del salto del zorro.
> El rugido del león es diferente del aullido de la hiena.[20]

Utilizando la analogía presentada en este poema, podemos ver que, si estamos al nivel de un zorro en la escala de la realización de la mente ordinaria, entonces no podemos saltar como un tigre. Imitar el salto del tigre sería fatal. De manera semejante, si tenemos la realización de una hiena, entonces la única cosa que podemos hacer es aullar. Nos será imposible

---

20. Extraído de un poema inédito de Dzogchen Ponlop.

imitar el sonido del rugido del león. Tenemos que esperar hasta nacer en el estado de conciencia, realización y experiencia del león.

La fructificación: el trikaya inmaculado

La fructificación última del Mahamudra de la Esencia, que es la realización completa de los tres kayas, ocurre cuando la realización en sí de los gurús raíz y del linaje repentinamente despierta en el corazón del estudiante. Esta es la experiencia de la realización y liberación simultáneas.

Hay un dicho: «Un instante de realización de Mahamudra trasciende todos los caminos y los bhumis. Por lo tanto, aquellos que cuentan el número de caminos y de bhumis son estúpidos». Esto aparece en una canción cantada por yoguis viejos que practicaron el camino del Mahamudra de la Esencia, de modo que el lenguaje es bastante directo. No obstante, a partir de esta cita podemos ver que en la tradición del Mahamudra de la Esencia los caminos y los bhumis no importan demasiado. Aunque hablamos de los cuatro yogas, no se enseñan como experiencias sólidas en las que progresamos incrementalmente desde la primera hasta la cuarta. No hay nada sólido que descubrir o purificar en cada uno de los caminos y los bhumis porque la mente ordinaria está más allá de los defectos y los engaños.

Fructificación relativa: las cinco alegrías

La fructificación relativa del Mahamudra es la experiencia de las cinco alegrías, que también se conocen como las cinco libertades. Desde esta perspectiva, las experiencias como la clarividencia y otros poderes especiales no se ven como logros reales de la fructificación. Más bien, se ven como logros temporales y pasajeros. No nos importa alcanzar esas cualidades, ya sea en el camino o en la etapa resultante.

La primera experiencia de la fructificación relativa en el camino de Mahamudra es tener una sensación completa de felicidad y alegría. Esto surge porque uno está libre de los puntos de referencia triples de sujeto, objeto y acción. En términos de la práctica, esto puede expresarse como estar más allá de la situación triple de meditador, aquello en lo que se medita y la acción de meditar.

La segunda fructificación relativa es una sensación de alegría y libertad que surge porque uno está libre de cualquier enfoque o punto de referencia. Cuando uno está libre de la situación triple, naturalmente no hay punto de referencia. Por lo tanto, los meditadores de Mahamudra sienten una mente alegre y gozosa.

La tercera fructificación relativa es la alegría que surge de estar libre de todo esfuerzo respecto a lo que se debe adoptar y lo que se debe abandonar. No hay una situación triple de alguien que adopta, de aquello que debe ser adoptado y de la acción de adoptar; tampoco hay alguien que abandone, aquello que debe ser abandonado y la acción de abandonar. Eso ya no existe en la mente del meditador. La cuarta fructificación relativa es la alegría que surge de estar libre de pereza, orgullo, esperanza y miedo. Finalmente, la quinta fructificación relativa es el gran gozo que emana de la realización y la experiencia de la pureza primordial.

Estas son las fructificaciones relativas del Mahamudra de la Esencia, que son de una naturaleza temporal o relativa. Surgirán varios signos de estos logros. Hay signos externos que indican qué nivel de realización de estas alegrías está experimentando un meditador. Los signos particulares de estas alegrías, realizaciones y gozos se explican en las instrucciones orales, que se pasan en privado de maestro a estudiante.

Fructificación última: el soberano de toda la realidad

La fructificación última del camino del Mahamudra de la Esencia es la realización completa de la naturaleza de los tres kayas de la base. Esta realización del nivel último del Mahamudra surge de la realización del dharmakaya. En su etapa última, se le llama la fructificación más allá de los conceptos, la fructificación más allá de los pensamientos o la fructificación inconcebible. En este punto, se alcanza la realización de la base, el camino y la fructificación inconcebibles. A partir de aquí, surgen los diferentes niveles de fructificación de cualidades y actividades.

Se habla del Mahamudra de la fructificación así:
La base es recibir la transmisión del trikaya innato.
El camino es aplicar los puntos clave de la visión y la meditación.
La fructificación es la actualización del trikaya inmaculado.

Por lo tanto, su esencia es vacío, simplicidad, dharmakaya.
Su manifestación es la naturaleza luminosa de sambhogakaya.
Su fuerza, múltiple e incesante, es nirmanakaya.
Este es el soberano de toda la realidad.
La naturaleza de Mahamudra es la unidad.[21]

Esa es la realización completa de la mente de Mahamudra y de la iluminación. Desde el punto de vista del Mahamudra de la Esencia, realmente es bastante simple. En última instancia, no hay nada en lo que meditar, porque la mente ordinaria es inmaculada, vacuidad luminosa desde el comienzo. Con las bendiciones del maestro del linaje, el estudiante despierta a esa realización. Eso es el Mahamudra de la Esencia.

---

21. Extraído de «La canción de Lodrö Thaye», *The rain of Wisdom: The Essence of the Ocean of True Meaning*, traducido por el Nalanda Translation Committee (Boston: Shambhala, 1999), pág. 89.

Padmasambhava, quien doma la mente áspera y da lugar al corazón de la iluminación, representado con Mandarava y Yeshe Tsogyal.

Parte III

EL VIAJE DEL DZOGCHEN

DZOGCHEN: LA GRAN COMPLECIÓN

*La mente primordialmente despierta,
perfecta en su propio estado,
llena completamente
de las cualidades de la iluminación.*

11. Dzogchen: el viaje de los nueve yanas

En Dzogchen, estamos intentando saltar. En última instancia, saltamos más allá de cualquier concepto del camino y de las formalidades de la práctica y nos dirigimos directamente a la naturaleza de la mente. Sin embargo, para poder saltar sin reservas a la naturaleza vasta e incondicional de nuestra mente, tenemos que atravesar todo el viaje del Dzogchen, que se compone de nueve yanas. Al final, podemos trascender la noción de viaje completamente. Nunca hubo ningún lugar adonde ir. Solo que no nos dimos cuenta.

Las enseñanzas del Dzogchen contienen las visiones y los métodos supremos de toda la tradición Vajrayana: no hay nada más allá de ellos. Estas enseñanzas presentan la etapa final del camino. Son como un alto total gigante. No hay nada más allá de este alto total, excepto un espacio completamente abierto y vívido. Desde el punto de vista del Dzogchen, la naturaleza de nuestra mente presente en realidad contiene la sabiduría del buda. La sabiduría del buda no es algo que encontraremos en el futuro. Está aquí mismo, en el presente; no solo en este día, sino en este mismo momento. Tenemos el corazón del buda. Nuestro estado fundamental, básico de la mente está completamente despierto. Tenemos el despertar en todo nuestro ser, aunque la mayoría de nosotros no nos demos cuenta; no lo podemos ver justo ahora. Por eso tenemos el deseo de buscar la budeidad en algún otro sitio, en el exterior.

El gran agotamiento

Normalmente, nuestras mentes están encadenadas por varias facetas del aferramiento al ego. No obstante, a través de la práctica de meditación, somos capaces de trascender todos los hábitos burdos y sutiles que parecen atarnos, y podemos descubrir nuestra propia iluminación natural. La meditación descubre nuestra sabiduría búdica, que actualmente está cubierta por nuestras perturbaciones emocionales, nuestro aferramiento al ego y nuestra estrecha perspectiva egocéntrica. El viaje de los nueve yanas es un proceso que nos da las herramientas precisas y hábiles para descubrir de forma progresiva nuestro estado naturalmente iluminado. Cada yana nos conduce más profundamente a esa realidad, permitiéndonos desprendernos de capas cada vez más sutiles de conceptualidad y miedo que antes no éramos capaces siquiera de reconocer. De esta manera, la meditación trae la sabiduría de un buda. Aunque utilizamos el término *traer*, en realidad la meditación no está trayendo nada; solo está descubriendo. El propósito del camino de nueve yanas es descubrir. Paradójicamente, estamos descubriendo la naturaleza descubierta. En realidad, nunca ha estado cubierta, porque, en primer lugar, el ego nunca existió de verdad.

Dentro del contexto general budista de los tres yanas –el Hinayana, el Mahayana y el Vajrayana–, las enseñanzas y prácticas del Dzogchen pertenecen al Vajrayana. En el Hinayana, el Buda enseñó los medios a través de los cuales podemos trascender nuestro sufrimiento personal; y, en el Mahayana, el Buda aclaró cómo desarrollar el corazón genuino de amor y compasión que aspira a elevar a todos los seres del estado de sufrimiento al estado de la iluminación. Finalmente, en el Vajrayana, el Buda señaló que la verdadera naturaleza de nuestra experiencia no es la realidad de sufrimiento, sino la realidad de alegría, de gran alegría y felicidad. Hay una sensación de gozo agonizante en el samsara. Cuando aplicamos la visión y las instrucciones del Vajrayana con atención plena, podemos experimentar gran alegría justo dentro de una experiencia de dolor y sufrimiento tremendos. La única manera de conocer esto es haciéndolo. Si hacemos un esfuerzo, tendremos esa experiencia.

En tibetano, *dzog* significa «completo», «perfecto» o «agotamiento», y *chen* significa «gran». Por lo tanto, *dzogchen* es «gran compleción», «gran perfección» o «gran agotamiento». Cada una de estas acepciones se refiere a cualidades particulares del camino del Dzogchen y de nuestra propia mente.

«Gran compleción» significa que, dentro de este camino, todo está completo, no se necesita nada más. En un nivel más personal, significa que nuestra mente, esta mente misma, está completa justo desde el principio. Está completa porque no hay nada en absoluto que falte. La mente está primordialmente despierta y completamente llena de las cualidades iluminadas de la gran sabiduría y compasión.

«Gran perfección» significa «perfecto en su propio estado». El camino es perfecto como es, y toda experiencia es perfecta como es. Por ejemplo, al buscar un método que podamos usar para trabajar con una emoción dolorosa que podemos estar experimentando, no tenemos que salirnos de esa experiencia cruda. El antídoto ya está allí, dentro de la experiencia misma o, como solemos decir: «La respuesta yace en la pregunta». Por lo tanto, el camino es perfecto tal como es, y la experiencia desnuda de las emociones está perfectamente iluminada justo desde el principio. Este enfoque refleja el tono del Vajrayana, que contrasta con las actitudes del Hinayana o el Mahayana que nos podrían llevar a decir: «Oh, las emociones son sufrimiento. Son malas y necesitamos abandonarlas». Aquí decimos que las emociones son puras justo desde el principio.

«El gran agotamiento» se refiere a la ausencia de existencia verdadera de las emociones aflictivas o negativas. Justo desde el principio, esas emociones están primordialmente agotadas. Esto equivale a las frases «no surgimiento» y «no nacimiento» en la visión Mahayana de shunyata. Debido a que las emociones negativas no tienen nacimiento, tampoco tienen existencia. Si nos fijamos bien, no hay momento que podamos determinar en el que podamos decir, por ejemplo: «Esta experiencia de enojo comenzó aquí». De hecho, cuando miramos desnudamente al enojo en sí, no podemos encontrar nada sólido en absoluto. Desde una perspectiva positiva, nos referimos a este estado como pureza primordial, mientras que, desde el punto de vista de la negación, hablamos de esto como una no existencia primordial.

El linaje del Dzogchen

De acuerdo con la historia del linaje del Dzogchen, la fuente de las enseñanzas de Dzogchen es Samantabhadra. Él se representa en pinturas en la forma de un buda azul y desnudo. El color azul simboliza la cualidad expansiva e inmutable del espacio, que es la base de todos los surgimientos, la base de todas las apariencias y la fuente de todos los fenómenos. La ausencia de vestimentas simboliza la realidad genuina, más allá de cualquier ropa dualística, conceptual o filosófica. Este es el buda dharmakaya: el cuerpo genuino de la verdad absoluta.

Las enseñanzas de Dzogchen se transmiten desde el corazón iluminado del buda dharmakaya Samantabhadra al buda sambhogakaya Vajrasattva. *Sambhogakaya* significa «cuerpo de gozo». Esta forma del buda representa las cualidades de gran alegría y riqueza que posee el corazón iluminado. La riqueza de la iluminación se representa a través de los hermosos ornamentos del buda sambhogakaya Vajrasattva, que es de color blanco. El color blanco simboliza los aspectos de luminosidad y claridad de la mente.

El dharmakaya en sí es de color azul profundo, como el espacio profundo, y el sambhogakaya es como la luna o el sol, que brilla en ese espacio. Por lo tanto, en el espacio vemos luz; vemos la luminosidad, la riqueza, la calidez y la claridad que representa el buda sambhogakaya Vajrasattva, quien continuamente propone las enseñanzas de Dzogchen desde el reino de sambhogakaya, el reino de gran gozo.

El linaje del Dzogchen fue transmitido del buda sambhogakaya Vajrasattva al buda nirmanakaya Garab Dorje, quien fue una manifestación o cuerpo de emanación del corazón iluminado. Este buda nirmanakaya fue un ser humano que se manifestó en el reino humano en el noroeste de la India, en un área conocida como Uddiyana. A través de Garab Dorje, el linaje se transmitió a muchos otros maestros en la India, llegando finalmente al Nacido del Loto, Padmasambhava. También conocido como Padmakara o Gurú Rinpoché, Padmasambhava fue la figura principal que llevó las enseñanzas de Dzogchen al Tíbet a principios del siglo VIII, junto con otro maestro indio, Vimalamitra, y un maestro tibetano, Vairochana, quien había viajado a la India para estudiar. Históricamente, estos tres maestros se consideran los principales responsables de trasplantar las enseñanzas de Dzogchen a la tierra del Tíbet.

El linaje es muy importante en la tradición Dzogchen porque muchas de estas prácticas e instrucciones no están anotadas en palabras, sino ocultas en la forma de instrucciones orales. Normalmente, el maestro vajra disuade a los estudiantes de transcribir estas instrucciones, ya que no están pensadas para leerse. Están hechas para escucharse; para oírse, practicarse y descubrirse en tu propio corazón. Las instrucciones necesitan florecer en tu propio corazón. Debes tener tu propia experiencia; de otro modo, el proceso se reduce a una mera investigación académica. Por ejemplo, escribes una tesis, que lee alguien más. Esa persona hace sus suposiciones basándose en tu tesis y, entonces, escribe otra tesis. Este proceso origina mucha especulación. En el linaje de las enseñanzas de Dzogchen, y en las enseñanzas de Vajrayana en general, no hay especulación. Hay instrucciones orales y luego hay práctica y, a través de la práctica, descubrimos la experiencia dentro de nuestros propios corazones.

Hay un linaje continuo de instrucciones y práctica de Dzogchen que proviene desde Padmasambhava hasta los maestros del día de hoy. En la escuela Nyigma del Tíbet, que es la portadora de la tradición Dzogchen, hay dos grandes líneas de transmisión. La primera se conoce como el linaje *kama*, la instrucción oral o el linaje susurrado al oído, que se transmite en sucesión de maestro a estudiante: cada maestro vajra «susurra» las instrucciones al oído de los estudiantes. El linaje kama se conoce como el linaje indirecto, porque se transmite a través de muchas generaciones de instrucciones orales. El segundo linaje, el linaje *terma*, o el linaje de los tesoros, se refiere a las enseñanzas que Padmasambhava transcribió y luego escondió en varios lugares, para que fueran redescubiertas o reveladas por grandes maestros en otro momento. El linaje terma se conoce como el linaje directo, porque se transmite directamente de un *terton*, o revelador de tesoros, a un estudiante.

No perder el rumbo

En general, ya sea que estemos en el camino de budismo Vajrayana, budismo Mahayana o budismo Hinayana, el propósito principal de la práctica espiritual es alcanzar un estado de paz interior, estabilidad mental y libertad. Por lo tanto, cuando comenzamos nuestra práctica en el camino de Dzogchen, necesitamos recordarnos una y otra vez nuestro propósito principal al hacer este viaje. Debemos ser conscientes del tipo de libertad que estamos buscando: buscamos liberarnos del dolor, del sufrimiento y, quizá, de la esperanza de felicidad; de todo ello en realidad. Sin una idea clara de esto, no iremos a ningún sitio en el camino de Dzogchen o en cualquier otro camino espiritual.

Cuando comenzamos nuestro viaje, nuestra motivación es muy genuina, clara, personal y fresca. Sin embargo, en cierto punto, se vuelve un poco borrosa y perdemos el sentido de lo que estamos haciendo. Experimentamos pasión, agresión y envidia hacia otros que viajan en el mismo camino. Desarrollamos toda suerte de agitaciones y perturbaciones emocionales. Cuando reconocemos que surgen esta clase de circunstancias en nuestro camino, podemos ver que ya no estamos siguiendo el camino de la iluminación.

En ese punto de nuestro camino espiritual, podemos caer en las profundidades del descontento. Es la misma vieja historia samsárica de descontento y aferramiento. No somos felices con lo que estamos haciendo; queremos algo más. Por ejemplo, puede que tengamos un buen maestro que nos instruye en la práctica de shamatha, pero estamos insatisfechos con nuestra práctica de shamatha. Sentimos que shamatha es para principiantes, y queremos algo más. Luego puede que nos den meditación vipashyana, pero seguimos infelices con eso. Después, puede que nos digan que hagamos una práctica Vajrayana. Hacemos la visualización y recitamos el mantra, pero aún queremos más, y más, y más. Cuando estamos practicando meditación sentados, sentimos que debemos estar leyendo ciertos libros, entonces saltamos de sentarnos a leer. Cuando estamos leyendo y estudiando las enseñanzas profundas del Vajrayana o Mahayana, pensamos: «Oh, me estoy perdiendo mi práctica de meditación», y queremos regresar a shamatha. Saltamos de un lado a otro entre estas actividades, impulsados por nuestro deseo y descontento fluctuantes.

Si continuamos con este acercamiento a nuestro camino espiritual, eventualmente acabaremos de regreso al punto en el que empezamos todo nuestro viaje. En ese caso, estamos haciendo exactamente lo mismo en nuestro viaje espiritual que en nuestra vida cotidiana, samsárica y neurótica, excepto que tenemos una etiqueta mejor para ello: práctica espiritual. Sentimos que somos miembros de un club especial, que se llama espiritualidad, y que es un poco mejor que el club habitual, que se llama samsara. Sin embargo, aparte de las etiquetas, no hay mucha diferencia en todo nuestro ser. Nada está cambiando internamente. Si nos quedamos atrapados en estos patrones de actividad, entonces no nos estamos yendo hacia ningún resultado o logro genuino. Por lo tanto, antes de comenzar nuestro viaje, debemos tener clara nuestra motivación a la hora de embarcarnos en el camino, y debemos tener una comprensión clara de lo que significa seguirlo. Debemos saber qué es lo que estamos buscando en una tradición particular como el Dzogchen.

Las nueve etapas del camino

En el budismo Vajrayana, hay una gran diversidad entre las tradiciones, los linajes y los maestros, cada uno de los cuales enfatiza diferentes perspectivas con respecto a las etapas progresivas de meditación. No obstante, muchas personas se sienten atraídas hacia la práctica de Dzogchen porque parece muy simple. Puede parecer un atajo, con pocos prerrequisitos. Sin embargo, una perspectiva general del acercamiento del Dzogchen a las etapas progresivas de meditación muestra que viajamos, básicamente, a través de nueve etapas diferentes de aprendizaje y meditación. El viaje del Dzogchen no se trata, necesariamente, de solo saltar al noveno yana, que es el estado de Ati yoga. Debemos atravesar nueve etapas de meditación para alcanzar el destino final, el estado donde agotamos toda nuestra basura innecesaria. Este es el punto en el cual el viaje se termina en el alto total gigante.

Si, para alcanzar nuestro destino, tuviéramos que caminar todo el camino, entonces tendríamos un viaje largo y difícil. Sin embargo, con un transporte fiable de algún tipo, como una motocicleta o un coche, nuestro viaje se vuelve mucho más fácil. En el viaje del Dzogchen, los nueve yanas son diferentes tipos de vehículos que nos transportan con poca dificultad de una etapa a otra.

El viaje de nueve yanas se puede dividir en tres conjuntos de tres yanas. El primer conjunto de tres yanas se llama el yana causal o el Vehículo que Dirige la Causa del Sufrimiento. Este conjunto incluye el Hinayana y el Mahayana. El segundo conjunto de tres yanas se llama el Vehículo de Austeridad y Conciencia, e incluye los tantras del Vajrayana. El último conjunto de tres yanas se llama el Vehículo de Medios Abrumadores, e incluye las etapas finales de la práctica Vajrayana. Como cada uno de estos tres conjuntos tiene tres yanas, estos constituyen el viaje de nueve yanas. Cada uno de los nueve yanas nos presenta métodos que nos permiten entrar más profundamente a la naturaleza de nuestro propio corazón y a la naturaleza misma de la realidad. La práctica progresiva de estas instrucciones puede llevarnos a experimentar la iluminación completa en esta misma vida.

VEHÍCULO	YANA	DESCRIPCIÓN
I. VEHÍCULO QUE DIRIGE LA CAUSA DEL SUFRIMIENTO Vehículo causal: enseñanzas del Sutrayana que trabajan directamente con las causas de la liberación	1. Shravakayana (Hinayana)	Yana de los oyentes Camino de autoliberación
	2. Pratyekabudayana (Hinayana)	Yana del buda solitario Camino de autoliberación
	3. Bodhisattvayana (Mahayana)	Yana Superior Camino del bodhisattva y de la liberación de todos los seres
II. VEHÍCULO DE AUSTERIDAD Y CONCIENCIA (ENTRADA AL VAJRAYANA) Vehículo del resultado: tres tantras exteriores	4. Kriya Tantra Tantra de la actividad	Tantra de la actividad Prácticas de purificación que enfatizan las actividades exteriores del cuerpo y el habla
	5. Upa o Charya Tantra	Tantra del carácter o comportamiento Prácticas de purificación que enfatizan las actividades del cuerpo, el habla y la mente de igual manera
	6. Yoga Tantra	Tantra de la unión Camino de transformación que enfatiza la práctica interna más que la conducta exterior; unifica las verdades relativa extensa y absoluta profunda
III. VEHÍCULO DE MEDIOS ABRUMADORES Vehículo de la fructificación: tres tantras interiores	7. Maha Yoga	Gran Yoga Práctica de la etapa de desarrollo que enfatiza la creación de una deidad visualizada como una expresión del aspecto de claridad de la mente primordial
	8. Anu Yoga	Después del gran yoga Práctica de la etapa de compleción que enfatiza la disolución de la deidad visualizada por medio del aspecto de sabiduría de la mente primordial
	9. Ati Yoga (Dzogchen)	El pico de la práctica del yoga La perfección y la compleción de todas las cualidades de la budeidad

12. El Shravakayana y el Pratyekabudayana

El camino que conduce a las realizaciones últimas de la realidad absoluta es el viaje de nueve yanas. Si no hubiera camino que condujera a estas experiencias, tendríamos una teoría realmente maravillosa, pero ¿cómo llegaríamos allí? Sin gurú, sin enseñanzas y sin camino, dependería exclusivamente de nosotros no perdernos. Sin embargo, en el viaje de nueve yanas, se nos presenta no solo una visión clara de esas experiencias absolutas y realizaciones de la iluminación, sino también un camino que nos conduce a esas experiencias.

En las etapas progresivas de meditación en el camino de Dzogchen, el primer conjunto de yanas se conoce como el Vehículo que Dirige la Causa del Sufrimiento, que es el vehículo causal del camino budista básico. Este vehículo consiste en los tres yanas a los cuales solemos referirnos como el Shravakayana, el Pratyekabudayana y el Bodhistattvayana o Mahayana. Colectivamente, se conocen como el Sutrayana o los vehículos del Sutra de las enseñanzas comunes del Buda.

Los tres yanas incluidos en este conjunto trabajan directamente con las causas de la liberación o la libertad.

El Shravakayana: vehículo de los oyentes

El primer yana es el Shravakayana, o el yana de los oyentes. *Shravaka* es una palabra sánscrita que significa «oyentes». Este yana se refiere a uno de los caminos más fundamentales del budismo, el camino del Hinayana. *Hina* se traduce habitualmente como «inferior» o «básico», pero, como se explica en el capítulo 1, estos términos no connotan una jerarquía. Más bien, se refieren a un sentido básico de la base o fundamento.

La práctica de este yana particular busca escuchar el Dharma, en el sentido de aprender las palabras del Buda apropiadamente. En esta etapa, intentamos desarrollar una comprensión conceptual de las enseñanzas. Al mismo tiempo, shravaka también tiene el significado de propagar las enseñanzas. No solo escuchamos las enseñanzas, sino que propagamos lo que escuchamos.

Históricamente, los maestros de este yana fueron los que escucharon el Dharma directamente del Señor Buda Sakiamuni y que luego propagaron lo que escucharon. Una vez que estas enseñanzas se pasaron a forma escrita, se conocieron como los sutras o los discursos del Buda. Estos maestros no escribieron comentarios sobre lo que el Buda dijo, sino que solo se limitaron a repetir sus palabras. Los shravakas no dieron mucho espacio para la interpretación de las enseñanzas del Buda. Por el contrario, tomaron las enseñanzas muy literalmente, repitiéndolas palabra por palabra. Por este motivo estos maestros se llamaron los oyentes y propagadores.

En este contexto, escuchar se vuelve un proceso de aprendizaje. Hay una manera apropiada de aprender el Dharma, que implica tener una motivación apropiada cuando estudiamos. Si nuestra motivación no es pura mientras estamos escuchando, leyendo o contemplando los sutras, entonces las palabras del Buda no tendrán mucho impacto en nuestro flujo mental. Por eso se hace mucho hincapié en la importancia de examinar nuestra motivación y prestar atención al modo en que escuchamos las enseñanzas. Hay varias maneras de escuchar equivocada o impropiamente el Dharma.

Escuchar como un cazador en busca de almizcle

La primera motivación impropia se llama la motivación de un cazador en busca de almizcle. Este cazador solo está interesado en su propio beneficio mientras busca el preciado almizcle. Está motivado, principalmente, por la codicia. Si tu motivación cuando lees los sutras o escuchas el Dharma de un maestro solo es conseguir «el almizcle» para ti mismo, entonces esa es la motivación errónea.

Escuchar como una vasija con un agujero

La segunda motivación impropia se explica tradicionalmente a través de la analogía de una vasija con un agujero. Cuando uno vierte agua en una vasija así, el líquido se escapa de inmediato. De manera semejante, si escuchas el Dharma y comprendes lo que escuchas, pero luego no recuerdas nada, esto puede compararse a verter agua en una vasija con un agujero. Como eres incapaz de recibir o retener las enseñanzas, también eres incapaz de ponerlas en práctica.

Escuchar como una vasija al revés

La tercera motivación impropia se explica a través de la analogía de una vasija colocada boca abajo. Cuando intentas verter agua en una vasija así, compruebas que el agua no puede entrar y llenarla. Consecuentemente, se derramará. De manera similar, cuando escuchas las enseñanzas con orgullo, tu mente no está abierta y receptiva, y no recibes ningún beneficio de los maestros o de los libros. Ninguna transmisión dada penetra realmente en tu ser.

Escuchar como una vasija contaminada

La cuarta motivación impropia se llama la motivación de una vasija contaminada. Se dice que, si escuchas las enseñanzas con mucho enojo, envidia, ignorancia u otra fijación emocional fuerte, entonces tu mente será como una vasija sucia o envenenada. Cualquier comida o bebida que se vierta en una vasija así se envenenará. Bajo dichas circunstancias, cualquier Dharma que se vierta en tu mente no será recibido como las palabras genuinas del Buda. Tu comprensión del camino espiritual o de la iluminación estará contaminada por tus conflictos emocionales, tu aferramiento al ego y tu visión egocéntrica. De este modo, las enseñanzas se convierten en otra simple herramienta utilizada para «mejorar» tu ego.

Las tres etapas de la meditación

En el camino del Shravakayana, el Buda enseñó la práctica de meditación por medio de tres etapas de aprendizaje o entrenamiento. Estas son los entrenamientos en disciplina, meditación y conocimiento o prajña.

Entrenamiento en la disciplina

La primera etapa de la meditación se enseña a través del entrenamiento en la disciplina. En sánscrito, *disciplina* es *shila*. En tibetano, es *tsultrim*. Desde la perspectiva del camino del Shravakayana, *disciplina* significa trabajar con nuestra mente o domarla. La disciplina no es sencillamente un conjunto de reglas que dice: «No puedes hacer esto o aquello». Más bien, es una práctica que tiene dos aspectos. El primer aspecto es domar, que es el método. El segundo aspecto es nuestra mente, aquello que se va a domar. Necesitamos preguntar: «¿Qué es la mente que estamos tratando de domar? ¿Qué es la mente que estamos tratando de liberar? ¿Qué es la mente que estamos intentando liberar del sufrimiento?».

El Buda enseñó que nuestra mente samsárica consiste en cuatro agregados básicos. El primer agregado es la ignorancia. El segundo agregado es la falta de conciencia. El tercer agregado es la agitación emocional y el cuarto agregado es no tener devoción o fe. Por lo tanto, cuando nos entrenamos en la disciplina, son estos cuatro agregados de la mente samsárica los que estamos intentando domar.

IGNORANCIA: NO CONOCER LA VERDAD

La ignorancia es el primer agregado, o colección de tendencias, al que aplicamos la disciplina de domar. La ignorancia es ese estado de la mente que no conoce la verdad, o que no sabe lo que es correcto y lo que es erróneo. Esta ignorancia es un estado de estupidez, un aspecto de nuestra mente que está, en cierto sentido, no educada. A menudo sentimos que cualquier cosa que cometemos a través de la ignorancia está bien. Decimos: «No era consciente de ello. Ignoraba lo que hacía. No soy el culpable. Son esos tipos –los que no me educaron– quienes deben ser culpados por lo que hice». Cuando buscamos un chivo expiatorio de esta manera, estamos desplegando nuestra ignorancia.

Sin embargo, independientemente de nuestra ignorancia, somos siempre responsables por nuestras acciones. Las acciones erróneas que cometemos a menudo se deben a nuestra falta de curiosidad. No nos hemos esforzado por desarrollar una mente curiosa para aprender lo que es correcto y lo que es erróneo. No es que nuestras mentes no estén educadas. Más bien, es que no queremos aprender. Es la mente la que es perezosa y no da un paso al frente para aprender. Por lo tanto, no podemos decir: «Mi mente, la mente ignorante, no es la que debe ser culpada». Es justo la que debe ser culpada.

La naturaleza ignorante de nuestra mente es la causa básica de todo nuestro sufrimiento y dolor. Nuestra falta de curiosidad es, en realidad, una falta de esfuerzo por nuestra parte. No podemos afirmar que una acción no es negativa simplemente porque la cometimos debido a nuestra ignorancia. La acción sigue siendo negativa. El estado ignorante de la mente es una mente que no se está abriendo, informando y educando apropiadamente. En un sentido, la naturaleza estúpida de nuestra mente es la naturaleza perezosa de nuestra mente. La mente que se siente muy perezosa y relajada, que no quiere avanzar para aprender y que no posee inspiración o curiosidad, es lo que llamamos nuestra ignorancia. No es una mente racional.

Si nuestra fe es una fe ciega, entonces eso también es una expresión de ignorancia. El Buda nos anima a ser curiosos y escépticos acerca de nuestro camino espiritual. Nos anima a expandir nuestro conocimiento acerca de nuestra mente, acerca de cómo domarla y acerca de cómo trascender nuestras emociones. Tener una mente curiosa y escéptica es una cualidad excelente en el camino del budismo Vajrayana.

Sin embargo, esta mente escéptica también debe tener un límite. Una mente escéptica y curiosa puede llevarnos cierta distancia en nuestro viaje, pero, eventualmente, llega un momento en que tenemos que tomar una decisión. Tenemos que llegar a una comprensión en la que podamos decir: «Sí, este es el camino correcto. Esto es lo correcto para mí». Alternativamente, podemos decir: «No, esto no es lo correcto para mí». De otro modo, esta misma cualidad buena de la mente, su naturaleza escéptica o curiosa, puede conducirnos a un estado de paranoia. Podemos pasar toda nuestra vida estando paranoicos acerca de todo, en cuyo caso no alcanzaremos nada en el camino. No alcanzaremos ninguna certeza. Por lo tanto, tenemos que trascender esta paranoia aprendiendo el límite de la mente escéptica o curiosa.

NO SER CONSCIENTE

El segundo agregado al que aplicamos disciplina es nuestra falta de conciencia sobre el estado básico de vigilia que existe dentro de nuestra propia mente. Aunque nuestro estado natural de la mente está completamente despierto y consciente, la mayoría de nosotros no tiene ningún conocimiento o experiencia de ello. Nuestro estado actual de la mente en el mundo relativo está totalmente disperso. Por lo tanto, nuestras mentes siempre están en un estado de inconsciencia y distracción.

AGITACIÓN EMOCIONAL

El tercer agregado que debemos domar consiste en nuestra colección de agitaciones emocionales, lo cual es bastante fácil de entender. Todos nosotros nacemos con muchas emociones diferentes y conflictivas, como la agresión, la envidia, el orgullo, el deseo y la pasión.

DEVOCIÓN INSUFICIENTE

Hay dos aspectos del cuarto agregado, que es la falta de devoción o fe suficientes. El primer aspecto implica no tener suficiente fe o devoción hacia nosotros mismos. No tenemos suficiente confianza o compromiso en nuestra propia fuerza y habilidades básicas, o en el poder de nuestra propia mente. El segundo aspecto implica no tener suficiente devoción hacia las enseñanzas y hacia el maestro. Por ello nuestras mentes siempre están perturbadas.

Entrenamiento en la meditación

Habiendo establecido que lo que debe domarse es la mente, que consiste en los cuatro agregados, ahora podemos preguntarnos cómo se logrará esto. La segunda etapa de la meditación se enseña a través del entrenamiento en samadhi, que es el estado en sí de la meditación. En el camino del Sharavakayana, el primer método que utilizamos para domar nuestra mente es la disciplina de la meditación shamatha. La disciplina es la primera etapa de la meditación, y es a través de la aplicación de la disciplina que desarrollamos unidireccionalidad y una conciencia del entorno que nos rodea. Nos concentramos plenamente en cualquier situación que se presente. Ya sea que estemos hablando o escuchando, escribiendo o leyendo, si nuestras mentes están concentradas de forma unidireccional, entonces podemos comunicarnos completa y apropiadamente. Sin embargo, si no podemos concentrar nuestras mentes completa o unidireccionalmente, entonces no podemos comunicarnos de manera efectiva. Nuestras comunicaciones estarán dispersas. La segunda etapa de la meditación, el entrenamiento en samadhi o en la meditación sentados, implica trabajar, de manera disciplinada, con nuestra postura física, nuestra concentración mental y el surgimiento de pensamientos distractores. Por ende, en realidad hay un conjunto entero de disciplinas asociadas con la meditación shamatha.

En la meditación shamatha, independientemente de la vida que tengamos, nos sentamos a solas con nuestro estado de la mente y con nuestra respiración. Ya sea que llevemos la vida de un monje o monja o la vida de una persona soltera, casada o de familia, cuando practicamos la meditación shamatha, compartimos una sensación de soledad y una experiencia de paz interior. En este punto, la concentración meditativa implica sencillamente sentarnos a solas. Estamos aprendiendo a sentarnos a solas, a cómo trabajar solos con nuestra mente y a cómo liberarnos sin ayuda del exterior. No hay salvadores externos, como deidades, dioses o demonios. Las enseñanzas del Shravakayana lo expresan con claridad: no hay salvador exterior. Ni siquiera el propio Buda puede salvar a los seres vivientes de su sufrimiento, de su neurosis samsárica.

En esta segunda etapa de la meditación, estamos aprendiendo a valernos por nosotros mismos. Estamos aprendido a caminar solos en este camino de espiritualidad y a cómo liberarnos a nosotros mismos. En el budismo tibetano, utilizamos el ejemplo tradicional de una serpiente anudada: si una serpiente se retorciera y quedara hecha un nudo, tendría que desanudarse a sí misma. Nadie iría y diría: «Oh, pobre serpiente, te has hecho un nudo y estás sufriendo. Yo te desanudaré y te liberaré». Eso no ocurre. Esto es exactamente lo que el Buda está tratando de enseñarnos aquí. Sentándonos a solas a meditar aprendemos que tenemos que liberarnos a nosotros mismos, con la fuerza básica de nuestra propia naturaleza búdica. En este estado de meditación, trascendemos a través de nuestro deseo fundamental y nuestro apego básico al mundo samsárico.

Entrenamiento en el conocimiento trascendental

A medida que desarrollamos la base de la meditación y la disciplina, comenzamos a desarrollar la tercera etapa de la meditación en el camino del Shravakayana, que es el entrenamiento en prajña o conocimiento trascendental. Ese conocimiento trascendental es el conocimiento de la ausencia de ego, y lo desarrollamos a través de nuestra práctica de meditación shamatha-vipashyana. A través de esta comprensión profunda, podemos trascender nuestra mente neurótica, que consiste en los cuatro agregados. Por lo tanto, a través de nuestra meditación, descubrimos el estado básico de la budeidad, el estado natural de nuestra mente.

Las Cuatro Nobles Verdades

La práctica principal del camino del Shravakayana es la práctica de las Cuatro Nobles Verdades: la Verdad del Sufrimiento, la Verdad del Origen del Sufrimiento, la Verdad de la Cesación del Sufrimiento y la Verdad del Camino que Conduce a la Cesación del Sufrimiento. Esta práctica es fundamental para todas las tradiciones budistas. De hecho, si no nos podemos relacionar con las Cuatro Nobles Verdades, no seremos capaces de relacionarnos con ninguna etapa posterior del camino.

Las Cuatro Nobles Verdades se presentan como dos conjuntos de dos: dos causas y dos efectos. Las primeras dos verdades se refieren a la causa y efecto del sufrimiento, o samsara, y las segundas dos verdades se refieren a la causa y efecto de la liberación, o nirvana. Sin embargo, primero se nos presenta el efecto y luego la causa. El Buda enseñó que la Primera Noble Verdad, que es la Verdad del Sufrimiento, es el resultado de la causa que se conoce como la Verdad del Origen del Sufrimiento, que es la Segunda Noble Verdad. La Tercera Noble Verdad, que es la Verdad de la Cesación del Sufrimiento, es el resultado de la causa que se conoce como la Verdad del Camino de la Cesación, que es la Cuarta Noble Verdad. Para trabajar con nuestra experiencia relativa del mundo, necesitamos obtener un cierto grado de sabiduría, una comprensión más avanzada de las primeras dos verdades. Necesitamos de esta sabiduría y comprensión para trabajar con nuestros patrones habituales. Por lo tanto, el viaje de nueve yanas comienza con una discusión detallada del sufrimiento: el sufrimiento mismo, seguido por la causa del sufrimiento, luego la cesación del sufrimiento y, finalmente, el camino de la cesación del sufrimiento. De esta manera, nos movemos de una etapa a otra.

La Verdad del Sufrimiento

El Buda utilizó una palabra para describir el sufrimiento: miedo. El sufrimiento es miedo. El miedo tiene muchos aspectos: frustración, separación, apego, muerte y esperanza. Todas estas son expresiones del miedo. Fundamentalmente, nuestro miedo aparece con dos disfraces diferentes: primero está el miedo a perder algo que valoramos, como nuestro precioso nacimiento humano, o un maestro precioso, o una joya preciosa. Debido a que nos aferramos a estas cosas, surge el apego, así como el miedo y la esperanza. Segundo, el miedo surge cuando recibimos algo que no queremos. Hay muchos ejemplos, desde la gripe hasta algo que llamamos muerte. Sin embargo, hay pocas diferencias entre estas expresiones. El sufrimiento es, simplemente, miedo, ya sea miedo al dolor físico o miedo al dolor mental. En nuestro miedo de recibir algo que no queremos, hay quizá menos lugar para la esperanza; no obstante, la naturaleza fundamental del sufrimiento es miedo, independientemente de la forma que adopte.

LOS TRES ASPECTOS DEL SUFRIMIENTO

La expresión básica del miedo descrito por el Buda tiene tres aspectos: el sufrimiento del sufrimiento, el sufrimiento del cambio y el sufrimiento que todo lo permea. El sufrimiento que todo lo permea es nuestro miedo fundamental, como se describió más arriba. Cuando este miedo básico se vuelve más expresivo o «artístico», aparece en la forma del sufrimiento del sufrimiento. El sufrimiento del sufrimiento es muy simple. Por ejemplo, además de nuestro miedo fundamental, nos da dolor de cabeza y luego una muela del juicio comienza a molestarnos. Eso es lo que llamamos el sufrimiento del sufrimiento.

Finalmente, está el sufrimiento del cambio. Como cada aspecto del cambio es sufrimiento, este tipo de sufrimiento es una experiencia continua. Una de las razones principales por las que experimentamos este tipo de sufrimiento es que nuestro futuro nos es desconocido. Siempre que el cambio ocurre y nos enfrentamos a lo desconocido, experimentamos una sensación de quedarnos en blanco. Por ese motivo le tememos a la muerte. No sabemos qué ocurrirá después de la muerte. Es posible que nos lo pasemos muy bien, pero no sabemos con certeza qué ocurrirá. No conocemos las etapas de la muerte, la experiencia de la muerte en sí o lo que sucede después de la muerte. Por lo tanto, experimentamos un gran temor. El sufrimiento del cambio está conectado con lo desconocido y con la ignorancia. Experimentamos este sufrimiento más intensamente con los cambios que ocurren por sorpresa: cuando esperamos una cosa y recibimos algo completamente diferente. Ese es el sufrimiento del cambio.

TRABAJAR CON EL SUFRIMIENTO

La primera práctica que debemos abordar para trabajar con nuestro sufrimiento es aprender a no ignorarlo. En general, nuestro método preferido para lidiar con el sufrimiento es ignorarlo. Nos tapamos los ojos para protegernos de lo que no queremos ver. Sin embargo, eso no cambia nada de lo que está pasando. Si estamos en medio de una guerra o de una pelea, cubrirnos los ojos no evitará que una bala nos dé en la frente. Quizá nos permita ignorar la pelea, pero no seremos capaces de protegernos.

Ignoramos el dolor en nuestras vidas de manera similar. Por ejemplo, ignoramos nuestro miedo más grande: la muerte. No utilizamos siquiera la palabra *morir*. Cuando un amigo o un familiar muere, decimos que «falleció» o que «expiró», como si la persona fuera una tarjeta de crédito. Ignoramos nuestra realidad –nuestro sufrimiento– de todas las maneras posibles. Sin embargo, si verdaderamente queremos evitar el sufrimiento, entonces es muy importante para nosotros observar cualquier dificultad que enfrentemos e intentar descubrir su causa. Por ejemplo, si tenemos un pequeño problema familiar, debemos enfrentarnos y preguntarnos: «¿Cuál es el verdadero problema?». La solución yace en descubrir cuál es nuestro verdadero problema y luego lidiar con él.

En cambio, tratamos de encontrar una salida o escapar de ese dolor, de nuestro pequeño problema. Si somos budistas, aunque hayamos tomado refugio en las Tres Joyas, las olvidamos totalmente. Puede que empecemos a refugiarnos en un bar. Quizá bebamos algunas copas y luego salgamos disparados en nuestro coche. Puede que acabemos conduciendo en el lado equivocado de la carretera y choquemos contra otro coche. Caemos más y más profundamente en el sufrimiento al ignorar nuestro pequeño primer dolor, que podríamos haber resuelto con facilidad. En cambio, al usar el método equivocado para tratar de escapar de nuestro dolor, caemos en el sufrimiento del sufrimiento. Podemos acabar con las piernas rotas, con el cuello roto, con el coche destrozado, teniendo que pagar mucho dinero al seguro y con una factura altísima del hospital para nosotros y para otros, sin mencionar una «factura kármica» más elevada.

De acuerdo con el Buda, al comienzo de nuestro camino, necesitamos examinar con detenimiento la verdad del sufrimiento. Debemos ir a las profundidades del sufrimiento para entenderlo. Solo entonces desarrollaremos la sabiduría que nace del sufrimiento, que nos permitirá atajar nuestra experiencia del dolor. Para lidiar con la raíz del sufrimiento, debemos alcanzar la realización de sus profundidades. Necesitamos reconocer claramente la expresión y el patrón verdaderos del sufrimiento, para que podamos trascender la raíz de ese patrón o expresión. Negar o ignorar nuestro sufrimiento no nos ayuda a superarlo. Al contrario, vamos a sus profundidades. En vez de entrar en pánico cuando surge el miedo, desarrollamos el coraje y la sabiduría para lidiar con él.

Por ejemplo, si alguien te empuja al océano y entras en pánico, puede que mueras allí mismo. Sin embargo, si despiertas tu coraje y te haces amigo del agua, puedes comenzar a relacionarte con ella como hacen los peces. Con coraje, puedes desarrollar rápidamente la habilidad de flotar. No te ahogarás, y el agua no parecerá tan amenazadora. De manera semejante, aprendemos a flotar en este océano de sufrimiento y dolor.

Ignorar nuestro sufrimiento no cambia nada en nuestro mundo o en nuestra realidad. Por lo tanto, estamos intentando desarrollar la sabiduría de lidiar con el sufrimiento mirándolo directamente, enfrentándolo y viendo su profundidad. Trabajar con el sufrimiento de esta manera surge de una comprensión clara de la Primera Noble Verdad.

La Verdad del Origen del Sufrimiento

La Segunda Noble Verdad se llama la Verdad del Origen del Sufrimiento, refiriéndose al sufrimiento original o a la raíz del sufrimiento. Reconocer la causa del sufrimiento es la segunda práctica necesaria para que trabajemos con el sufrimiento. En este punto, descubrimos que todo nuestro sufrimiento surge de un cierto origen o causa. Para deshacernos de nuestro sufrimiento, tenemos que cortar la raíz de nuestro problema.

La raíz de nuestro problema es el ego, nuestro viejo amigo. Tratamos de cortar esta raíz, esta relación con nuestro ego, utilizando la gran sabiduría del camino. Nuestro sentido de individualidad, de nuestras características individuales, está arraigado en el ego. Es importante para nosotros reconocer cómo el ego y nuestro aferramiento al ego crean todo nuestro sufrimiento. Necesitamos reconocer esto claramente, en nuestros propios términos, en vez de depender de la teoría escritural. Aunque las teorías son útiles, cada uno de nosotros debe contemplar la relación del ego con su propio sufrimiento, para llegar a su propia comprensión individual de la raíz del sufrimiento. Esta comprensión es la parte más importante de reconocer la causa del sufrimiento.

El Buda enseñó que la vida consiste en gran dolor y sufrimiento, pero también enseñó que el dolor y el sufrimiento son impermanentes, y que el experimentador de este dolor y sufrimiento –quien experimenta la verdad del sufrimiento– es inexistente. Esta es la ausencia de ego. Para entender la noción de que el experimentador es inexistente, necesitamos entender la teoría del ego y el juego de las kleshas.

Podemos decir, además, que las causas del sufrimiento son las kleshas. *Klesha* es un término sánscrito difícil de traducir.

Un sentido de *klesha* es «emociones aflictivas». Sin embargo, es difícil definir *klesha* como emoción porque el estado de ignorancia o engaño se considera también una klesha. Por lo tanto, klesha no es, estrictamente, solo una emoción. Otra traducción es «estado distractor de la mente», la cual es bastante correcta en su significado, pero no es necesariamente una traducción literal. Las tres kleshas raíz son la pasión, la agresión y la ignorancia. Cuando miramos estas tres kleshas, podemos ver que están arraigadas en el aferramiento al ego. Por lo tanto, el aferramiento al ego es la raíz absoluta de todos nuestros sufrimientos. En el camino Shravakayana, el punto es reconocer esto y contemplar las kleshas y su energía distractora.

Desde la perspectiva del Mahayana-Vajrayana de las Cuatro Nobles Verdades, la experiencia básica de las kleshas mismas no es el problema real; más bien, el problema ocurre cuando nuestra mente se fija en las kleshas. Desde este punto de vista, el problema básico surge de la fijación, del aferramiento, del desarrollo de imputaciones, etc.

Contemplamos el ego porque queremos alcanzar la liberación. Queremos libertad. Sin embargo, ¿quién es el que quiere alcanzar la libertad? Es «yo». «Yo quiero alcanzar la libertad antes que todos los demás. *Yo* quiero el mejor camino, el camino más rápido y más fácil a la liberación, la iluminación y la libertad». Este tipo de pensamientos son una expresión fuerte de la manifestación del ego; sin embargo, esos mismos pensamientos son una poderosa y misteriosa experiencia, porque lo que el ego está buscando es la liberación del ego. El ego está buscando la realización de la ausencia de ego, la ausencia de yo o shunyata. Aunque el ego desempeña un rol muy importante en mantenernos en el samsara, también desempeña un rol igualmente importante en sacarnos del samsara. Si simplemente cambiamos un poco su dirección, entonces ese cambio de visión tiene un gran impacto en nuestro camino.

La Verdad de la Cesación del Sufrimiento

La Tercera Noble Verdad es la Verdad de la Cesación del Sufrimiento, que es una etapa de fructificación, o resultado. Después de haber cortado la raíz del sufrimiento, no hay más resultado de esa causa, que es el ego. En otras palabras, el resultado del ego es el dolor y el sufrimiento. Después de trascender nuestro aferramiento al ego, no hay más sufrimiento ni dolor. Cuando alcanzamos el nivel de la inexistencia del ego, también alcanzamos el nivel de la inexistencia del sufrimiento, lo que llamamos la cesación del sufrimiento, el fin del sufrimiento del mundo samsárico. Ese también es el fin de nuestro miedo. En esta etapa, hay un cierto sentido de alcanzar un estado sin miedo de la mente. Cuando alcanzamos la cesación, no hay más temor al sufrimiento.

La cesación del sufrimiento es la paz última, porque es la libertad no solo de todos los variados tipos de sufrimiento que pueden ocurrir en la existencia cíclica, sino también de todas las causas de esos sufrimientos. Cuando estamos libres del sufrimiento y de las causas del sufrimiento, experimentamos alegría, felicidad y libertad. Imagina que has estado encarcelado en un espacio muy pequeño durante mucho, mucho, mucho tiempo –millones de años– y, finalmente, la puerta se abre para ti. ¡Eres libre! Esa experiencia de libertad del cautiverio es, quizá, el ejemplo más cercano a la experiencia de la Verdad de la Cesación.

La Verdad del Camino que Conduce a la Cesación

Para experimentar la cesación del sufrimiento, debemos trabajar en el camino que lleva a tal libertad. Este camino es la Cuarta Noble Verdad, que es la Verdad del Camino que Conduce a la Cesación del Sufrimiento. La práctica principal en el camino del Shravakayana es la meditación sobre la noción de la ausencia de ego o ausencia de yo. De esta manera, trabajamos con nuestras kleshas para demoler nuestro aferramiento a un yo.

Hay dos tipos de aferramiento al yo: el aferramiento al yo hacia una persona, como «yo» y «mío», y el aferramiento al yo hacia los fenómenos. En este camino, el mayor énfasis se pone en trascender el aferramiento al yo de las personas (la noción de «yo»). Por lo tanto, utilizamos un método de meditación analítica que desarrolla un examen detallado de este yo. ¿Qué es este yo de las personas? ¿Qué es y dónde está este ego de «yo»? Este tipo de análisis detallado se logra a través de la mente de prajña, o sabiduría. ¿Dónde está el ego separado de esta prajña? Nuestra prajña es la cualidad de la mente, o el método, que derriba a través del aferramiento al yo y, por ende, corta la raíz del sufrimiento. Es solo después de cortar la raíz del sufrimiento, que es la visión egocéntrica, que alcanzamos a conocer la Tercera Noble Verdad, que es la cesación real del sufrimiento.

El Buda dijo que el sufrimiento es como una enfermedad. Si tenemos una enfermedad, entonces también tenemos los síntomas de esa enfermedad. Ahora tenemos los síntomas del dolor y el sufrimiento. Las causas de ese dolor se descubren en la Verdad del Origen del Sufrimiento. La Verdad del Camino es como la medicina que tomamos para poder curar nuestra enfermedad. Alcanzar la Verdad de la Cesación es como estar por fin completamente curados. Nos curamos de nuestra enfermedad y también de sus causas y, en consecuencia, los síntomas desaparecen. En ese momento, sentimos una gran libertad y fuerza. Esa es la idea fundamental de las Cuatro Nobles Verdades, que son el enfoque principal del viaje del Shravakayana.

Pratimoksha: salvación individual

El fundamento del viaje de nueve yanas es la contemplación y la práctica de las Cuatro Nobles Verdades, y nuestra disciplina principal es el compromiso de trabajar con nuestro propio sufrimiento. Tanto el primer yana, el Shravakayana, como el segundo, el Pratyekabudayana, están, por lo tanto, enfocados en la liberación propia o salvación individual. Por ende, estos dos caminos se llaman *pratimoksha* en sánscrito y *sosor tharpa* en tibetano, que significan «camino de salvación individual» o «camino de liberación propia». En este punto, tenemos una visión de liberarnos de la verdad del sufrimiento, de este miedo doloroso al sufrimiento, que es una cadena que constantemente nos ata. Esta visión de la liberación no puede desarrollarse más mientras sigamos atrapados en este miedo con nuestra visión egocéntrica. Por lo tanto, comenzamos nuestro viaje desarrollando la visión de la liberación propia, que es un aspecto esencial de nuestro camino. Luego trabajamos con esta visión para trascender nuestra propia neurosis, nuestros propios patrones habituales de basura kármica y también nuestro propio aferramiento psicológico. Este proceso es esencial antes de que podamos comenzar a trabajar con otros.

El Pratyekabudayana: el vehículo de los budas solitarios

El camino del Shravakayana nos conduce al segundo yana, que es el Pratyekabudayana. Este yana no es muy diferente del primero. *Pratyekabuda* significa «buda solitario». Por lo tanto, el Pratyekabuda-yana es el vehículo del buda o iluminado solitario o el «buda en sí mismo», remitiendo a alguien que se iluminó a sí mismo. En este yana, los practicantes reflexionan sobre las Cuatro Nobles Verdades y, adicionalmente, trabajan con los doce *nidanas*, los doce eslabones de originación interdependiente.

Los doce eslabones de originación interdependiente

En esta etapa de la meditación pratyekabuda, el Buda enseñó la noción de originación interdependiente, que es una investigación sobre la falta de solidez del mundo relativo. Todas las experiencias relativas dependen unas de otras. No puede haber un sujeto sin un objeto, y no puede haber un objeto sin un sujeto. Aunque tenemos una fuerte fijación por la cual decimos «este es el sujeto» y «este es el objeto», tales definiciones no son sustanciales en absoluto. Siempre son interdependientes.

El énfasis principal de nuestra práctica en este punto es encontrar la raíz del samsara y, luego, erradicarla. Para encontrar esa raíz, nos involucramos en el proceso de contemplar los doce nidanas, también llamados los doce eslabones de interdependencia. Estudiamos la interdependencia a través de nuestro análisis de la manera en la cual los seres surgen en dependencia de causas y condiciones. Tanto las causas como las condiciones están involucradas en el surgimiento de los seres. Las causas son los doce eslabones: cada eslabón es la causa del eslabón subsecuente. Las condiciones son los cinco elementos: tierra, agua, fuego, viento y espacio.

Los doce eslabones de originación interdependiente son la Ignorancia, la Formación, la Conciencia, el Nombre y la Forma, las Seis Percepciones Sensoriales, el Contacto, la Sensación, el Ansia, el Aferramiento, la Existencia, el Nacimiento y la Vejez y la Muerte. Cuando estamos en el camino del pratyekabuda, reflexionamos sobre cada uno de estos eslabones, así como sobre su interrelación y su naturaleza de causa y efecto. En última instancia, regresamos a la causa original, que es la ignorancia –el ego–, y trabajamos en trascender el aferramiento al ego, nuevamente. Es el mismo trabajo que hacemos con las Cuatro Nobles Verdades, pero aquí utilizamos el método de los doce eslabones de originación dependiente.

El ciclo de los nidanas sigue y sigue y sigue, una y otra vez, con cada etapa conduciendo a la siguiente. La muerte, que parece ser la etapa final, produce más ignorancia, que produce más formación, que produce más conciencia, y así sucesivamente, como un proceso continuo e interminable. Este es el significado del término «dar vueltas» o samsara. El surgimiento de todos los seres sintientes en un entorno samsárico ocurre a través de este proceso de doce eslabones. No podemos escapar. Estamos atascados en esta situación.

Esta contemplación de los doce eslabones toca todo nuestro ser, toda nuestra existencia. Es una práctica poderosa que, une eficazmente la teoría y nuestra experiencia personal. Tradicionalmente, se dice que los pratyekabudas practican en los cementerios. Cuando encuentran una calavera humana u otros restos humanos, utilizan estos objetos como base para sus contemplaciones. Preguntan: «¿Qué es esto? Esta es la calavera de un ser humano. ¿De dónde viene? Viene de la muerte. ¿De dónde viene la muerte? La muerte viene de la vejez, y la vejez viene del nacimiento». Rastrean estas conexiones hasta llegar a la ignorancia. Al contemplar estos doce eslabones de originación interdependiente, podemos ver cómo nuestra propia existencia viene de la ignorancia. Examinamos cada eslabón o etapa, desde la ignorancia, a través de la segunda etapa y las etapas subsecuentes, completando todo el ciclo una y otra vez. Esto nos ayuda a entender la naturaleza de las Cuatro Nobles Verdades de una manera experiencial y teórica. Otra manera de contemplar los doce nidanas es revirtiendo el orden, de modo que terminamos en el punto de partida del samsara, la ignorancia, y luego eliminamos esa causa.

El viaje del buda solitario

En esta etapa de nuestro viaje, no se hace demasiado énfasis en el aprendizaje o los estudios intelectuales. Por el contrario, el énfasis se pone en la contemplación, la comprensión profunda y la meditación. Nuestra meta es alcanzar el estado de liberación a través de nuestra propia contemplación, sin depender de nadie más, ni siquiera de un maestro. En este punto, hay un gran sentido de coraje, porque empezamos a ver el camino a través del cual podemos alcanzar la realización de la naturaleza de la liberación por nosotros mismos. Hay un sentido tremendo de seguridad y confianza en nuestra propia sabiduría y habilidad básicas. No dependemos de ningún otro factor porque el realizador verdadero –el último– es nuestra propia persona. Debemos alcanzar el punto del nirvana por nosotros mismos, y necesitamos ser valientes para emprender este viaje. Nos decimos: «Debo hacer esto yo mismo. Tengo el poder completo, la energía completa para alcanzar el nirvana, el estado de liberación». Por lo tanto, hay una cualidad de coraje, que es muy positiva e importante.

Al mismo tiempo, este yana implica un gran orgullo de nuestra propia conciencia y fuerza básicas, y en ver que la liberación puede alcanzarse en solitario. No necesitamos depender de ningún otro ser, de ningún amigo especial o de ningunas escrituras. Podemos hacer esto por nosotros mismos. Este es un tipo positivo de orgullo que debemos cultivar, una expresión de nuestra seguridad y confianza básicas. Sin embargo, si somos arrastrados por nuestro coraje, entonces caemos en el estado del orgullo ordinario. Este orgullo y ensimismamiento puede desarrollarse hasta el extremo de volverse completamente sólido, de modo que nos aislamos de todo. Esto es peligroso, porque nos puede llevar a aislarnos de toda participación en otras actividades en el camino. Por lo tanto, esta cualidad de orgullo también tiene un aspecto negativo.

Para superar esta clase de aislamiento, nos concentramos en el orgullo interior del pratyekabuda, que es el orgullo de nuestra propia conciencia básica, de la fuerza de nuestra habilidad para alcanzar la iluminación a través de nuestros propios esfuerzos. No tenemos que depender de nadie más; de hecho, no es posible que alguien más nos libere de nuestro aferramiento al ego y nuestras emociones perturbadoras. Por el contrario, trabajamos para descubrir la conciencia, la fuerza y las cualidades positivas básicas de nuestra propia mente.

En esta etapa de nuestra meditación descubrimos que nuestro camino y nuestra práctica son, simplemente, nosotros mismos. Damos los pasos iniciales nosotros mismos, y hacemos este viaje solos. Hay una gran sensación de soledad en esta realización y, al mismo tiempo, hay una gran sensación de alivio. Nuestra libertad está en nuestras propias manos. Ya no sentimos que necesitamos adquirirla de otros. Tenemos confianza en nuestra libertad, y nos sentimos aliviados de no estar encadenados a otras personas ni de ser perturbados por otras personas. No hay un Gran Hermano observándonos, y no hay otras personas interfiriendo en nuestro camino. Esto no es de su incumbencia, y no hay nada que puedan hacer por nosotros en nuestro camino.

Debajo de nuestra sensación de libertad y soledad está la realización de que la posibilidad de «ser salvados» no existe. No hay salvación. Nuestro camino y nuestra práctica son, simplemente, nuestro propio viaje, en el que tenemos que poner nuestro propio esfuerzo. No hay ningún otro ser que tenga el poder de salvarnos o condenarnos. Esto es cierto, ya sea que ese ser se llame Buda, Dios, energía externa de la naturaleza o cualquier otra cosa. No existe un poder así fuera de nosotros. Nosotros tenemos la llave y el poder para condenarnos o salvarnos. Ese es el viaje del buda solitario.

Sin embargo, dentro del contexto de todo el viaje de nueve yanas, el buda solitario no está completamente solo. Hay beneficio, hay bendiciones y hay un fuerte apoyo del amigo espiritual y del Buda, el Dharma y la Sangha. No obstante, hay una gran sensación de libertad al embarcarnos en nuestro propio viaje.

El viaje del Hinayana

El Shravakayana y el Pratyekabudayana del Hinayana utilizan métodos muy detallados para examinar cada aspecto de nuestro camino y cada detalle de nuestra existencia individual, cada dolor y sufrimiento particulares que experimentamos en el samsara. Lidiar precisamente con cada aspecto de nuestras vidas se convierte en algo muy importante para nuestro viaje de nueve yanas.

Por ejemplo, si haces un viaje para conocer al presidente de un país, empiezas tu viaje en casa. Te preparas, primero dándote una ducha y luego iniciando todo el proceso de vestirse. Te pones tus pantalones o tu falda, te pones una camisa limpia, te pones tu cinturón, te pones una corbata o una bufanda, y finalmente te pones tu chaqueta y tu abrigo.

En un sentido, toda esta preparación puede parecer insignificante. Ponerse ropa interior puede no significar mucho, pero es un paso muy importante. Sin ella, no podemos alcanzar la siguiente etapa. Aunque parece tan insignificante y simple, es muy importante. Por ejemplo, necesitamos ponernos pantalones de nuestra talla, y ajustar bien nuestro cinturón para que, cuando conozcamos al presidente y estreche nuestra mano, nuestros pantalones no se caigan frente al equipo de televisión. Todo el proceso de relacionarnos con todos esos detalles pequeños, pero esenciales, comienza justo en nuestra propia casa. Atender de manera apropiada estos pequeños detalles es precisamente lo que evita que nuestros pantalones se caigan. Trabajar con estos dos yanas es como trabajar con cada detalle de nuestra indumentaria. El siguiente paso que daremos consiste en pasar al camino del Mahayana, que es como ir a conocer al presidente.

Desde el punto de vista del viaje de nueve yanas, involucrarse en las prácticas del Shravakayana y Pratyekabudayana no significa que tengamos que entrar en el camino del Hinayana y completarlo. No tenemos que llegar al punto de aislarnos y de trabajar en la salvación individual. Sin embargo, sí participamos en aprender las palabras del Buda y en desarrollar una comprensión conceptual en la primera etapa, y en las contemplaciones profundas de la segunda etapa. A través de la contemplación y la meditación, redescubrimos nuestra conciencia y nuestra fuerza básicas. Descubrimos que, en este camino de iluminación, la salvación llega solo a través de nuestro propio esfuerzo.

13. El Bodhisattvayana

Para entrar al Bodhisattvayana, necesitamos desarrollar nuestro coraje, un corazón audaz que esté dispuesto a penetrar la experiencia del sufrimiento. Este corazón audaz es inquisitivo y está lleno de curiosidad. No tiene miedo de explorar profundamente la naturaleza de nuestro dolor y sufrimiento. Una vez que hemos tocado el corazón básico de sufrimiento, ahondamos en nuestra experiencia de agonía y dolor hasta que alcanzamos el punto de experimentar alegría, compasión y el despertar de nuestro corazón. Esto ocurre justo dentro de la experiencia del sufrimiento mismo. El amor y la compasión genuinos no vienen de ningún otro sitio. Dentro de nuestra experiencia compartida de sufrimiento y dolor, descubrimos cómo comunicarnos con todo tipo de seres sintientes y liberarlos. Aquellos seres que han generado una conexión así con otros a través del amor, la compasión y la sabiduría se conocen como bodhisattvas.

La actitud del bodhistattva no es la de aspirar a la iluminación o a la libertad para sí mismo, sino la de buscar la libertad y la iluminación para todos los seres sintientes. Esta actitud iluminada surge de la comprensión de que todos los seres tienen la misma meta: libertad y felicidad. Cada ser sintiente anhela estar libre de dolor y sufrimiento. Todos corremos hacia la felicidad.

El gran vehículo

El Bodhisattvayana es el tercer yana, después del Shravakayana de los oyentes y el Pratyekabudayana de los budas solitarios. Este yana también se conoce como el Mahayana, que significa «gran vehículo». Podemos decir que, en comparación con los dos vehículos anteriores, el motor del Mahayana es más poderoso y capaz de alcanzar una velocidad mayor. En el viejo concepto de sociedad de la India, la imagen que se daba era la de un carruaje o carroza. Un carruaje podía viajar más rápido que muchos vehículos, al tiempo que cargaba muchos pasajeros. A menudo, los medios de transporte que son capaces de transportar un mayor número de personas son más lentos. Sin embargo, este vehículo no es así. Con su motor poderoso, se mueve como un coche de carreras. Es un medio de transporte muy rápido, y el viaje que emprendemos en el camino del Mahayana es veloz. Esa es la razón por la cual se llama el gran vehículo.

Este gran vehículo comienza con una gran visión, que se distingue de la visión de liberación personal que encontramos en los dos yanas previos. Esos vehículos se enfocaban principalmente en la salvación individual, en liberarse a uno mismo del sufrimiento y alcanzar la etapa de la cesación. No obstante, en lo que concierne al Mahayana, solo alcanzar la etapa de la cesación para uno mismo es una visión muy estrecha. Comenzamos el viaje del Mahayana al desarrollar la gran visión, que busca la liberación para todos los seres.

Después de reconocer la cualidad universal de nuestro propio deseo de estar libres de sufrimiento, podemos inferir que todos los seres están buscando la iluminación, el gran despertar, el antídoto directo para las causas del sufrimiento y el sufrimiento mismo. Podemos ver que todos compartimos la misma meta. En un sentido ordinario, compartimos la misma visión; nos gusta sentarnos juntos a ver nuestros programas favoritos o ir a nuestro restaurante favorito. Nos gusta hacer cosas juntos. La lógica del Mahayana, en este punto, pregunta: «¿Por qué no hacemos lo mismo en nuestro camino espiritual?». Deberíamos reunirnos y caminar en el camino con esta actitud iluminada, la actitud que dice: «Quiero que todos los seres sintientes alcancen la iluminación». Nos apasiona que todos los seres alcancen la iluminación, la libertad completa del dolor y el sufrimiento. Este deseo se llama bodhichitta.

Bodhi significa «iluminado» o «despierto», y *chitta* significa «mente» o «corazón». *Bodhichitta* se traduce como «actitud iluminada» o «corazón despierto», porque nuestro corazón se ha despertado a la perspectiva más vasta de desear liberar a todos los seres vivientes. Cuando alcanzamos la etapa del

Mahayana, descubrimos que el camino de la cesación, de la liberación individual, es un viaje muy solitario. Por lo tanto, vamos más allá de esta estrechez y entramos a la visión extensa de la iluminación universal.

La gentileza amorosa y la compasión comienzan como pensamientos o conceptos. Para desarrollar estas cualidades, solo necesitamos hacer un pequeño giro en nuestra manera de pensar y en nuestra motivación. Como son pensamientos y conceptos, la gentileza amorosa y la compasión no son muy difíciles de desarrollar. El giro mental que hacemos es cambiar de una visión egocéntrica a una visión de preocuparnos por todos los seres sintientes. Este es un giro que nos mueve de la preocupación por nuestro propio beneficio y bienestar a una consideración que incluye a todos los seres vivientes. Sin embargo, esto solo es posible a través de la comprensión de nuestro propio sufrimiento y dolor. Podemos poseer un sentido básico de amor y de compasión, pero no poseemos la gentileza amorosa y la compasión genuinas que se requieren en el camino.

La valla de «lo mío»

Nuestro amor y compasión ordinarios existen dentro de una valla llamada «lo mío». Tenemos amor y compasión por lo que sea que esté dentro de esa valla de «lo mío»; tenemos amor y compasión para nuestros amigos, nuestra familia y nuestras mascotas –«mi mascota», «mi familia», «mis amigos»–. Practicamos la generosidad, la disciplina, la paciencia y todas las demás virtudes hacia lo que sea que esté dentro de esta valla de «lo mío». Sin embargo, más allá de esta valla, nuestro amor y compasión a menudo se congelan como el agua que se convierte en hielo. Si le lanzamos un cubo de hielo a alguien, puede ser muy doloroso, mientras que, si rociamos el agua del amor y la compasión sobre alguien, puede refrescarlos y despertarlos. Para desarrollar el agua refrescante del amor y la compasión genuinos, necesitamos echar abajo nuestro sentido de territorio y generar una visión mayor que incluya a todos los seres vivientes.

Deberíamos realmente cuestionar a nuestros corazones preguntándonos: «¿Qué quiero decir con amor?» y «¿Qué quiero decir cuando digo que tengo compasión por los seres?». Por ejemplo, cuando derramamos lágrimas debido a la muerte de una mascota, debemos preguntarnos si esas lágrimas son por el ser que acaba de morir o por nosotros mismos. ¿Estamos llorando porque echamos de menos la compañía de nuestra mascota? Si es así, entonces estamos derramando lágrimas de egoísmo, que están basadas en nuestra visión egocéntrica, no lágrimas de compasión. Al analizar nuestra mente y cuestionarnos, podemos ver cuánta compasión y gentileza amorosa genuinas hemos desarrollado realmente.

De acuerdo con las escrituras, una manera práctica de desarrollar compasión genuina es comenzar con aquellos seres hacia los cuales naturalmente sentimos compasión, como nuestros amigos o familiares cercanos. Luego expandimos esos sentimientos de simpatía y consideración a los seres hacia los cuales tenemos sentimientos neutrales. Finalmente, podemos incluir incluso a nuestros «enemigos» –aquellos seres hacia quienes sentimos un profundo odio– dentro de nuestro círculo de compasión. En última instancia, somos capaces de desarrollar una compasión que es imparcial y que no tiene territorio o límite de ningún tipo.

Nutrir la semilla de la iluminación

Si aspiramos a dar a luz a la bodhichitta y a recorrer el camino de la gran iluminación, debemos desarrollar este corazón ilimitado de compasión. El Buda enseñó esto a través del ejemplo de una flor. Si queremos tener una flor, primero necesitamos la semilla. Al comienzo de nuestro camino, la compasión es como una semilla, la semilla de la iluminación. En el medio del camino, después de haber plantado la semilla, la compasión es como el agua que hace que la semilla de la iluminación crezca. Finalmente, una vez que la planta está creciendo, necesitamos la calidez y el calor de la compasión para madurar el fruto de nuestra iluminación. Sin compasión, no tenemos semilla de la iluminación, no tenemos agua para nutrir la semilla y no tenemos calor para madurar la fruta. Sin compasión no hay bodhichitta; sin bodhichitta no hay camino de bodhisattva; sin camino del bodhisattva, no hay fructificación de la budeidad. Por lo tanto, sin compasión, no hay camino del Mahayana. Si pretendemos ser mahayanistas o vajrayanistas sin el corazón genuino de compasión y gentileza amorosa, entonces solo nos estamos engañando. No estamos avanzando hacia ninguna fructificación de la iluminación. Por esta razón, el camino del Mahayana enfatiza generar compasión al comienzo de nuestro viaje.

Bodhichitta relativa y última

El corazón despierto de bodhichitta está dividido en dos clasificaciones: relativa y última. La bodhichitta última es la realización de la naturaleza vacía de la realidad, unida con el corazón de compasión. La realización de la inseparabilidad de estos dos se convierte en la naturaleza última del corazón de un bodhisattva. El corazón relativo de iluminación es un tipo de deseo: el deseo de conducir a todos los seres al estado de iluminación. La bodhichitta relativa es, simplemente, este deseo o pensamiento positivo: quiero que todos los seres sintientes alcancen el estado de budeidad.

Se dice en las escrituras del Mahayana que hay un aspecto del deseo al que los bodhisattvas no renuncian hasta que alcanzan la iluminación, porque sin él, no pueden regresar a la existencia samsárica. Por lo tanto, para poder regresar una y otra vez al samsara para ayudar a los seres sintientes, los bodhisattvas retienen el deseo de la bodhichitta relativa.

Por lo general, pensamos que generar bodhichitta es recitar versos como «Quiero alcanzar la iluminación para beneficiar a los seres sintientes» o «Quiero trabajar en el camino de liberar a todos los seres sintientes». Pensamos que es así de simple. Después de todo, solo hay dos o tres versos que recitar cuando tomamos el voto de bodhisattva. Sin embargo, la práctica en sí no es tan sencilla. Para convertirnos en mahayanistas, debemos cultivar un corazón genuino que se preocupa por otros, independientemente de las circunstancias. Incluso si tenemos que ir al infierno para ayudar a alguien, estamos dispuestos a saltar de inmediato.

Habitualmente, se dice que esta actitud iluminada tiene dos etapas. La primera etapa se llama bodhichitta de aspiración y la segunda se llama bodhichitta de aplicación. La bodhichitta de aspiración es, sencillamente, generar la aspiración hacia esta gran visión de la iluminación. Implica desarrollar cierto sentido de coraje y espíritu guerrero. Más tarde, desarrollamos la sabiduría en sí de las técnicas. La manera en que nos convertimos en grandes guerreros o en grandes bodhisattvas es a través de la práctica de la bodhichitta de aplicación.

Tres maneras de generar bodhichitta de aspiración

La bodhichitta de aspiración es la actitud iluminada, la motivación y la intención puras de despertar y liberar a todos los seres sintientes. Tradicionalmente, se enseña que uno puede generar esta aspiración de tres maneras diferentes.

LA BODHICHITTA QUE ES COMO UN REY

Primero, podemos generar una actitud iluminada que es como la actitud de un rey. Un rey primero quiere fortalecer la riqueza de su reino; luego, si es un buen rey, cuando el reino tiene suficiente riqueza y el país es lo suficientemente fuerte, comparte esa riqueza con todos sus súbditos. De manera semejante, cuando adoptamos la bodhichitta que es como un rey, decimos: «Primero, quiero alcanzar la iluminación para mí y, luego, compartir mi sabiduría, compasión y poder iluminado con todos los seres sintientes. Beneficiaré a todos los seres sintientes a través de la sabiduría y la compasión de mi propia iluminación». Ese es el primer tipo de intención, que se llama la actitud de rey de la bodhichitta.

LA BODHICHITTA QUE ES COMO UN CAPITÁN

La segunda manera de generar bodhichitta de aspiración se llama la bodhichitta que es como un capitán. Nos imaginamos guiando un barco o un avión lleno de pasajeros al otro lado del océano del samsara. Decimos: «Quisiera recorrer el camino de la iluminación con todos los seres vivientes, para que todos alcancemos el destino final juntos». No es «yo primero» y los demás después, ni los demás primero y yo después. En cambio, todos viajan juntos hacia el mismo destino. Cualquier esfuerzo que ponemos en nuestro camino y práctica, lo ponemos en materializar esta visión. Esta se llama la actitud de capitán, porque un capitán viaja con su tripulación y sus pasajeros en el mismo barco o avión. El capitán no va antes o más rápido que los demás. De manera semejante, tenemos un deseo de compartir esta gran visión con otros, justo desde el comienzo, y de llegar con ellos a la otra orilla de la iluminación.

LA BODHICHITTA QUE ES COMO UN PASTOR

La tercera manera de generar bodhichitta de aspiración se llama la bodhichitta que es como un pastor. Como un pastor con sus ovejas, ponemos a todos los demás frente a nosotros. Un pastor guía su rebaño al prado por la mañana, caminando protectoramente detrás de él. Mantiene a las ovejas juntas y las guía a un buen pastizal, que también es un lugar seguro. Al final del día, las lleva de regreso a casa del mismo modo, caminando tras ellas. Esta actitud de bodhichitta es una visión que pone a todos los seres sintientes frente a nosotros en el camino de la iluminación. Decimos: «Quiero que todos los seres sintientes alcancen la iluminación primero; por lo tanto, quiero ser la última persona en el samsara». Esta es la actitud más grande y más difícil entre los tres tipos de bodhichitta. Se conoce como la visión de Avalokiteshvara, que es el bodhisattva de la compasión y es alabado por el Buda como un ser supremo.

Podemos ver por qué la visión de la bodhichitta que es como un pastor es superior al examinar nuestras propias experiencias de vida. Por ejemplo, cuando estamos en un supermercado grande y sofocante, y estamos listos para pagar, queremos ser los primeros en la fila. No queremos estar allí ni un solo minuto más, así que solemos buscar la caja con la cola más corta y corremos para salir del súper lo antes posible y poder respirar aire fresco. Desde la perspectiva del Mahayana, estamos en un gran supermercado samsárico, con una larga cola de seres deseando poder respirar el aire fresco de la liberación. Con la bodhichitta que es como un pastor, el compromiso que realizamos es dejar pasar a todos esos seres primero. Cuando vemos que alguien está detrás de nosotros en la cola del cajero, decimos: «Por favor, pase», y vamos retrocediendo una y otra vez y dejando pasar. Seguimos haciendo esto incluso si se hace tarde, incluso si llega la medianoche o son las dos de la madrugada. A partir de este ejemplo, podemos ver qué precioso, qué profundo y qué difícil es generar este último tipo de bodhichitta.

Aunque la bodhichitta que es como un pastor es la más poderosa, no es necesariamente la mejor para todos. Debemos considerar estas tres en términos de cuál nos viene mejor. Debemos preguntarnos, honestamente, qué actitud nos ayudará verdaderamente a generar el corazón de iluminación de manera genuina.

Las tres maneras de generar bodhichitta están incluidas en la bodhichitta de aspiración. Podemos decir: «Quiero alcanzar la iluminación para todos los seres sintientes» o «Quiero que todos alcancen la iluminación a la vez», pero, en este punto, realmente no estamos haciendo nada. Solo tenemos un buen pensamiento. Es como decir: «Le daré algo de dinero al mendigo en la calle». Es una buena aspiración, pero no beneficia realmente a la persona en ese momento.

No obstante, aunque todavía no estamos actuando, esta intención es muy importante. Desde el punto de vista del Mahayana, todas las acciones físicas están dirigidas por nuestras mentes, así que las acciones positivas y negativas están definidas no solo por las acciones físicas mismas, sino también por nuestra actitud mental. Por ejemplo, se dice que, si intentas ayudar a alguien, pero tienes una mala intención, entonces la acción se considera como negativa, incluso si, exteriormente, parece muy genuina y muy buena. En consecuencia, antes de comenzar nuestra práctica real de la bodhichitta de aplicación, ponemos énfasis en entrenar nuestra mente en la intención y la actitud de bodhichitta.

Visión pura: penetrar las profundidades del sufrimiento

La bodhichitta de aspiración implica trabajar con la visión pura, que surge de nuestras experiencias de dolor y sufrimiento. Desde nuestro corazón audaz básico, desarrollamos el valor para penetrar más la experiencia del sufrimiento. Ese corazón audaz es la bodhichitta de aspiración, que también es la fuente de la visión pura de los bodhisattvas. A menos que aceptemos nuestro dolor, reconozcamos nuestra agonía y estemos dispuestos a descubrir de qué se tratan estas experiencias, el corazón de bodhi no puede surgir.

La bodhichitta de aspiración no debe ser muy conceptual, impersonal o teórica. No es una teoría de iluminación, y no está en un lugar lejano, fuera de nuestras propias experiencias del Dharma, la vida y el camino. Para desarrollar la bodhichitta de aspiración, necesitamos acercarnos al corazón básico de sufrimiento y dolor con valor y curiosidad. Todos tememos esta experiencia y, debido a nuestro miedo, se nos dificulta desarrollar la visión básica de la iluminación. Dar a luz a la bodhichita de aspiración implica zambullirnos sin miedo en nuestra experiencia de agonía. Descubrimos la bodhichitta justo dentro de nuestras experiencias ordinarias de emociones dolorosas, así como dentro de nuestras experiencias de compasión, amor y gentileza. Desde esta perspectiva, podemos ver que la visión de la iluminación comienza justo aquí, dentro de nuestra propia vida ordinaria. Puede sonar muy bien decir: «Ayudaré a todos los seres sintientes a alcanzar la iluminación y las causas de la iluminación», pero si no hay corazón en ello, entonces, desde el punto de vista del Mahayana, solo son tonterías.

La compasión, el amor y la gentileza no son un tipo de «corazón sagrado» o gracia externa que estamos intentando extender a alguien que sufre. El estado fundamental de compasión va más allá de la idea conceptual de ser compasivos. Los actos de un bodhisattva son actos espontáneos de compasión y no están basados en nociones preconcebidas de cómo o qué es lo que deberían ser. Son experiencias espontáneas, naturales, inmediatas del corazón. Muchos sutras comparan estas experiencias con el amor de una madre.

Cuando una madre ve sufrir a su único hijo, el corazón espontáneo de compasión surge sin ninguna preconcepción o preparación. Una madre no tiene que planear su compasión; cuando ve a su hijo, la compasión está justo ahí. De manera similar, el corazón de compasión del bodhisattva es muy espontáneo. La naturaleza de la bodhichitta de aspiración y de la visión misma de la iluminación están más allá de cualquier concepto de expresar amor o compasión.

Bodhichitta de aplicación

Cuando practicamos la bodhichitta de aplicación, buscamos cumplir las promesas que hicimos en nuestra práctica de la bodhichitta de aspiración. Esto implica un cierto sentido de honestidad, porque si no trabajamos para cumplir nuestros compromisos, nuestra bodhichitta de aspiración puede convertirse en una especie de engaño. Por lo tanto, el Buda enseñó que tenemos que ser honestos con nosotros mismos. Por ejemplo, en cada sesión de práctica, decimos: «Que todos los seres disfruten de la felicidad y las causas de la felicidad, y estén libres del sufrimiento y las causas del sufrimiento». Sin embargo, tales aspiraciones pueden convertirse en un proceso meramente mecánico, algo que decimos sin pensar. En ese punto, no tienen nada que ver con nuestro corazón.

Cuando generamos las dos bodhichittas, el resultado es que experimentamos un sentido más grande de sincronizar nuestro cuerpo, habla y mente. Es extremadamente difícil lograr algo en el camino del Mahayana, a menos que combinemos las dos bodhichittas. Por ende, dar a luz a la bodhichitta genuina de aplicación es un aspecto esencial de nuestro camino. Debemos tener el valor y la sabiduría para implementar nuestra aspiración. Debemos comenzar a aplicar realmente lo que hemos estado diciendo, lo que hemos estado pensando y lo que hemos estado aspirando a lograr. Esa aplicación comienza con la práctica de las seis paramitas, que son una de las prácticas principales del camino Mahayana.

Las seis paramitas

Las seis paramitas son las prácticas de los bodhisattvas que han conectado con el corazón básico de compasión y amor, y que han desarrollado confianza en ese corazón. Las seis paramitas, que también se llaman las seis perfecciones, son las prácticas de generosidad, disciplina, paciencia, esfuerzo, meditación y prajña, que es sabiduría o conocimiento trascendental. Entre las seis paramitas, la más importante es la sabiduría.

Paramita es un término sánscrito. En tibetano, se dice *parol tu chinpa (pha rol tu phyin pa)*. *Parol* es «el otro lado» o «la otra orilla», *tu* quiere decir «hacia» y *chinpa* significa «ir» o «ido». El significado en sánscrito es el mismo. Las paramitas se llaman así porque, a través de estas acciones, saltamos a otro estado, a «la otra orilla», el estado de iluminación. A través del logro de los niveles progresivos de realización, alcanzamos el estado de ser quienes somos y lo que somos, el verdadero estado de la realidad fenoménica.

«El otro» es también una descripción que se utiliza para sugerir la cualidad de ser genuinos, indicando que nuestros pensamientos, conceptos y kleshas dualistas habituales no son nuestro verdadero estado. Las prácticas de las paramitas nos llevan más allá de la experiencia de los conceptos ordinarios, más allá del proceso de etiquetado y más allá de la dualidad, hacia la experiencia del estado genuino que va más allá de todos estos. El uso del término «genuino» también indica una realización de que el camino del Hinayana no es genuino, en el sentido de que no nos conduce a la verdad completa y absoluta. En contraste, las prácticas del Mahayana de las seis paramitas nos conducen a un estado que está completamente iluminado: el estado del despertar pleno. Este estado va más allá incluso de las experiencias de los arhats del camino del Hinayana. Por lo tanto, «ido a la otra orilla» o «ido más allá» tienen el significado de ir más allá de la confusión mundana samsárica, así como ir más allá de las experiencias nirvánicas de la salvación individual del Hinayana.

El orden de las seis paramitas

Las seis paramitas se dan en un orden particular: generosidad, disciplina, paciencia, esfuerzo, meditación y sabiduría. Hay tres razones para ese orden. La primera razón es para que comencemos con las prácticas más fáciles y accesibles. Por ejemplo, la generosidad parece ser la más accesible, y la disciplina un poco menos; la paciencia es más difícil que la disciplina, pero, quizá, más fácil que el esfuerzo.

La segunda razón de que las paramitas aparezcan en este orden es que hay relaciones de causa y efecto entre ellas. Se entiende que es una relación sutil, en la cual cada paramita se convierte en el soporte que da lugar a la siguiente paramita.

La tercera razón de que las paramitas se presenten en este orden particular es para que los elementos más burdos de la práctica vengan primero. La generosidad es el elemento más burdo de las prácticas de las paramitas, mientras que prajña es la más sutil. El orden refleja un desarrollo de elementos cada vez más sutiles en la práctica.

Comenzamos nuestra práctica de cada paramita primero trabajando con sus obstrucciones, que constituyen su aspecto opuesto. Lo que sea que nos impida practicar cada paramita debe ser llevado a nuestra experiencia del camino. Por ejemplo, al practicar la generosidad, encontramos la obstrucción básica del apego, que implica una sensación de aferrarse a algo y no poder soltarlo. Esa obstrucción de nuestra generosidad es su lado opuesto. Desde una perspectiva, las situaciones que provocan estas obstrucciones pueden parecer desfavorables, pero, desde otra perspectiva, estas situaciones son extremadamente favorables. Sin ellas, no tendríamos ninguna oportunidad para practicar y, por ende, perfeccionar, las paramitas. En consecuencia, los obstáculos desempeñan un rol muy importante en nuestra práctica de las paramitas.

Visión correcta: la pureza triple

El factor que determina si nuestra práctica de las paramitas es genuina es si sostenemos la visión correcta o no, lo cual depende de nuestra intención. En el sentido más básico, la visión correcta es la comprensión de la pureza triple, que invoca la visión de prajña, la comprensión profunda de la vacuidad. Si podemos invocar aunque sea un atisbo del vacío, o shunyata, cuando practicamos la generosidad o la disciplina, entonces nuestra práctica se volverá pura. La pureza triple trabaja con la pureza del sujeto, la pureza del objeto y la pureza de la acción. Por ejemplo, en el caso de la generosidad, el primer aspecto de la pureza triple es el reconocimiento de la naturaleza carente de ego del yo, quien lleva a cabo la acción de dar. El segundo aspecto implica ver la naturaleza carente de yo del receptor de la acción de dar. El tercer aspecto implica el reconocimiento de la naturaleza de shunyata de la acción misma. Si no hay sujeto ni objeto, entonces, lógicamente, no hay acto. De esta manera, la visión triple purifica las tendencias egocéntricas que surgen en nuestra práctica de las paramitas.

La mayoría de nosotros no podemos comenzar nuestra práctica con la realización plena de la pureza triple. Sin embargo, si somos capaces de involucrarnos con estas prácticas sin expectativas, nos acercaremos más a la práctica de la pureza triple. Es muy difícil para un ser ordinario reconocer que no hay un yo que da, que no hay un yo que recibe y que no hay acción de dar. Por eso es que, si comenzamos dando sin expectativas, entonces, incluso si tenemos un sentido de sujeto, objeto y acción, nos conducirá hacia la genuina práctica de las paramitas. No estamos pensando: «Voy a mejorar un poco porque estoy siendo generoso y practico la disciplina». Si esperamos estas cosas para enriquecer nuestro ego, entonces nuestra práctica de las paramitas no es la práctica de la iluminación; pero si podemos practicar las paramitas sin ninguna noción de expectativa, entonces pueden conducirnos a la otra orilla, porque estamos trascendiendo directamente nuestro ego y nuestra visión egocéntrica. Sobre esa base, podemos practicar más tarde con la pureza triple. Sin embargo, no podemos alcanzar la pureza triple sin la experiencia y la práctica de la visión de shunyata.

La cualidad de camino de la práctica de las paramitas

Aunque se hace mucho hincapié en la pureza triple en el camino del bodhisattva, debemos entender que estamos en un camino. No debemos esperar que nuestra práctica sea completamente pura, completamente perfecta y completamente trascendente justo desde el comienzo. Shantideva, un gran maestro del camino del bodhisattva, dijo que, como personas ordinarias, tendremos muchos pensamientos. Primero, puede que tengamos un pensamiento de dar y luego puede que tengamos un segundo pensamiento: «No, no. No quiero dar eso; puede que lo necesite». Shantideva dijo que este tipo de pensamientos es natural y normal para los bodhisattvas ordinarios. Sin embargo, también dijo que debemos trabajar con esos pensamientos manteniendo un cierto compromiso con nuestra visión de la práctica de las paramitas. Por ejemplo, una vez que tenemos un pensamiento de dar, no importa qué segundo pensamiento podamos tener, debemos tratar de dar.

Es importante reconocer que, aunque luchamos y tenemos un cierto sentido de impureza en nuestra práctica, no estamos fracasando. No significa que no estemos practicando las paramitas o que no estemos teniendo éxito en el camino. Con la aspiración de comunicarnos con cada ser viviente, podemos desarrollar la visión de despertar a los seres sintientes en el camino del bodhisattva a través de cualquiera de las prácticas de las paramitas. Podemos hacer esto tanto si nuestro camino es el Mahayana, como si es el Vajrayana.

El bodhisattva

Aquellos seres que han ido más allá de los límites del sufrimiento y la compasión se conocen como bodhisattvas. Su visión básica es liberar a todos los seres y desarrollar una conexión de corazón con ellos a través de las experiencias de dolor y sufrimiento que todos compartimos en este mundo samsárico. En tibetano, *bodhisattva* es *changchup sempa*. *Changchup* significa «iluminación» o «budeidad». La primera sílaba, *chang*, significa «totalmente libre de todo oscurecimiento». La segunda sílaba, *chup*, significa «logro», que se refiere al logro de todas las cualidades de la sabiduría. También significa «realización», que se refiere a la realización del aspecto de sabiduría y la cualidad compasiva de nuestras mentes. En la segunda palabra, *sempa*, la primera sílaba, *sem*, significa «corazón» o «actitud»; esto se refiere a la actitud iluminada o aspiración. La segunda sílaba, *pa*, viene de *pawo*, que quiere decir «guerrero». Por lo tanto, *sempa* significa «guerrero», «heroico» o «valiente». Podemos traducir *changchup sempa* como «una persona que tiene una mente valiente que ha sido purificada y expandida». Solo cuando hemos generado tanto la bodhichitta de aspiración como de aplicación podemos ser llamados bodhisattvas o mahayanistas.

Las tres ausencias de miedo

Un bodhisattva es alguien que posee tres cualidades de ausencia de miedo en relación con el camino. Las tres ausencias de miedo son: (1) no temer el número de seres que estamos intentando beneficiar; (2) no temer la cantidad de tiempo que llevará alcanzar la budeidad, y (3) no temer las dificultades que nos encontraremos en el camino. Alguien que no teme estas tres dificultades se le llama guerrero o valiente.

NO TEMER EL NÚMERO DE SERES

Cuando nos comprometemos a trabajar para lograr la iluminación de todos los seres sintientes, debemos recordarnos que no pretendemos beneficiar solo a uno o dos seres, o solo a los seres que existen en este mundo. Nos estamos comprometiendo con un número ilimitado de seres que viven en mundos y universos ilimitados. Piensa sobre ello. Considera cuán difícil puede ser trabajar con una persona. Considera las dificultades que pueden surgir entre dos o tres personas dentro de una familia. Si no podemos lidiar con una persona, entonces, ¿cómo podremos lidiar con seres ilimitados? Esa es una buena pregunta. Por lo tanto, el compromiso que hacemos como bodhisattvas es muy valiente. Estamos diciendo que trabajaremos, no solo con una o dos personas, sino con todos los seres vivientes.

NO TEMER LA CANTIDAD DE TIEMPO

Se dice que, si uno es un ser de las capacidades más altas, como el Buda Sakiamuni, le llevará solo tres incontables eones alcanzar la iluminación. Si uno es un ser de capacidades medias, como el bodhisattva Maitreya, entonces le llevará treinta y siete incontables eones alcanzar la iluminación. Si uno es un ser de las capacidades más bajas, entonces le llevará aún más tiempo. Por lo tanto, cuando nos embarcamos en nuestro viaje a la iluminación para beneficiar a todos los seres vivientes y decimos «no importa cuánto tiempo me lleve», estamos dando un paso muy valiente.

NO TEMER LAS DIFICULTADES EN EL CAMINO

Finalmente, tenemos que afrontar lo difícil que es ayudar y beneficiar a los seres. Tenemos que afrontar lo difícil que es satisfacer a un solo ser viviente. Hay momentos en los que puede parecer que no hay muchas posibilidades u oportunidades para ser de ayuda. Por ejemplo, si una mujer mayor tiene dificultades para cruzar una calle y le ofrecemos nuestra ayuda, puede que piense que estamos tratando de asaltarla o de aprovecharnos de ella de alguna manera. Podemos enfrentar muchas dificultades al ayudar a los seres sintientes.

En la historia tradicional del Mahayana, hay una historia acerca de un monje que había entrado al camino del Mahayana. Este monje había generado plenamente el corazón de bodhichitta. Era un «bodhisattva novato», que caminaba por la calle, lleno de valentía y con un sentido fresco de bodhichitta. En su camino, encontró a un brahmán en la calle. Este brahmán decidió poner a prueba la actitud iluminada de este monje nuevo y le preguntó por la generosidad de su brazo derecho. El brahmán le dijo: «Por favor, obséquiame tu brazo derecho. Lo necesito para ciertas cosas». El bodhisattva lo pensó un rato. Estaba muy inspirado por la bodhichitta y pensó: «Esta es mi primera oportunidad para practicar la generosidad, mi bodhichitta de aplicación. Si digo que no, entonces todo mi camino se va a estropear desde el principio. Esta es una gran oportunidad para practicar la generosidad». Pensando de este modo, dijo: «Sí, por supuesto, estoy muy contento de darte mi brazo derecho». Tomó un cuchillo muy afilado y se cortó el brazo derecho. Por supuesto, él ahora tenía solo su mano izquierda para entregarle su brazo derecho al brahmán, lo cual hizo, diciendo: «Aquí está. Por favor, tómalo». De pronto, la cara del brahmán cambió. Se mostró violento, furioso, molesto. En la tradición india, nunca das nada con la mano izquierda, porque se considera muy sucia. Los brahmanes, en particular, son muy ascéticos y les preocupa la pureza. Así que el brahmán dijo: «No, no aceptaré tu brazo, porque has sido muy irrespetuoso. Me estás dando este obsequio con tu mano izquierda, que está sucia. No aceptaré tu generosidad». Entonces el brahmán se marchó y dejó al bodhisattva allí, solo en la calle, con su brazo derecho en la mano izquierda, sintiendo que había fallado en su primer intento de practicar la generosidad.

Esta historia puede parecer muy descorazonadora, pero es una enseñanza tradicional de los sutras. Tener una compasión tan poderosa y atenta es muy difícil, casi imposible. Podemos ver que los bodhisattvas enfrentan desafíos extremos en el camino, debido a que los seres sintientes tienen diferentes mentalidades y neurosis, las cuales crean varias dificultades para los bodhisattvas que intentan complacer y beneficiar a todos estos seres. Por lo tanto, cuando entramos al camino del bodhisattva, debemos estar bien preparados para poder decir: «Estoy listo para enfrentar todas las dificultades en el viaje del Mahayana». Cuando generamos bodhichitta, debemos ser muy conscientes de lo que estamos generando y prestar mucha atención a cada paso del camino y la práctica del bodhisattva.

Los cinco caminos y los diez bhumis

Tradicionalmente, se dice que la implementación del camino de las seis paramitas tiene cinco etapas, las cuales se llaman los cinco caminos. El primer camino se llama el camino de la acumulación, que consiste, principalmente, en la acumulación de mérito. El segundo se llama el camino de la unión. De acuerdo con las enseñanzas del Mahayana, es la unión entre el camino de un ser ordinario y el camino de un ser superior, que es alguien que ha alcanzado los niveles de la realización del bodhisattva, conocidos como los *bhumis*. El tercer camino, llamado el camino de ver, es el comienzo del camino de un ser superior. El cuarto camino es el camino de la meditación, y el quinto camino se llama el camino de no más aprendizaje o el camino más allá del entrenamiento.

LOS CAMINOS DE SERES ORDINARIOS

Los dos primeros caminos, los de acumulación y unión, son caminos de seres ordinarios. En estos dos caminos, nuestra práctica de las seis paramitas es necesariamente imperfecta. De hecho, no podemos decir que estamos practicando en verdad las seis paramitas. Más bien, estamos practicando seis virtudes, que son similares a las seis paramitas. Por ejemplo, la perfección de la generosidad tiene tres aspectos principales: la generosidad de cosas materiales, la generosidad valiente de la protección y la generosidad del Dharma auténtico. En estas etapas, nuestra práctica de ellas es muy parcial. Esto también es verdad en nuestra práctica de la segunda perfección, la disciplina. Nuestra disciplina es constantemente dañada y reparada. Nuestras prácticas de paciencia, diligencia y estabilidad meditativa son también parciales, y, por supuesto, nuestra práctica de prajña o conocimiento pleno, que es la realización de la vacuidad, es parcial hasta que la realización verdadera comienza a ocurrir en el primer nivel del bodhisattva. Por lo tanto, en estos dos primeros caminos de seres ordinarios, no podemos decir que estemos verdaderamente practicando las seis paramitas.

EL CAMINO DE VER

El camino real de las seis paramitas comienza con el camino de ver, que es el tercer camino. El camino de ver se llama así porque es el primer momento de la experiencia directa y plena del vacío. Esta experiencia inicial directa del vacío es lo que se llama la generación de la mente absoluta del despertar. A partir de este momento, nuestra práctica de las seis paramitas se vuelve la causa directa o real de la budeidad. Este tercer camino, el camino de ver, es el primer bhumi, o la primera etapa de la realización del bodhisattva, que se denomina Plenamente Gozoso, refiriéndose a la experiencia de deleite que ocurre cuando uno alcanza la realización de la vacuidad por primera vez. La mente absoluta del despertar es una experiencia unificada del conocimiento pleno de la vacuidad y la compasión. La razón de que estas dos se unifiquen es que ya nos hemos entrenado y familiarizado con la generación de compasión. Por lo tanto, nuestra realización de la vacuidad está naturalmente informada y adoptada por esa compasión.

Tras el logro del primer nivel de la realización del bodhisattva, adquirimos doce cualidades, cada una de las cuales tiene un poder multiplicado por cien. Por ejemplo, a partir de ese momento, tenemos la capacidad de ver cien budas al mismo tiempo y de recibir instrucciones de todos ellos simultáneamente. También tenemos la capacidad de producir cien emanaciones que benefician a cien seres sintientes al mismo tiempo. Hay doce de estas cualidades. Entre las diversas paramitas, la práctica de la generosidad es la que más se enfatiza en este punto. A través del poder de nuestra realización del vacío, es posible, por primera vez, hacer cosas como ofrecer nuestro cuerpo sin sufrir. De hecho, estamos contentos de hacerlo. Esto es posible solo debido a nuestra realización de la vacuidad. De hecho, se dice que es inadecuado dar el propio cuerpo de esta manera hasta alcanzar el primer nivel del bodhisattva, porque uno se podría arrepentir de ello después. Podemos sentirnos contentos cuando la idea se nos ocurre por primera vez. Puede que la consideremos emocionante y que nos entusiasmemos, pero cuando estemos a punto de hacerlo, puede que comencemos a arrepentirnos de ello, lo cual arruinaría el acto de generosidad.

EL CAMINO DE LA MEDITACIÓN

El cuarto camino se llama el camino de la meditación. Incluye los nueve bhumis restantes. Estas nueve etapas consisten en una realización cada vez mayor de la vacuidad. Esto suele compararse con la luna creciente, desde el delgado asomo del primer día del mes a la luna llena del decimoquinto día.

EL CAMINO DE NO MÁS APRENDIZAJE

De acuerdo con los sutras del Mahayana, hay once niveles progresivos. El onceavo nivel, llamado Luz Plena, es el nivel de un buda, y es el quinto camino, que se llama el camino de no más aprendizaje. En ese punto, no queda nada por hacer. En el contexto del Vajrayana, hay diferentes afirmaciones; sin embargo, si entiendes los diez bhumis, entonces también tendrás una comprensión básica del concepto subyacente.

Las diez paramitas

Desde la perspectiva de los cinco caminos, hay diez paramitas. La secuencia de la práctica de las diez paramitas corresponde a los diez bhumis, los diez niveles de realización del bodhisattva. Además de las primeras seis paramitas de generosidad, disciplina, paciencia, esfuerzo, meditación y prajña, también están las prácticas de habilidad o método, aspiración, poder y, por último, sabiduría. La práctica de generosidad se enfatiza en el camino de ver, que también es el primer bhumi, Plenamente Gozoso. Las prácticas que especialmente se enfatizan en los otros nueve bhumis del camino de meditación son las paramitas de la segunda a la décima. Por lo tanto, la práctica de la segunda paramita, la disciplina, se enfatiza en el segundo bhumi, Inmaculado, y así sucesivamente: la práctica de paciencia se enfatiza en el tercer bhumi, Brillante; la práctica de esfuerzo en el cuarto bhumi, Radiante; la práctica de meditación en el quinto bhumi, Difícil de Lograr; la práctica de prajña en el sexto bhumi, Efectivamente Alcanzado; la práctica de la habilidad o el método en el séptimo bhumi, Ido Lejos; la práctica de aspiración en el octavo bhumi, Inamovible; la práctica de poder en el noveno bhumi, Inteligencia Excelente; y la práctica de sabiduría en el décimo bhumi, Nube de Dharma.

Hay otra división más dentro de esta progresión, de modo que, los niveles del primero al séptimo, de Plenamente Gozoso hasta Ido Lejos, se llaman los siete niveles impuros. Por supuesto, son estados de pureza inimaginables, comparados con los de una persona ordinaria. Sin embargo, comparados con los tres niveles siguientes y el nivel de un buda, son comparativamente impuros. Por lo tanto, los niveles octavo, noveno y décimo se llaman los tres niveles puros.

Las dos corrientes principales del linaje del Mahayana

El camino del Mahayana consiste en dos linajes principales: el heredado de Nagarjuna y el heredado de Maitreya y Asanga. Estos dos linajes representan diferentes maneras de mostrarnos el camino real de la iluminación. Podemos entender más fácilmente estos dos linajes y sus diferentes enfoques, que no son contradictorios, a través de la analogía de un mapa.

El linaje de la visión profunda: Nagarjuna

Si le preguntáramos a Nagarjuna: «¿Cómo podemos hacer el viaje en el camino de la iluminación?», extendería un mapa muy detallado y nos mostraría todas las calles y autopistas. Luego describiría cada detalle del mapa, diciendo, por ejemplo: «Si tomas esta calle, estarás viajando en la dirección equivocada. Esta se llama la calle del Eternalismo. Si tomas la salida 21, acabarás en el país Nihilista». Nagarjuna continuaría señalando varias calles y avenidas que son desvíos o callejones sin salida. De esta manera, eliminaría todos los giros y desvíos equivocados de nuestro viaje antes de enviarnos.

Habiendo estudiado el mapa con Nagarjuna, cuando ya estamos conduciendo nuestro veloz automóvil Mahayana por la autopista, vemos la ruta muy claramente. Cuando llegamos a la salida 21, recordamos: «¡Oh, Nagarjuna dijo que esta es la salida del nihilismo! No tomaré esta salida». Seguimos adelante y cuando vemos la salida 42, decimos: «¡Oh, Nagarjuna dijo que esta es la salida del eternalismo! No debería tomar esta salida». Así es como hacemos el viaje. Estamos seguros de nuestro camino porque todas las calles equivocadas y todas las salidas erróneas han sido señaladas y eliminadas. La sabiduría que hemos desarrollado viene de las instrucciones de Nagarjuna.

El linaje de la conducta vasta: Maitreya-Asanga

Si fuéramos a consultarle a Asanga, nos mostraría un mapa muy simple. No tendría cada calle y cada salida equivocada marcadas. Simplemente nos mostraría la ruta verdadera por la que debemos viajar, sin tantos detalles acerca de otras calles o salidas en la autopista. Con el mapa de Asanga, lo único que conoceríamos sería el nombre de la autopista que debemos tomar. Por lo tanto, estaríamos seguros de la autopista y la salida correctas, pero tal vez no tanto de todas las otras calles y salidas equivocadas. Al conducir en nuestro automóvil Mahayana por esta autopista, la mayor parte del tiempo el nombre de la misma puede no aparecer, y los nombres de las otras calles y salidas puede que no siempre estén claramente marcados. A medida que nos cruzamos con estas diversas salidas y calles, podemos no sentirnos tan seguros de nuestra ruta. El problema es que podemos acabar tomando una calle o una salida equivocada porque no estamos seguros de a dónde nos conduce; puede que pensemos que nos llevará a la calle que supuestamente debemos tomar. Sin embargo, no estaremos seguros de esto, porque este mapa no es un mapa detallado que muestra todas las calles y salidas equivocadas como el que nos dio Nagarjuna.

Conocer los caminos

El aspecto más beneficioso del enfoque de Asanga es que podemos sentirnos seguros de la ruta que supuestamente tenemos que tomar. Él describe esa autopista en particular con detalle: cuán bella es, cuán fácil es y cómo tomar la salida correcta en el momento apropiado. En contraste, Nagarjuna no nos dice la calle correcta. Puede que no describa el camino exacto que supuestamente debemos seguir, pero sí nos dice todas las calles y salidas que no debemos tomar.

No hay contradicción entre estos dos mapas. De hecho, si estudiamos ambos, nos convertiremos en mejores conductores y mejores viajeros. Sabremos exactamente qué camino queremos tomar y qué calles y salidas debemos evitar. Así, nuestras mentes tendrán claro el camino. Nuestra certeza acerca de las calles y salidas equivocadas es absoluta. Tras haber atravesado el proceso detallado de aprendizaje de los dos linajes del Mahayana de Nagarjuna y Asanga, no hay riesgo de perderse.

El estado natural de la liberación

Estos dos linajes nos conducen al descubrimiento de que la naturaleza fundamental de la realidad es shunyata, la ausencia de yo, independientemente de toda apariencia de existencia fenoménica. Esta realidad se llama el estado natural de la liberación. Este descubrimiento no es solo una comprensión intelectual de shunyata. No es algo que debe ser comprendido y estudiado exclusivamente desde una perspectiva filosófica. En el camino del Mahayana, descubrimos que la vacuidad es tanto la verdad fundamental de nuestro mundo como el estado fundamental de la liberación.

En este punto, nuestra noción de liberación cambia ligeramente. Desde el punto de vista del Mahayana, no necesitamos dejar este mundo particular para encontrar la libertad. De hecho, no hay ningún lugar más allá de este mundo donde encontraremos la liberación. Desde la perspectiva del Mahayana, no hay nada visto como sufrimiento que necesitamos dejar atrás para encontrar un estado de cesación. Esta comprensión representa un salto de los dos primeros yanas al tercer vehículo del Mahayana, porque reconocemos que la cesación del sufrimiento es la naturaleza fundamental del sufrimiento, que es el estado mismo de la liberación.

Al mismo tiempo, descubrimos que la naturaleza de nuestras perturbaciones emocionales, nuestra mente de aferramiento al ego y nuestros patrones habituales también están en el estado de liberación fundamental. La naturaleza vacía del ego, que es la no existencia del ego, se encuentra justo dentro del aferramiento al ego. Reconocemos que la naturaleza verdadera de nuestra mente y de nuestras emociones es la naturaleza búdica –la cordura o pureza básica de la mente– y que la naturaleza verdadera de nuestro cuerpo está en el estado de un budakaya o cuerpo de buda.

Las emociones: amigas y enemigas

En el camino del Mahayana, redescubrimos nuestro propio ser a través de los linajes de Nagarjuna y Asanga-Maitreya. Las enseñanzas del linaje de Nagarjuna tratan el aspecto de shunyata del estado fundamental de liberación, mientras que las enseñanzas del linaje de Asanga abordan este estado fundamental de liberación desde la perspectiva de la naturaleza búdica. Por lo tanto, en el camino del Mahayana, no importa qué emociones experimentamos, y no importa cuán fuertes parecen ser, no entramos en pánico. No entramos en la turbulencia de esperanza y miedo, porque reconocemos su estado verdadero. De hecho, para los mahayanistas, todos los estados emocionales se convierten en un gran combustible para el fuego de la sabiduría y para el fuego del camino. Aunque a menudo consideramos a nuestras emociones como experiencias dañinas, negativas, irritantes y perturbadoras, desde la perspectiva del Mahayana, las emociones son una gran ayuda para nosotros en el camino.

El Buda Sakiamuni enseñó la perspectiva del Mahayana sobre las emociones a través de la metáfora de los desechos humanos. Para aquellos que viven en ciudades, los desechos humanos son simplemente basura de la cual quieren deshacerse lo más rápido posible. Sin embargo, para un agricultor mahayanista, los desechos humanos son un excelente abono con el cual cultivar cosechas más fuertes y saludables. El Buda dijo que nuestras emociones perturbadoras, que los practicantes del Hinayana consideran desperdicio humano, se consideran fertilizantes excelentes por los practicantes del Mahayana. Consecuentemente, como mahayanistas, no nos asustamos cuando entramos en estados emocionales.

Entrar en el estado de ego no es razón para asustarse, siempre y cuando hayamos encendido nuestro fuego de sabiduría. Sin embargo, si aún no hemos encendido nuestro fuego de sabiduría, entonces vamos a tener un gran problema. Podríamos decir que, si no hemos comenzado a arar nuestro campo, entonces el abono no nos ayudará mucho. No penetrará la tierra, y seguirá siendo basura simple y maloliente, incluso para un agricultor mahayanista. En contraste, una vez que comenzamos a arar la tierra, que equivale a encender nuestro fuego de sabiduría, entonces el combustible y el abono son de mucha ayuda. Para un practicante del Mahayana, que ha desarrollado el fuego de sabiduría o ha arado la tierra de sabiduría a través de las bendiciones de los dos linajes de Nagarjuna y Asanga, las emociones pueden tratarse como abono. Este es un gran alivio. Ya no necesitamos huir de nuestras emociones. Ya no necesitamos ignorar o escapar de nuestras emociones perturbadoras y nuestro ego.

En el viaje de nueve yanas, avanzamos a través de un proceso de trabajar progresivamente con nuestras emociones. En la etapa de los primeros dos yanas, los niveles del Hinayana del Shravakayana y del Pratyekabudayana, nos acercamos al trabajo con nuestras emociones como si fuéramos a la guerra. Como guerreros del Hinayana, tenemos el coraje de enfrentar al enemigo, que es nuestro ego. Las emociones perturbadoras también se ven como enemigas, las cuales debemos destruir. Es por esta razón que el resultado del camino del Hinayana se llama el estado de un arhat, que significa «destructor de enemigos». Hemos destruido a nuestros enemigos, que son el ego y las emociones perturbadoras, o la mente de kleshas. En este contexto, estamos haciendo la guerra, y la sabiduría significa que entendemos cómo lidiar con nuestros enemigos. Si sabemos cómo hacerlo, entonces los destruimos. Alternativamente, si sabemos, por ejemplo, que están utilizando un chaleco antibalas, y que no hay manera de derrotarlos, entonces huimos del enemigo, nuestras emociones.

En el camino del Hinayana, nuestra estrategia está dirigida enteramente a aprender cómo lidiar con nuestras emociones y nuestro ego. Entrar a un estado de soledad puede ayudarnos a ver a nuestro enemigo con más claridad. Podríamos decir que todos nuestros enemigos visten un chaleco antibalas y cascos con viseras antibalas, a través de los cuales pueden vernos y, por ello, perseguirnos. Así es como vemos al ego en este punto: completamente armado y completamente blindado. Por lo tanto, al comienzo, como practicantes del Hinayana, tratamos de escapar de nuestros enemigos. Si no podemos destruir a nuestros enemigos, entonces, al menos, no saldremos heridos.

En el nivel del Mahayana no hay noción de «enemigo», porque hemos desarrollado una visión más amplia. Con esta gran visión del camino del Mahayana, miramos a todos nuestros enemigos con el corazón de bodhichitta. Vemos todas nuestras emociones como amigas en vez de como enemigas, porque tenemos la sabiduría de shunyata y de la naturaleza búdica. Podemos decir que hemos redescubierto nuestro propio blindaje, existente en sí mismo. Nunca podremos ser dañados, porque estamos primordialmente blindados con shunyata y con la naturaleza búdica. No hay manera de que este ego o las emociones perturbadoras puedan dañarnos. De hecho, son simplemente manifestaciones de nuestra naturaleza búdica. Por lo tanto, en vez de rechazarlas o tratar de destruirlas, utilizamos nuestra gran visión para mirar a nuestro ego y a las emociones perturbadoras como camino. Las llevamos al camino y se convierten en nuestra más grande ayuda en el viaje del Mahayana. En efecto, este viaje no puede existir sin el ego y sin la mente de kleshas.

Las escuelas Chittamatra y Madhyamaka

De acuerdo con la tradición del Mahayana, el Budadharma se presenta a través de dos enfoques filosóficos: la escuela Chittamatra, o Solo Mente, y la escuela Madhayamaka, o Camino Medio.

Chittamatra: la visión de Solo Mente

De acuerdo con la escuela Chittamatra, toda nuestra experiencia y todo el universo son nuestro propio reflejo o percepción individual. No hay existencia de un mundo exterior. Todo lo que percibimos es, simplemente, una proyección de nuestra propia mente individual. El ejemplo que se da más a menudo es el de un sueño. Si estamos soñando con el monte Everest, toda la montaña cabe en nuestra pequeña habitación. Esta montaña imponente parece muy sólida, la temperatura en la montaña puede ser glacial o caliente. Podemos disfrutar del esfuerzo de trepar el monte Everest y podemos disfrutar de la vista desde la cima. En nuestro sueño no nos decimos: «Esto es solo un sueño. Estoy haciendo este esfuerzo solo en un sueño». Cuando escalamos el monte Everest en nuestro sueño, realmente escalamos la montaña y experimentamos realmente el esfuerzo. Tenemos una visión de la existencia de todo un mundo. Sin embargo, cuando nos despertamos de este sueño, no hay un monte Everest afuera. No hay un «yo» que esté escalando la montaña. No hay una vista de montaña ni una temperatura glacial. Regresamos a nuestra habitación cálida. Ese es un gran salto: del monte Everest a nuestro apartamento con calefacción.

Los mahayanistas chittamatristas dicen que todas nuestras experiencias en el mundo relativo son, de manera similar, simples proyecciones de nuestra mente. Estas proyecciones son como una película. Proyectamos las imágenes en una pantalla, que es primordialmente pura, primordialmente vacía y está en blanco. En esta pantalla, que es nuestra conciencia básica, vemos varias imágenes de paisajes bellos o pesadillas espeluznantes, pero somos nosotros los que proyectamos esas imágenes en la pantalla vacía. Podemos proyectar una visión pura y sagrada o podemos proyectar un estado muy confuso en esta pantalla. Depende por entero de nosotros. Nuestra conciencia o mente está en blanco y primordialmente, fundamentalmente, vacía, sin imagen ni forma de ningún tipo. Los chittamatristas llaman a esto la «base de toda conciencia». Está el proyector de nuestra conciencia, y también está la película de nuestros patrones habituales que ponemos en el proyector. Proyectamos esas imágenes en la pantalla y, luego, puede que tengamos que atravesar una pesadilla infernal durante dos horas.

El problema es que pasamos eones viviendo esto. Esta es una película que nunca se detiene. En cierto punto, casi nos volvemos parte de esa película, porque hemos estado experimentando constantemente esa proyección en el teatro a través de cientos de miles de años. Sin embargo, debido a que esa película ha estado proyectándose durante eones y eones, empezamos a cansarnos de ella, así que intentamos descubrir la verdad.

¿Cuál es la verdad detrás de todo esto, detrás de toda esta pesadilla que estamos experimentando? La verdad es, sencillamente, que la pantalla está en blanco; ha estado totalmente vacía desde el comienzo. Cuando nos damos cuenta de que estas proyecciones no existen en el nivel de la conciencia básica y que la mente básica está libre de toda proyección, alcanzamos la realización del estado de liberación. Da lo mismo que las proyecciones sean sagradas o confusas, siguen siendo proyecciones. No importa en absoluto qué clase de proyecciones son. Redescubrir que las proyecciones no existen en la pantalla y saber que la pantalla es fundamentalmente pura, vacía y que está en blanco es el estado de liberación. En ese punto, somos libres de los eones y eones de las pesadillas de la película. No hay tal cosa como un mundo sólido que existe fuera de nuestra propia percepción o mente.

Una manera en la que podemos entender esta verdad es reflexionar sobre y examinar nuestras experiencias de ayer. Por ejemplo, podemos comparar nuestra experiencia «despierta» de ayer con nuestra experiencia de los sueños de anoche. Desde nuestra perspectiva actual, estas dos son muy similares. ¿Cuál es la diferencia? Desde el punto de vista de hoy, no hay diferencia entre la experiencia diurna de ayer de una mesa y la experiencia de nuestro sueño de anoche de una mesa. Ambas son como un sueño. Además, cuando reflexionamos sobre la experiencia de hoy desde el punto de vista de mañana, es igualmente como un sueño. Ayer fue un sueño y hoy también es un sueño. Este es un sueño. Estamos atravesando otro sueño, otra ilusión. Pensamos que somos bastante listos, pero no lo somos. Nos están engañando de nuevo. En breve, esa es la visión del Chittamatra. Se llama Solo Mente porque todo es una proyección de nuestra mente.

Madhyamaka: la visión de la vacuidad

El Madhyamaka se ha vuelto famoso en la literatura occidental como la escuela del Camino Medio. Sin embargo, el término *madhyamaka* también puede significar «ni siquiera un medio». Hay una diferencia entre un «camino medio» y un camino que «ni siquiera es un medio».

En sánscrito, *madhya* significa «medio». Sin embargo, *maka* puede interpretarse como un término de negación o como un modificador que transforma *madhya* en un sustantivo. Cuando se entiende como un sustantivo, *madhya* se convierte en «camino medio». Cuando *maka* se toma como una negación, *madhya* puede significar «ni siquiera un medio». Esta última interpretación coincide con la filosofía y el camino de Nagarjuna, que derriba a través de todas las visiones extremas de existencia y no existencia, así como de cualquier aferramiento a esos extremos.

Dentro de esta tradición, típicamente nos referimos a los cuatro extremos, que son cuatro visiones incorrectas con respecto a la naturaleza de los fenómenos. Estas incluyen ver los fenómenos de cualquiera de las siguientes maneras: como verdaderamente existentes, como completamente no existentes, tanto existentes como no existentes, y como ni existentes ni no existentes. Podemos resumir las cuatro en los dos extremos de eternalismo y nihilismo. Si refutamos totalmente estos dos extremos a través del camino intelectual de razonamiento y reflexión, entonces cómo podemos preguntar: «¿Este es el medio?». Por ejemplo, si fuéramos a derrumbar las cuatro paredes de una habitación y a quitar el suelo, entonces no seríamos capaces de señalar un punto como el medio de la habitación, porque ya no habría una habitación. El concepto de «el medio» depende de la existencia de lados. Por ende, no podemos continuar aferrándonos a un «camino medio», porque la filosofía de Nagarjuna evita el aferramiento a cualquier lado o extremo. No hay ningún medio en este punto. En consecuencia, no hay ningún punto de referencia.

La base de las dos verdades

Nagarjuna utiliza el formato de las dos verdades, que son la verdad relativa y la verdad absoluta. La verdad relativa, también conocida como la verdad engañosa o convencional, se define como mundana y referencial o conceptual. La verdad absoluta, también conocida como la verdad real o última, se define como que está más allá de la esfera del reconocimiento conceptual. De acuerdo con la tradición de Nagarjuna, es importante distinguir entre las dos verdades y mantenerlas separadas. Cuando consideramos la verdad absoluta, no deberíamos ocuparnos de la verdad relativa inmediatamente y, cuando consideramos la verdad relativa, no deberíamos introducir inmediatamente la verdad absoluta.

No obstante, comprender la verdad relativa es la causa para comprender la verdad absoluta. Por lo tanto, la verdad relativa no debe enseñarse como inferior o ajena a la verdad absoluta. De hecho, Nagarjuna dijo: «No hay manera de alcanzar la realización de la verdad absoluta, excepto dependiendo de la verdad relativa». La verdad relativa se considera como un método que da lugar a la realización de la verdad absoluta. Aunque la verdad relativa puede ser conceptual, no hay manera de alcanzar la realización de la verdad absoluta y no conceptual sin ella. La comprensión de cualquiera de las dos verdades ayuda en la comprensión de la otra.

La verdad relativa: mera apariencia

Comenzamos nuestro estudio de la verdad relativa o mundana con un examen de las imputaciones conceptuales de la experiencia ordinaria, como nuestra experiencia de los objetos y puntos de referencia: por ejemplo, «esta mesa», «esta vasija» y «mi nombre». Estas son todas etiquetas conceptuales. Mientras que la realidad relativa puede ser mundana y conceptual, también es infaliblemente consistente desde una perspectiva interna. Dentro de la verdad relativa, cualquier semilla que se plante conducirá a su cultivo correspondiente. Por ejemplo, no podemos plantar cebada y obtener rosas. Es por eso que se llama verdad relativa. No debemos perder de vista este elemento de verdad en la «verdad relativa».

De acuerdo con Nagarjuna, la verdad relativa no puede analizarse, porque una vez que la analizamos, desaparece. En realidad, no podemos encontrar la verdad relativa, la realidad relativa. Lo único que encontramos es la verdad última. La verdad relativa es aquella que está presente antes del análisis o cuando no analizamos. Cosas como «yo» y «tú», que son experiencias válidas relativas o convencionales, no están presentes cuando las analizamos. Por lo tanto, se enseña que la verdad relativa es aquello que está de acuerdo con el uso y la comprensión ordinarios y mundanos, algo sobre lo cual todos estarán de acuerdo.

Un gran maestro tibetano de Madhyamaka del Tíbet del siglo XX dijo: «Cuando las yemas de mis dedos experimentan el contacto con una aguja que las pincha, entonces siento que las cosas sí existen. No hay duda». Sin embargo, también dijo que cuando utilizaba la lógica, el razonamiento y la contemplación de Madhyamaka para analizar su experiencia sentía que nada existía de una manera sólida o real.

Cuando analizamos, no hay nada sólido que encontrar, pero cuando no analizamos, todo se experimenta muy vívida y agudamente. Por un lado, las dos verdades pueden parecer sofisticadas y complicadas, pero, por otro lado, son muy simples. Podemos ver cómo funcionan en nuestras experiencias cotidianas. Por ejemplo, la mente racional y conceptual dice: «Si pones tu dedo en el fuego, te quemará». Por supuesto, hay cierta validez en ese pensamiento y en esa lógica. Todos estaríamos de acuerdo en que, en un nivel mundano, el fuego quema. Eso se llama verdad relativa. Es aquello que está presente como una experiencia acordada, pero que, cuando se analiza, no se puede encontrar. Preguntar «¿De dónde surge ese fuego?

¿Es el fuego meramente una proyección de la mente?» no está de acuerdo con el uso mundano. Aunque todos estamos de acuerdo en que el fuego quema, si investigamos para buscar su esencia, su cualidad de fuego, nuestro concepto relativo de fuego se desintegra bajo el análisis y descubrimos que no hay nada allí. Por lo tanto, de acuerdo con Nagarjuna, la verdad relativa es aquello que no resiste el análisis. La escuela Madhyamaka enseña que la verdad relativa es, simplemente, mera apariencia. La verdad relativa no hace ninguna aseveración respecto a lo que esas apariencias son o por qué surgen y de dónde.

La verdad absoluta

La presentación de Nagarjuna distingue entre dos niveles de comprensión de la verdad absoluta. Sus definiciones de estos dos niveles incluyen la situación en la cual ha habido un análisis ligero y la situación en la que ha habido un análisis completo o minucioso.

NIVEL DE ANÁLISIS LIGERO

Para descubrir la verdad absoluta, analizamos y cuestionamos. Podemos preguntar: «¿Qué es el fuego? ¿Qué es un dedo?». A través de este proceso de cuestionamiento, descubrimos primero que hay una brecha entre la base de la etiqueta y la etiqueta misma. Hay una brecha entre la palabra *fuego* y la base de esa palabra. Son dos cosas diferentes. ¿Por qué pensamos que, cuando decimos «fuego», estamos refiriéndonos a una cosa en particular? ¿Cuál es la conexión real entre la etiqueta y su base?

Si pensamos en la relación entre la etiqueta y su base, entonces descubriremos que no hay mucha conexión, excepto que, en nuestra educación samsárica, nos han enseñado a percibir estas dos cosas como una. Habitualmente, percibimos la etiqueta –el término *fuego*– y la base de «fuego» como uno. No vemos la brecha o la diferencia entre las dos. Sin embargo, lo que consideramos como «fuego» con nuestra mente conceptual es solo nuestra idea de fuego, no es la base real de esa etiqueta o concepto, ni es la cosa en sí.

Esta etiqueta «fuego» sencillamente no existe fuera de nuestra mente conceptual. No hay nada que verdaderamente exista fuera de esta etiqueta «fuego». Por lo tanto, cuando observamos estas etiquetas, es fácil ver su naturaleza relativa. Desde esta perspectiva, las etiquetas son irrelevantes. Así pues, el primer paso del análisis Madhyamaka es ver la diferencia entre la base de la etiqueta y la etiqueta misma, o entre la base de la etiqueta y los procesos de etiquetado de la mente. Como resultado de este análisis, podemos ver que la base de la etiqueta no es la etiqueta. La base está libre de toda etiqueta, libre del proceso de etiquetado y libre de toda teoría conceptual. Nuestra experiencia real del mundo –por ejemplo, nuestra experiencia real del elemento fuego– va más allá de concepto, pensamiento y etiqueta.

Podemos, entonces, analizar la base de la etiqueta misma. ¿Cuál es la base del proceso de etiquetado? Por ejemplo, si observamos la base de la etiqueta «mesa», ¿qué es? La base no es una entidad singular, no es solo una cosa. Tiene muchas partes –una superficie, lados, etc.–. Si analizamos cada parte, entonces veremos que cada una de ellas tiene diferentes partes, y si continuamos analizando esas partes, entonces llegaremos al punto de ver los átomos de la mesa. Si seguimos aún más allá, descubriremos que los átomos están compuestos de partes diminutas, que en el Hinayana se llaman partículas sin partes. Sin embargo, si analizamos las partículas sin partes, descubriremos que también tienen partes. Si avanzamos más profundamente en este análisis, descubriremos que no podemos encontrar nada que sea sólido, sustancial o real. La física moderna comparte una visión similar: hoy los científicos dicen que incluso los átomos no existen sustancialmente. No hay componentes sólidos de la realidad. Los científicos ahora usan términos como *cuark* o *campo de energía*. Por ende, tanto la física moderna como el razonamiento Madhyamaka nos conducen a conclusiones similares. Mientras que la lógica Madhyamaka dice que la naturaleza de la realidad es vacío, o shunyata, la ciencia moderna dice que nada existe a nivel atómico.

NIVEL DE ANÁLISIS MINUCIOSO

En todo razonamiento Madhyamaka, primero atravesamos una completa refutación de cualquier noción de existencia.

Analizamos, destruimos, refutamos y trascendemos cualquier aferramiento a la existencia. Sin embargo, después de alcanzar este punto, debemos hacer meditación no conceptual, a través de la cual vivenciaremos la experiencia del vacío directamente. Es muy importante que no nos quedemos atorados en un sentido completo de negación. Desde el punto de vista del Madhyamaka, debemos ir más allá de la negación y descubrir la naturaleza de la realidad que va más allá de la existencia y la no existencia o del eternalismo y el nihilismo. El nivel de análisis superficial, que se describió más arriba, a veces se llama «verdad nominal absoluta», lo cual significa que puede categorizarse como verdad absoluta, pero no es realmente la verdad absoluta completa.

Eventualmente, el nivel de análisis minucioso nos lleva al estado de la verdad absoluta en sí. Ese estado básico de realidad va más allá de toda conceptualización y más allá de toda visión de existencia y no existencia. Es el estado que llamamos libertad de toda elaboración, y se experimenta a través de la meditación no conceptual que va después del análisis. Está más allá de la existencia y la no existencia; no hay concepto de algo vacío o no vacío. No es para nada conceptual o inferencial; es una experiencia directa. Esta experiencia directa de lo que llamamos vacuidad es la experiencia de la verdad absoluta genuina. Los sutras de la Prajnaparamita enseñan que este estado es indescriptible e inconcebible. No puede representarse de ninguna manera, con ninguna forma, palabra, gesto o concepto. Se describe como libre de elaboraciones conceptuales o afirmaciones. Ni siquiera hay una visión real o correcta a la cual podamos aferrarnos.

En general, cuando se les habla por primera vez a las personas de la vacuidad, de la verdad absoluta, se asustan, porque suena muy difícil de aprehender correctamente. De hecho, a veces la gente sí lo interpreta mal y mezcla la verdad absoluta y la verdad relativa, lo cual conduce a nociones erróneas como: «Bueno, todo está vacío, así que no hay karma, y puedo hacer lo que quiera» o «No existo; quizá desaparezca». Debido a esto, Nagarjuna dijo que, si interpretas de forma incorrecta la vacuidad, entonces tu conocimiento te destruirá. Para evitar este potencial malentendido de la vacuidad, necesitamos una acumulación considerable de mérito, que sirve como la causa para que experimentemos de forma correcta la realización de la vacuidad.

Cuando desarrollamos una clara comprensión de la base, que es el vehículo causal compuesto por el Shravakayana, el Pratyekabudayana y el Bodhisattvayana, estamos construyendo un fundamento sólido sobre el cual podemos establecer la siguiente etapa de nuestro viaje de nueve yanas. Habiendo establecido este fundamento apropiado, podemos entrar al camino del Vajrayana y tener un trayecto tranquilo en nuestro viaje Vajrayana, que consiste en los dos conjuntos de vehículos restantes: el Vehículo de Austeridad y Conciencia y el Vehículo de Medios Abrumadores.

14. Entrar al Vajrayana: el Vehículo de Austeridad y Conciencia

Entrar al camino del Vajrayana requiere un compromiso incondicional. En esta etapa, nos aproximamos a un punto de no retorno. El viaje del Vajrayana es un viaje de ida. Es imperativo que entendamos esto antes de emprender el camino. Una vez que hemos comenzado, no podemos decir: «Bueno, he cometido un error. Voy a volver». No hay vuelta atrás. Por lo tanto, entrar a un camino tan potente implica una determinación intensa y un compromiso profundo. Aquí no hay ensayos. Por ende, la preparación y el fundamento son extremadamente importantes. Es mejor que nos tomemos el tiempo necesario para estudiar los tantras y tener una comprensión muy clara del camino. Solo entonces podemos embarcarnos en nuestro viaje Vajrayana.

Asumir riesgos

Entrar en el camino del tantra se simboliza tradicionalmente con una serpiente que entra en una caña de bambú. En esta representación, nosotros somos la serpiente que ha decidido entrar en una caña de bambú. Es importante entender que nadie nos fuerza a hacerlo. Además, en la literatura del Vajrayana se dice que estamos orgullosos de ser esta serpiente entrando en esta caña de bambú. La caña de bambú solo tiene dos aberturas. Entramos por la de abajo y comenzamos a trepar. O bien salimos por la parte de arriba, que es la iluminación o erróneamente volvemos nuestras cabezas en la dirección equivocada y comenzamos a descender. Si continuamos descendiendo, entonces saldremos por el agujero inferior, que se abre al infierno. No hay desvíos; no hay otras aberturas en esta caña de bambú. Decimos que el Vajrayana es un camino directo. Es directo tanto si vamos hacia arriba como si vamos hacia abajo; por eso es tan poderoso.

También podemos comparar entrar en este camino con abordar un jet supersónico. Es un vehículo muy poderoso, pero también muy peligroso. Podemos viajar a nuestro destino muy rápidamente y seguros o podemos acabar sufriendo un accidente desastroso. Siempre que queremos usar algo muy poderoso, tenemos que asumir riesgos. No hay alternativa. Eso es lo que aprendemos en nuestras vidas. El riesgo no es algo específico del Vajrayana. Por ejemplo, si queremos lograr una gran riqueza financiera, podemos arriesgarnos invirtiendo en la bolsa de valores, en la que podemos ganar mucho dinero muy rápidamente o quedar en bancarrota. Sin embargo, quedar en bancarrota en un sentido Vajrayana es algo mucho más serio y doloroso. Por lo tanto, no podemos permitirnos el lujo de tomarnos el camino del Vajrayana como un juego.

Entrar al banquete real

Nuestra relación con nuestro gurú es nuestro camino Vajrayana; nuestra relación con nuestro gurú es nuestra fructificación Vajrayana y nuestra relación con nuestro gurú es nuestro mundo Vajrayana. No puede haber Vajrayana sin el gurú. Él o ella crea el mundo vajra –nuestra propia caña de bambú vajra–. En el camino del Dzogchen, nuestra relación con nuestro gurú es la misma que la relación gurú-discípulo en el camino del Mahamudra. Esta relación requiere el mismo sentido pleno de confianza y devoción, e implica cierto aspecto de fe, un sentido completo de confianza en nuestro gurú.

Cuando entramos al camino del Vajrayana, en realidad estamos entrando a un banquete real que preside el gurú vajra. Cuando entramos a este banquete, debemos recordar que no estamos entrando a un restaurante. No podemos pedir la bebida o la comida que nos gusta. Cuando entramos a este banquete, debemos aceptar cualquier comida y bebida que nos ofrece nuestro anfitrión real. Puede ser comida basura o puede ser comida sana; sea cual sea, debemos tener plena confianza en nuestro anfitrión. Si queremos poder elegir nuestra comida y bebida, entonces deberíamos ir a un restaurante, donde podemos ser clientes habituales. Sin embargo, si entramos en el banquete real, entonces debemos estar dispuestos a comportarnos como invitados. Nunca sabremos con certeza qué contiene la bebida o la comida. No estaremos en posición de pedir, investigar o examinar nuestra comida. Necesitamos ser muy conscientes de la noción de banquete y no estropear las cosas. Como invitados, tomaremos la comida y la bebida que nos ofrece nuestro anfitrión vajra, que será gastronomía vajra. Podemos tener la buena fortuna de asistir al banquete Vajrayana y de recibir un trato Vajrayana, pero como invitados Vajrayana, debemos tener un sentido de dignidad y disciplina, así como un sentido de respeto y confianza en nuestro anfitrión.

Por lo tanto, antes de entrar al banquete, debemos llegar a conocer a nuestro anfitrión, para que podamos imaginar qué clase de comida nos servirá. Conoceremos sus intereses culinarios particulares, y si ese tipo de comida o ambiente nos interesa o no. Las instrucciones del Vajrayana enfatizan que debemos analizar al maestro minuciosamente antes de entrar al reino del banquete. Cuando recibimos la invitación, debemos reflexionar sobre la oportunidad y el compromiso. Debemos consultar con nuestro abogado, nuestro astrólogo, nuestro psiquiatra y cualquier otro consejero que tengamos antes de decidir si aceptamos esa invitación o no. Este punto es crucial. Debemos investigar a nuestro gurú potencial cuidadosa y minuciosamente y tomarnos nuestro tiempo. No hay prisa, porque en el mundo Vajrayana siempre se está celebrando algún banquete. No tenemos que preocuparnos de perdernos el banquete o de no recibir una invitación. Debemos analizar a nuestro anfitrión antes de aceptar la invitación. Estos preparativos son muy importantes para el viaje del Vajrayana.

Por supuesto, también es posible que tardemos mucho en tomar nuestra decisión. Puede que nuestros consejeros nos estén dando consejos complejos que nos cueste entender. Podríamos acabar analizando la cuestión durante años y años y años. Hay una historia de un emperador chino que analizaba a un maestro. Cuando el emperador estuvo finalmente preparado para aceptar a este maestro, descubrió que el maestro ya había muerto. Había muerto tres años antes. El emperador nunca fue capaz de encontrar otro maestro. Ni siquiera pudo pensar en otro maestro con el que pudiera tener una relación comparable. Por lo tanto, si tardamos demasiado en elegir un maestro, eso puede crear otro problema.

Visión y meditación

El Vajrayana se llama el yana de la fructificación porque estamos trabajando con el mandala completo del ser iluminado. Estamos entrando al reino del despertar a través de nuestro cuerpo vajra, habla vajra y corazón o mente vajra. Estamos tomando el campo búdico de los tres vajras como nuestro camino y trabajando con estos tres elementos a través del desarrollo de la visión de la perspectiva sagrada o mundo sagrado, y a través de las prácticas del camino de medios hábiles. Desarrollamos tanto la visión como la meditación a través de una confianza completa, llevando el orgullo vajra a nuestra práctica del yoga de deidad.

Sin embargo, sin el entrenamiento filosófico apropiado, podemos experimentar cierto grado de dificultad en nuestra práctica de meditación. Cuando tenemos pensamientos y experiencias que no están de acuerdo con nuestra comprensión teórica, a menudo nos quedamos con la duda de cómo funciona todo. Nuestro entrenamiento filosófico puede ayudarnos a desarrollar la visión correcta. Dicho entrenamiento nos provee de una perspectiva para entender tanto la naturaleza relativa como la absoluta desde diferentes niveles de la visión. Antes de entrar en meditación, si hemos desarrollado una comprensión conceptual aguda, entonces veremos la sutileza de nuestros patrones de pensamiento; veremos cómo se relaciona nuestra mente con el mundo exterior a través del cuerpo y del habla. Si hemos llevado a cabo un proceso de entrenamiento filosófico y análisis, entonces nuestra práctica se vuelve muy clara. Cuando consideramos la vida de los mahasiddhas, es evidente que muchos de ellos, como Naropa y Saraha, fueron también grandes *mahapanditas* o grandes eruditos. Hay una gran tradición de juntar los caminos de erudición y meditación. Sin embargo, el mensaje principal de las vidas de los mahasiddhas es que la confianza unidireccional es el elemento más importante de nuestro viaje Vajrayana.

El Vehículo de Austeridad y Conciencia

Cuando entramos al Vehículo de Austeridad y Conciencia, estamos entrando verdaderamente al camino del Vajrayana. Desde la perspectiva del viaje de nueve yanas, hay tres tantras exteriores y tres tantras interiores o yogas. Este sistema está asociado con la escuela de la Antigua Traducción de la tradición Nyingma. Los tres tantras exteriores son las prácticas del Vehículo de Austeridad y Conciencia: Kriya tantra, Charya o Upa tantra y Yoga tantra. Los tres tantras interiores son las prácticas del Vehículo de Medios Abrumadores: Maha yoga, Anu yoga y Ati yoga, también conocidos como Dzogchen.

El Vajrayana también se conoce como tantra, que, como se mencionó anteriormente, significa «continuidad». Esto se refiere a la continuidad básica de nuestra mente y nuestro cuerpo. En el camino del Vajrayana, nuestra existencia física se considera muy importante. En los vehículos inferiores, consideramos la existencia de nuestro cuerpo samsárico y el mundo samsárico como algo sucio, algo que abandonar o a lo que renunciar. Sin embargo, en los tantras tenemos una visión totalmente diferente del cuerpo y la mente. El cuerpo y la mente son la expresión de la continuidad de la naturaleza primordial de nuestro corazón vajra, que descubrimos a través del Vehículo de Austeridad y Conciencia, que nos lleva al mundo vajra. Nuestro corazón vajra puede, entonces, desarrollarse hasta el estado completo de un maestro vajra.

Kriya tantra

El primer tantra se llama Kriya o el «tantra de actividad». El Kriya tantra enfatiza principalmente las actividades del cuerpo y del habla, que son actividades exteriores. En menor grado, también nos involucramos con la actividad de la mente. Hay un fuerte énfasis en la actividad de limpiar o purificar. Nuestra práctica de meditación del yoga de deidad comienza en esta etapa y está relacionada con nuestro enfoque en la purificación. Aquí nos relacionamos con la deidad como un ser superior a nosotros y, en cierto sentido, como un salvador. Hay una cualidad de separación entre nosotros, como practicantes, como pequeños invitados en este banquete vajra, y el anfitrión, nuestra deidad, a quien vemos como separada de nosotros y más grande que la vida –algo «vajra»–. Todavía no estamos cerca. Todavía no estamos aceptando a la deidad, no estamos haciéndonos uno con la deidad. Sin embargo, esa brecha contiene una enorme cantidad de energía, sabiduría vajra y poder. Crear esta brecha entre la deidad y nosotros y luego experimentar esa relación a través de nuestra devoción, confianza, seguridad, disciplina y respeto nos da cierta cualidad de sabiduría vajra.

A través del camino del Mahayana, redescubrimos nuestro estado fundamental de liberación, nuestra naturaleza básica de tathagatagarbha. Esto es, en realidad, un redescubrimiento de la existencia de nuestro yo genuino –quienes realmente somos– y esta es la base para entrar al camino de los tantras. Una vez que hemos redescubierto ese yo, entramos al camino del Kriya tantra, que enfatiza las prácticas de purificación o métodos para limpiarnos antes de entrar a las profundidades del camino del Vajrayana, antes de entrar al banquete Vajrayana. Entrar a la práctica del Kriya tantra es similar a la experiencia de despertarse por la mañana. Nos despertamos con una hermoso sol Vajrayana y descubrimos que nuestro cuerpo está sucio. Tenemos mal aliento y nuestros ojos están cerrados con mugre. Estamos cubiertos con toda clase de suciedad. En esta etapa del viaje de nueve yanas, descubrimos toda nuestra colección de basura kármica que no queremos llevar con nosotros. Por lo tanto, lo que necesitamos es una buena limpieza. Necesitamos cepillar nuestros dientes y tomar una buena ducha con jabón.

El empoderamiento que recibimos, que incluye muchos procesos de limpieza y purificaciones con agua, es como entrar a la ducha. En este tantra descubrimos el poder del agua, el poder de la deidad y el poder de la recitación de un mantra para purificar nuestro cuerpo y nuestra mente. La meditación del yoga de deidad es como el agua del tantra, y el mantra que recitamos es como el jabón. La práctica del yoga de deidad incluye todas las cosas que necesitamos –la pasta dentífrica, el jabón, el champú– para lavarnos. Estamos usando los procesos del Kriya tantra para mantener la continuidad básica de la pureza de nuestro cuerpo y mente. Sin embargo, es crucial para nosotros entender que no estamos intentando deshacernos de nuestro cuerpo; en cambio, estamos intentando redescubrir la naturaleza pura de nuestro cuerpo y nuestra mente.

Al mismo tiempo, no debemos apegarnos al jabón y al agua de la práctica de deidad, o nunca acabaremos con nuestra ducha. Si el mantra o la deidad se convierten en un paseo del ego, entonces se convierte en otro tipo de suciedad. Así que debemos enjuagarnos completamente. Necesitamos trascender incluso nuestro apego al mundo sagrado de las deidades del Vajrayana y el poder del mantra.

Charya o Upa tantra

Upa significa «carácter», «comportamiento» o «manera de ser»; por lo tanto, esta siguiente etapa es el tantra del carácter o comportamiento. En el Upa tantra se enfatiza igualmente el trabajo con las acciones exteriores del cuerpo y la palabra, tal como se enseña en el Kriya tantra, y con la acción interior de la mente, que es samadhi, como se enseña en el Yoga tantra.

En este punto, entramos a un nivel completamente diferente de relación con nuestro anfitrión, y a una atmósfera completamente diferente con respecto a nuestra relación con el mundo vajra. Ahora que nos hemos dado una ducha y hemos logrado salir de nuestro baño sin apegarnos a nuestro jabón y agua, estamos listos para desarrollar más nuestra relación con el anfitrión, que es la deidad vajra. En la etapa anterior del Kriya tantra, encontrarnos con la deidad era como encontrar a un rey o a una reina en la calle. Sentimos que estábamos ante una persona muy poderosa y que había una brecha tan grande que no sabíamos cómo relacionarnos con él o ella. Nos sentíamos muy inferiores y necesitados de las bendiciones de esta persona. En este punto, sin embargo, sentimos que podemos relacionarnos con la deidad como nuestra amiga, como una compañera a quien le podemos estrechar la mano, con quien podemos sentarnos y charlar. Podemos cotillear con nuestro emperador vajra, lo cual es una mucho mejor situación que experimentar. En esta etapa, hay una gran sentido de compartir; compartimos nuestra neurosis, así como la sabiduría y el poder de nuestro amigo para trascender nuestra neurosis. En el Upa tantra, hemos terminado con nuestra ducha; estamos saliendo del baño y nos estamos vistiendo para ir a ver a nuestro amigo. Cómo nos vestimos es muy importante aquí, porque determina el desarrollo de nuestra relación con nuestro amigo y anfitrión.

Con los métodos del Kriya tantra, no solo descubrimos la verdad de nuestra existencia básica como un cuerpo, sino también la gran sabiduría de cómo limpiar nuestro cuerpo y así mejorar nuestra apariencia. Ahora, en el Upa tantra, llegamos a un punto en que no solo nos podemos limpiar, sino que también tenemos un método para vestirnos cuidadosa y espléndidamente. Habiendo limpiado nuestro cuerpo, no nos paseamos desnudos en la calle. Por el contrario, nos embellecemos con diversos artículos de vestido y también nos comportamos de manera apropiada. Descubrimos que podemos embellecer la continuidad fundamental de nuestro cuerpo y mente a través de los diversos poderes del tantra y de la deidad. En esta etapa del Upa tantra, que también significa «medios hábiles», somos capaces de vestirnos y adornar nuestra propia existencia.

Cuando aprendemos la habilidad de vestirnos bellamente con las ropas del Upa tantra, todo nuestro ser se convierte en Upa tantra. En otras palabras, todo nuestro ser se transforma en el comportamiento. No hay separación entre el comportamiento y la persona que se comporta. Ya no hay ninguna distinción de este tipo, ni hay ninguna ley que nos describa las reglas y regulaciones de nuestro comportamiento o conducta. Es a través de nuestra propia habilidad y sabiduría que desarrollamos el conocimiento de cómo vestirnos, cómo vernos bien y cómo ser verdaderamente una persona hermosa.

Yoga tantra

El tercer tantra se llama Yoga tantra. En tibetano, *yoga* es *naljor*. La primera sílaba, *nal*, significa «el estado natural», el estado sin artificio y no fabricado, o la frescura de toda existencia. Ese es el estado vajra de nuestra mente. La segunda sílaba, *jor*, significa literalmente «llegar a», «alcanzar» o «lograr» ese nivel de realidad. Por lo tanto, *naljor* significa alcanzar la realización de o regresar al estado natural sin artificio y no fabricado de nuestro corazón vajra. *Naljor* significa también «unirse a» esa naturaleza. Alcanzamos o nos unimos a este estado a través del conocimiento genuino y la conciencia de la verdad absoluta profunda y la verdad relativa extensa. En el Yoga tantra, el enfoque principal es el camino interior de medios hábiles y sabiduría, o upaya y prajña, que se lleva a nuestra práctica de meditación y contemplación.

En este nivel de práctica, hay un sentido de unidad a medida que nos hacemos uno con nuestro anfitrión. Habiendo salido de la ducha, habiéndonos vestido bien y habiendo desarrollado la relación con nuestro amigo, ahora tenemos una sensación de hacernos uno con la deidad, en vez de estar separados como emperador y súbdito. Incluso como amigos, queda un grado de separación. En contraste, en el Yoga tantra, nos convertimos en el anfitrión; nos convertimos en la deidad. La deidad no está separada de nuestro propio ser. Hay una sensación más grande de salto en este punto.

Después de vestirnos con ropas hermosas, descubrimos que eso no es suficiente. La ropa no es el único medio para embellecernos. Habiendo aplicado todos los medios hábiles disponibles para limpiarnos, vestirnos y presentarnos adecuadamente ante nuestro anfitrión, nos volvemos un ser humano completo –un gran ser–, elegante y ricamente adornado. Ahora nos embellecemos todavía más con la riqueza de ornamentos, la riqueza de diamantes, oro, ámbar y rubíes. Al hacerlo, alcanzamos el estado completo de belleza, dignidad y riqueza que nuestras joyas simbolizan. Nos visualizamos como la deidad y, de hecho, nos convertimos en la deidad. A través de este método de práctica, descubrimos que nuestra naturaleza es la naturaleza de la deidad. En este nivel de tantra, vamos totalmente más allá de nuestra visión teísta de la realidad Vajrayana. Trascendemos a través de cualquier noción de la deidad como un poder fuera de nuestro propio ser. Vemos que todo el poder, la dignidad y la riqueza de la deidad existe dentro de nosotros. Todo lo que nos queda por descubrir es cómo podemos expresar mejor esa cualidad.

En la etapa del Yoga tantra, vemos que el estado completo de nuestro ser como una persona completamente embellecida existía desde el principio, cuando nos levantamos de nuestra cama y entramos a nuestra ducha. Este estado no es nada nuevo. Después de todo, no podría haber una persona hermosa ahora si no hubiera existido una persona así en la primera etapa. Así es como descubrimos que la deidad está dentro de nosotros. Ahora, cuando vemos a la reina o al rey en el banquete, estamos menos preocupados, porque vemos que podemos ser uno de ellos, que somos, de hecho, uno de esos seres de sabiduría. Por lo tanto, estamos en un estado completo de unidad con la deidad, que es un estado muy poderoso.

Estos tres estadios de tantra se enseñan por tres razones diferentes. El Buda enseñó el Kriya tantra a aquellos que están poderosamente implicados en la klesha de la ignorancia, el Upa tantra a aquellos que están involucrados principalmente con la klesha del enojo y el Yoga tantra a aquellos que están implicados en la klesha inmensa de la pasión.

A diferencia de los shravakas, pratyekabudas y bodhisattvas, que cultivan la renuncia y el desapego en relación con la existencia física y el mundo samsárico, no tenemos que renunciar a limpiar y embellecer nuestro cuerpo o a enriquecer más nuestra existencia física con ornamentos. En este sentido, el camino del Vajrayana es especialmente audaz y valiente.

En general, es necesario seguir un camino progresivo cuando practicamos estos tres yanas. Por ejemplo, si no nos duchamos cuando nos levantamos por la mañana, ¿cómo podemos estar verdaderamente listos para vestirnos y ponernos ornamentos? Podríamos ponernos ropa nueva, con nuestro cabello revuelto en todas direcciones, pero nuestra ropa pronto estaría sucia y tendríamos un aspecto bastante extraño. Sin embargo, no importa en qué etapa del tantra comencemos –incluso si intentamos saltar a un tantra más avanzado–, tendremos que atravesar las tres etapas de los tantras exteriores. No hay escapatoria. Por ejemplo, si fuéramos a entrar al nivel del Anu yoga tantra, pasaríamos por el proceso de ducharnos, vestirnos y adornarnos, porque cada uno de los tantras superiores contiene todos los procesos de purificación y enriquecimiento que encontramos en los tantras inferiores. Por lo tanto, nuestra práctica puede no necesariamente estar limitada a practicar el Kriya tantra primero, seguido por el Upa tantra y por el Yoga tantra, ya que todo lo contenido en estas prácticas está incluido, de alguna forma, dentro de los tantras o yogas interiores de la etapa final del Vajrayana, que es el Vehículo de Medios Abrumadores. Dentro de la progresión de estos yanas, los superiores incluyen más y más de los anteriores.

15. El hallazgo final

Cuando entramos a los tres yanas finales de nuestro viaje de nueve yanas, también estamos entrando al vehículo absoluto o último, que es el Vehículo de Medios Abrumadores. En nuestra práctica del primer conjunto de tres yanas, descubrimos la verdad básica, que es la realidad fundamental de la naturaleza de la mente y del mundo fenoménico. En nuestra práctica del segundo conjunto de tres yanas, se nos proporcionaron los métodos para revelar completamente esta naturaleza fundamental y manifestarla plenamente. Con los tres yanas finales, comenzamos la parte más profunda de nuestro viaje, que también es su esencia más íntima. Aquí es donde surge la noción de un alto total gigante. Esta parte del camino es más restringida, y está conectada más directamente con nuestra noción de Dzogchen.

El Vehículo de Medios Abrumadores

Cuando entramos a los yanas de Maha yoga, Anu yoga y Ati yoga, hay una enorme sensación de energía, poder y velocidad que es difícil de describir o conceptualizar. Estas tres últimas etapas de nuestro viaje de Dzogchen se vuelven un poco locas y un poco complicadas. Estamos entrando a un vehículo que es como un cohete; estamos aproximándonos a ese nivel de velocidad. Si lo hemos preparado todo apropiadamente, desde el nivel de la base hasta este punto, si hemos revisado cada elemento del cohete y confiamos en nuestra propia habilidad para pilotarlo, entonces es posible proceder sin gran dificultad. Si emprendemos esta parte del viaje con confianza y conocimiento pleno de cómo funciona el vehículo, entonces nuestro viaje será mucho más fácil. Si nos hemos preparado muy cuidadosa y meticulosamente, cuando despeguemos, no tendremos problema alguno, como pérdida de aceite o una explosión, algo que nos ha pasado antes. Ya no hay ningún peligro de que la serpiente gire su cabeza hacia la parte inferior de la caña de bambú y acabe en el infierno. Cuando entramos a los tres yanas finales, es posible ver con más claridad por qué se ha hecho tanto énfasis en la noción de preparación minuciosa. En última instancia, es más importante discutir cómo nos preparamos para nuestro viaje que discutir el viaje mismo.

El gurú en el linaje del Dzogchen

Cuando revisamos la historia del linaje del Dzogchen, encontramos el ejemplo de Gurú Padmasambhava, que nos muestra cuán extravagante puede volverse este viaje. En esta etapa tan interesante y poderosa de nuestro viaje, hay una fuerte sensación de que el gurú se mete en nuestros asuntos. Y es verdad, y no solo se mete en nuestros asuntos, sino que se mete en los asuntos de nuestros asuntos. Podríamos decir que el gurú se mete en todos y cada uno de nuestros asuntos.

Padmasambhava recibió la transmisión de las enseñanzas profundas de Dzogchen de su gurú, el gran maestro Shri Simha, y otros. Uno de sus gurús le confirió el poder reduciendo todo el ser de Gurú Padmasambhava a la diminuta sílaba HUM. La pequeña HUM luego se colocó en la lengua de su gurú, quien se la tragó. Ese fue el comienzo de la abhisheka. Luego la sílaba HUM pasó al otro lado y, para ese momento, Padmasambhava había recibido la transmisión completa de Dzogchen, incluidas las tres etapas finales. No hace falta decir que esta manera de empoderamiento es bastante extravagante y muy directa, en el sentido de que permite trascender nuestro aferramiento conceptual.

Maha yoga

El Maha yoga lidia primariamente con el aspecto de visualización de la práctica del tantra, en particular con el yoga de deidad. Como una práctica de deidad del Vajrayana, se le llama las enseñanzas del Maha yoga de la práctica de visualización o las enseñanzas del Maha yoga sobre la práctica de desarrollo. Dentro de la práctica general del yoga de deidad, se enfoca particularmente en desarrollar la sabiduría y el coraje de la deidad.

Como se explicó antes, *yoga* significa «llegar al estado natural» o «llegar al estado sin artificio de nuestro corazón vajra». *Maha yoga* significa «gran yoga», lo cual indica que llegamos al estado de la naturaleza luminosa de la mente, *rigpa*, que es el aspecto de claridad de la visualización. La visualización se convierte en la expresión de la naturaleza de claridad de nuestro corazón vajra, que también se llama *mente primordial* en el Dzogchen.

La práctica de la visualización es una manera muy poderosa e inmediata para nacer en el mundo sagrado del Vajrayana. No tenemos que esperar eones para experimentar un reino búdico puro, como es el caso de los caminos graduales del Hinayana y el Mahayana, en los que habitualmente sí lleva eones alcanzar el estado de fructificación. En contraste, las prácticas de visualización son el camino que nos pueden llevar al mundo vajra en el acto. Podemos nacer en el mundo vajra en este mismo momento con los poderosos medios hábiles de la práctica de visualización. Al mismo tiempo, todo el proceso de nacer en el mundo sagrado vajra purifica la basura kármica que nos vincula al renacimiento en el mundo samsárico.

La práctica de visualización ocurre dentro de nuestras sesiones formales de meditación. En este proceso, primero visualizamos el gran espacio de vacuidad, que es la naturaleza fundamentalmente pura de nuestra mente, nuestro flujo básico de conciencia. Dentro de este espacio, visualizamos un asiento de loto, que simboliza nuestro flujo puro de ser. En este asiento de loto, visualizamos un disco solar y un disco lunar, que simbolizan las dos células reproductivas del padre y la madre. Encima de eso, visualizamos una sílaba luminosa y parpadeante, que simboliza nuestra conciencia de bardo. La sílaba parpadeante comienza a irradiar luz, que se propaga en el espacio y luego regresa, disolviéndose en la sílaba, antes de irradiar nuevamente, una y otra vez. El proceso de la luz que irradia hacia afuera y luego regresa representa un proceso de concepción. A través de esta concepción, nuestra conciencia se transforma de la sílaba parpadeante en una deidad Vajrayana, como Vajrasattva. Por lo tanto, nos transformamos en una de las expresiones Vajrayana del Buda y nacemos en ese reino particular de budeidad. En ese preciso momento, trascendemos todo nuestro aferramiento al ego y nuestros conflictos emocionales, simplemente naciendo en ese mundo vajra, que es un mundo puro.

Al adoptar la forma de un *heruka*, una deidad masculina iracunda o semiracunda asociada con la trasformación del ego, como aquellas que vemos en la iconografía del Vajrayana, trascendemos nuestra dualidad básica de bueno y malo, nuestro sentido básico de mente egocéntrica y discriminadora. Nos deshacemos de todos nuestros ornamentos y ropas hermosas. En vez de vestir una hermosa blusa de seda, en este punto vestimos algo como la piel de un animal. En vez de vestir algún tipo de falda de marca, vestimos una falda de piel de tigre. Nos ponemos calaveras como ornamentos. Nos ponemos una variedad salvaje de ropa, ornamentos y maquillaje. Caminamos descalzos; no necesitamos zapatillas de ballet, ni sandalias Birkenstock. En este punto, adoptamos todas estas expresiones externas del Vajrayana. Este proceso es una progresión gradual. No podemos entrar en él desde el comienzo. Se desarrolla a través de los primeros tres yanas y los primeros tres tantras. Luego alcanzamos este nivel, en el que podemos abandonar completamente todo aferramiento conceptual y entrar en cierta etapa de locura Vajrayana.

Anu yoga

Después de desarrollar nuestra visualización de la deidad a través de las prácticas del Maha yoga, tenemos que disolverla. El aspecto de disolución del proceso de visualización es la práctica de la mente primordial de luminosidad, que es Anu yoga, la segunda etapa de los tres yanas finales. Este aspecto de disolución se refiere al elemento de prajña, o sabiduría, de nuestra práctica. Se denomina Anu yoga porque *anu* significa «después» o «lo que viene después» del yoga. Es el yoga de disolución, que se practica después de la etapa de desarrollo del Maha yoga. Esta meditación de disolución consiste en diferentes ejercicios y yogas interiores que se relacionan con los métodos vastos y profundos de las enseñanzas de *sampannakrama*. Todas las prácticas del Anu yoga están conectadas con las prácticas de yoga de prana, nadi y bindu, o fuego interior. Cuando alcanzamos este nivel, somos capaces de practicar los yogas completa y adecuadamente porque hemos establecido la base; hemos completado todas las preparaciones necesarias.

Cuando entramos al reino de Anu yoga, estamos entrando a un mundo que tiene un cierto sentido de locura, una cierta cualidad salvaje, abierta y espaciosa. Ya no hay espacio en el que establecer distinciones entre bueno y malo, feo y hermoso, tú y yo, etc. Después de la práctica de Maha yoga, atravesamos todas esas barreras. Nos quitamos toda la ropa y las joyas. No necesitamos nuestras prendas de diseñador. Incluso tiramos todos los hermosos ornamentos de hueso, las faldas de piel de tigre, y todo lo demás. Nos desprendemos de todas las barreras y nos unimos a este mundo loco del Vajrayana. Nos unimos al corazón real de las enseñanzas del Vajrayana, esta gran sensación de espacio y apertura.

Aquí se produce el último paso de nuestro hallazgo. Estamos atravesando nuestro aferramiento a nosotros mismos como hermosos y limpios y nuestro aferramiento a ciertas otras cosas como sucias, feas e inhumanas. Estamos cortando todo este aferramiento a la separación y al pensamiento dualista, y estamos entrando a la realidad de ecuanimidad no dual, el gran espacio del mundo vajra. Después de todo, es un mundo maravilloso.

Ati yoga

La etapa de desarrollo de las prácticas del Maha yoga, junto con las prácticas de disolución del Anu yoga, nos conducen a la tercera etapa del vehículo final, la etapa de Ati yoga o Dzogchen. *Ati* significa «pico» o «lo más alto», así que el Ati yoga es el pico de la práctica de yoga. Dzogchen es el estado de gran perfección o de gran compleción; es el alto total gigante en el que termina nuestro viaje. Se llama la gran compleción porque hemos completado el viaje, el camino. Se llama la gran perfección porque hemos perfeccionado todas las cualidades necesarias para convertirnos en un buda, en un ser iluminado. No hay otro lugar adonde ir. No hay un yana o una meta superior que alcanzar.

Hasta este punto, nuestro viaje nos ha llevado a través de todos los niveles del camino y a través de todas las etapas de trascendencia de nuestra dualidad básica. Ahora estamos entrando al reino de Ati yoga, en el que descubrimos que, en realidad, el estado fundamental de nuestro ser es nuestro cuerpo físico, nuestra existencia como cuerpo. En este nivel, regresamos al estado fundamental de desnudez. Nos hemos desprendido de todos los aspectos de vestimenta y joyas. Para cuando llegamos a la etapa de Ati yoga, hemos desechado todas estas cosas y regresado al estado básico de nuestro ser, que se llama *alfa puro*. Es puro al principio y puro al final. Descubrimos que, después de todo, nunca hubo razón alguna para haber emprendido este viaje.

En cierto sentido, vamos de regreso hasta al estado original de nuestra existencia, antes de que nos levantáramos y tomáramos nuestra ducha. Ahora nos damos cuenta de que, hasta cierto punto, todos esos pasos no eran necesarios. Nos damos cuenta de que, desde el principio, nuestro ser ha sido primordialmente puro y ha estado primordialmente en el estado de budeidad o en el estado de Samantabhadra.

Hay una sensación de regresar al punto de partida. Regresamos al punto exacto donde comenzamos nuestro viaje; es por eso que el nivel de la base del Dzogchen no es separable del aspecto resultante del Dzogchen. La base es, en realidad, el resultado, y el resultado es la base. El Dzogchen es un camino del nivel de la fructificación, no un camino del nivel causal, porque tomamos la fructificación como la base y como el camino, y alcanzamos el nivel de la fructificación después de todo. Este nivel de Ati yoga va más allá de cualquier sentido de fronteras o aferramiento conceptual, más allá, incluso, del aferramiento a la frontera conceptual de algo llamado mundo sagrado. Vamos más allá de ese mundo, al espacio básico.

Hay un ejemplo que nos muestra cómo la naturaleza fundamental de nuestra existencia es como un águila. En este ejemplo, siempre estamos intentando hacer que el águila se parezca a un ser humano, como uno de nosotros. Así que vestimos al águila: le ponemos un sombrero; le ponemos un abrigo; le ponemos un par de botas y una bonita corbata. Nunca permitimos que el águila sea «águila». Mientras tanto, el águila se siente muy mal vistiendo todas esas ropas hermosas. No se siente para nada cómoda. Sin embargo, en la etapa de Ati yoga, el águila sale volando del acantilado, primero deshaciéndose de las botas, luego deshaciéndose del abrigo y, finalmente, deshaciéndose de su sombrero y su corbata. Podemos imaginar cuán libre se siente el águila en este punto. El águila por fin se vuelve águila.

De manera semejante, la naturaleza desnuda de nuestra mente, el estado desnudo de nuestro ser, no se siente para nada cómodo con estas capas de ropas conceptuales, filosóficas y religiosas que estamos intentando ponerle. Como el águila que viste sombrero y botas, la naturaleza fundamental del ego no se siente para nada cómoda. Cuando alcanzamos la etapa de Ati yoga, el ego finalmente obtiene su libertad. Obtiene el coraje de saltar desde el acantilado y volar, dejando caer gradualmente las botas, el abrigo, el sombrero y la corbata. Es maravilloso; ahora el ego puede unirse al espacio más grande del buda primordial, el espacio más grande de la conciencia primordial. Finalmente, el ego tiene la libertad de estar descubierto y desnudo.

En este nivel de Ati yoga, nos hemos liberado por completo de toda vestimenta conceptual. Hemos tirado los sombreros, abrigos, botas y corbatas, así como todos nuestros ornamentos, y estamos volando en el gran espacio de Dzogchen, el gran espacio de Samantabhadra. Al fin, nos damos cuenta de cómo podemos experimentar la rojez del rojo y la azulidad del azul, sin conceptualizar los colores. Hemos alcanzado el estado de completa ausencia de miedo. En este punto, no tenemos miedo de presentar nuestro estado desnudo de la mente, porque es la verdad básica de nuestra existencia. Hemos alcanzado la valentía de presentarnos en la manera en que existimos fundamentalmente. Hasta este punto –durante nuestro viaje por el camino del Vajrayana y por nuestra existencia en el mundo samsárico–, hemos estado intentando convertirnos en algo o en alguien que no somos. Ahora, habiéndonos despojado de toda nuestra ropa conceptual, podemos simplemente ser lo que somos y quienes somos de verdad.

En esta etapa de la práctica, se requieren muchas instrucciones diferentes. Nuestro gurú nos señalará diversos métodos para despertarnos a nosotros mismos. Después de desarrollar una relación apropiada con nuestro gurú, atravesamos el entrenamiento detallado de las prácticas de Maha, Anu y Ati yoga. Las prácticas de Ati yoga, especialmente, están basadas en una conexión corazón a corazón. Se imparten como una enseñanza de corazón a corazón entre estudiante y gurú, en lugar de a través de una enseñanza oral. Por lo tanto, los detalles de las prácticas de Ati yoga se consideran extremadamente privadas, y los métodos en sí se practican de forma secreta, como todas las prácticas del Vajrayana. Algunas de estas prácticas se mantienen en secreto porque hay un gran peligro de malentender el camino, los métodos y la invitación. La invitación a este viaje es una invitación de corazón a corazón, así que no te llegará junto con el correo no deseado que recibes durante el resto del viaje espiritual; tampoco escucharás en otro sitio hablar sobre estas prácticas. Cuando el camino o la invitación se interpretan mal, no solo estropean tu propio camino, sino que estropean los caminos de otros. Por ende, el secretismo no es solo para el beneficio de los estudiantes; es también para el beneficio de todo el linaje y las enseñanzas. Por lo tanto, para entrenarnos en el camino de los tres niveles superiores de yoga, es necesario atravesar todo el proceso privadamente con nuestro gurú individual.

El Ati yoga está, además, dividido en tres secciones, Sem-de (*sems sde*), Long-de (*klong sde*) y Men-ngak-de (*man ngag sde*), que se pueden traducir como como «mente», «espacio» e «instrucción». A través de estos pasos muy detallados de nuestras prácticas de yoga y de las instrucciones de nuestro gurú, llevamos nuestro viaje al espacio del Buda primordial. Sin embargo, tenemos que aprender cómo desprendernos de nuestras botas. Tenemos que aprender cómo desprendernos de nuestras chaquetas. Tenemos que aprender cómo desprendernos de nuestros sombreros. Tenemos que aprender cómo ser valientes y cómo estar desnudos. Tenemos que ser valientes para revelar la desnudez de nuestra conciencia básica. Desarrollar esta valentía es la esencia de todo el viaje.

En la etapa final de Ati yoga, estamos completamente libres de todo aferramiento conceptual. Ni siquiera tenemos el pensamiento «Finalmente, soy libre» o la etiqueta conceptual de «Soy un practicante de Dzogchen», que es quizá el mayor aferramiento que podríamos tener. Entramos a esta etapa final a través de una poderosa llamada de atención, que llamamos el empoderamiento de rigpa. Recibir el empoderamiento de rigpa, o la conciencia desnuda, es la llamada de atención final. Ya no estamos en el estado de sueño. Aunque habitualmente queremos volver a dormir porque no hemos terminado nuestro sueño, ya sea un sueño dulce y agradable o una pesadilla, aquí hemos terminado completamente nuestro sueño, así que nos despertamos en el estado de budeidad, en el mundo real. La última etapa de Ati yoga, de Dzogchen, no es diferente del estado de budeidad que se alcanza a través del camino de Mahayana o del camino de Mahamudra. El logro final del despertar siempre es el mismo.

Despertar

Podemos considerar todos los enfoques del proceso de despertar en el camino budista como similares a los métodos habituales que usamos para despertarnos por la mañana. Podríamos estar intentando despertarnos, pero la pregunta es: ¿cómo queremos despertarnos? El método general del Hinayana-Mahayana es como poner un reloj despertador. Cuando escuchamos el pitido de la alarma, usualmente apretamos el botón de apagado y volvemos a dormirnos. Cuando la alarma vuelve a sonar, tenemos una elección: podemos levantarnos o podemos presionar el botón de apagado de nuevo. A veces, incluso podemos patear el reloj despertador para que nunca nos vuelva a despertar. Eso es similar al proceso de despertar básico del Hinayana-Mahayana. En contraste, en los enfoques de Mahamudra y Dzogchen sobre el despertar, el gurú entra en nuestra habitación mientras dormimos y lanza una cubeta de agua helada a nuestra cama. Esa es nuestra llamada de atención y, por lo general, «lo entendemos» de inmediato. No tenemos otra alternativa más que levantarnos. Estamos muy enfadados, pero muy despiertos.

El propósito de todo nuestro viaje, sea cual sea el camino que tomemos, es despertar. A través de este camino de nueve yanas, nos despertamos completamente al estado de budeidad. Sin embargo, ese despertar depende de nosotros. Si no le damos las llaves de nuestro apartamento a nuestro gurú con plena seguridad y confianza, él o ella no puede entrar a nuestra habitación para despertarnos. Es por eso que el viaje comienza construyendo esta relación de seguridad y confianza con nuestro gurú. Es la primera parte y la más importante de nuestro viaje en Dzogchen y en Mahamudra. A veces nos enfadamos con nuestros gurús porque queremos terminar nuestro sueño, y ellos nos están despertando. Desde el punto de vista del Vajrayana, el buda primordial está siempre presente, tanto si queremos experimentarlo como si no. Así que, en este viaje espiritual, la verdadera pregunta es: ¿estoy dispuesto a despertar?

Glosario

En el caso de que se provea un término equivalente en tibetano, la transliteración Wylie sigue el sánscrito y la pronunciación fonética aparece a la derecha.

ABHISHEKHA (tib. *dbang / wang*; empoderamiento). La concesión de autoridad, comúnmente por medio de un ritual, para la práctica especializada de meditaciones vajrayana de deidad.

ADHISHTHANA (tib. *byin rlabs / jinlab*). Bendiciones conferidas por los maestros propios, maestros realizados, o a través de la propia práctica de meditación y súplicas.

AFERRAMIENTO AL EGO (sánsc. *atmagraha*; tib. *bdag 'dzin / dakdzin*). La tendencia confusa de la mente a aprehender un «yo» o «mío» verdaderamente existente dentro del continuo del cuerpo y la mente.

AMIGO ESPIRITUAL (sánsc. *Kalyana-mitra*; tib. *dge ba'i bshes gnyen / gewe shenyen*). El nombre para el maestro en el Mahayana que muestra el camino de la virtud.

APARIENCIAS (tib. *snang ba / nangwa*). Los objetos de los seis sentidos. Traducidos también como «experiencias» o «percepciones».

ARHAT (tib. *dgra bcom pa / dra-chompa*; destructor de enemigos). Un shravaka o pratyekabuda que ha alcanzado el nirvana, o la liberación del samsara. *Véase también* nirvana; liberación.

AUSENCIA DE EGO (sánsc. *nairatmya*; tib. *bdag med / dak-me*). Similar en significado a shunyata. También traducido como «ausencia de yo», *es la ausencia de algo* singular, permanente o independiente que podría llamarse ego, sí mismo, alma, identidad o yo. Hay dos tipos principales de ausencia de ego, la de las personas (sánsc. *pudgala-nairatmya*; tib. *gang zag gi bdag med*) y la de los fenómenos (sánsc. *dharma-nairatmya*; tib. *chos kyi bdag med*).

AVALOKITESHVARA (tib. *spyan ras gzigs / Chenrezi*). Bodhisattva de la compasión.

AYATANAS (tib. *skye mched / kye-che*; campos sensoriales). Doce fuentes de percepción; los seis objetos sensoriales y las seis facultades sensoriales.

BARDO (tib. *bar do / bardo*; estado intermedio). Generalmente, se refiere al estado que sigue a la muerte y antes del siguiente nacimiento.

BASE DE TODO (sánsc. *alaya*; tib. *kun gzhi / kunshi*). El flujo mental. Cuando no se reconoce, se le llama conciencia base de todo. Cuando se reconoce, se le llama sabiduría base de todo.

BHUMIS (tib. *sa / sa*; bases). Las diez etapas o niveles que atraviesan los bodhisattvas. El logro del primer bhumi significa la primera realización plena de la vacuidad. A medida que uno progresa a través de los bhumis, su realización se vuelve cada vez más profunda. Hay cuatro paramitas adicionales que corresponden a y se perfeccionan en el viaje de los diez bhumis. A las seis paramitas se añaden: método (sánsc. *upaya*; tib. *thabs*); aspiración (sánsc. *pranidhana*; tib. *smon pa*); poder (sánsc. *bala*; tib. *stobs*); sabiduría (sánsc. *jnana*; tib. *ye shes*).

BINDU. *Véase* nadis, pranas y bindus.

BODHICHITTA (tib. *byang chub kyi sems / changchub kyi sem*; mente despierta). Generalmente, la intención de alcanzar la budeidad completa para beneficiar a todos los seres. Específicamente, se clasifica en bodhichitta relativa y última; la primera se divide en bodhichitta de aspiración y aplicación.

BODHISATTVA (tib. *byang chub sems dpa' / changchub sempa*; el valiente despierto). El Valiente Despierto, Aquel que Tiene la Valentía de Despertar. Un aspirante en el camino del Mahayana que ha hecho un voto para alcanzar el despertar completo para liberar a todos los seres del samsara. El término puede referirse o bien a un ser ordinario que practica los entrenamientos de bodhichitta, o bien a alguien que ha alcanzado las realizaciones de cualquiera de los diez bhumis de los bodhisattvas.

BUDADHARMA (tib. *nang pa sangs rgyas pa'i chos / nangpa snagye-pe cho*). Enseñanzas del Buda. El Budadharma puro es una ciencia genuina de la mente que trabaja con el potencial básico de nuestra mente y es una filosofía social de vida, una filosofía en acción.

CHAKRAVARTIN (tib. *'khor lo bsgyur ba'i rgyal po / khorlo gyurwe gyalpo*). Un monarca universal todopoderoso de la cosmología india tradicional.

CHANDRAKIRTI (tib. *Zla ba grags pa / Dawa Drakpa*). Maestro indio, uno de los estudiantes principales de Nagarjuna.

CHITTAMATRA (tib. *sems tsam / sem-tsam*; solo mente). «Solo Mente», la escuela Mahayana que enseña que no hay cosas que existan como algo diferente de la mente y afirma la mente –la mera conciencia clara y consciente– como verdaderamente existente.

Cinco caminos (sánsc. *pancha-marga*; tib. *lam lnga / lam nga*). Las cinco etapas o caminos a través de los cuales uno implementa las seis paramitas y atraviesa el Mahayana en el viaje de ser samsárico ordinario a buda perfecto: (1) el camino de la acumulación; (2) el camino de la unión; (3) el camino de ver; (4) el camino de la meditación; y (5) el camino de no más aprendizaje.

Cinco placeres sensoriales (tib. *'dod yon lnga / doyon nga*). Formas hermosas, sonidos placenteros, aromas fragantes, sabores deliciosos y objetos tangibles suaves.

Cinco skandhas (tib. *phung po lnga / phungpo nga*; cinco agregados). El término *skandha* significa, literalmente, «grupo», «pila» o «agregado». Los cinco skandhas son: formas (tib. *gzugs*), sensaciones (tib. *tshor ba*), discriminaciones (tib. *'du shes*), formaciones (tib. *'du byed*) y conciencias (tib. *rnam shes*). Estos cinco comprenden todos los aspectos posibles de nuestra experiencia y se dice que son la base de nuestro aferramiento a un yo, así como la base para el examen de la no existencia de un yo.

Contaminaciones (tib. *glo bur gyi dri ma / lobur gyi drima*). Impurezas que no son propias de la naturaleza búdica, de la naturaleza de la mente, y que oscurecen nuestra percepción de la misma, como las nubes que bloquean los rayos del sol. También se llaman manchas adventicias o incidentales. *Véase también* dos oscurecimientos.

Corrientes ocultas de pensamientos (tib. *rtog pa 'og 'gyu / tokpa ok-gyu*) Pensamientos que operan en un nivel subconsciente y que, a menudo, pasan desapercibidos.

Cuatro Nobles Verdades (sánsc. *caturaryasatya*; tib. *'phags pa'i bden pa bzhi / phakpe denpa shi*). La primera enseñanza del Buda. Las primeras dos verdades –la Verdad del Sufrimiento y la Verdad del Origen del Sufrimiento– presentan la causa y el resultado del samsara; las segundas dos verdades –la Verdad de la Cesación del Sufrimiento y la Verdad del Camino que Conduce a la Cesación– presentan la causa y el resultado del nirvana.

CUERPO VAJRA SUTIL. La energía vital de la conciencia dentro del cuerpo físico que está permeada por una red compleja de nadis, pranas y bindus.

DESPERTAR (sánsc. *bodhi*; tib. *byang chub / changchub*). El estado de un buda. También traducido como «iluminación».

DESPLIEGUE (tib. *rtsal / tsal*). La cualidad manifiesta de la mente. También traducido como «manifestación» o «poder expresivo».

DHARMADHATU (tib. *chos dbyings / choying*; extensión / espacio de los fenómenos). La extensión última y primordial de los fenómenos del samsara y el nirvana, que no surge y es incesante, incondicional e inmutable.

DHARMAKAYA (tib. *chos kyi sku / chokyi ku*; cuerpo de verdad/fenoménico). «Cuerpo de verdad», la realización de la esencia de vipashyana o el resultado de perfeccionar la naturaleza de la no conceptualidad. Es la fructificación alcanzada en beneficio propio. Con respecto a la naturaleza de la mente, el dharmakaya es la esencia vacía de la mente, más allá de toda palabra, pensamiento y expresión. Se dice también que es el no surgimiento de la mente misma y que está libre de toda elaboración conceptual. De la tríada de cuerpo, habla y mente, se enseña como la cualidad mental de la budeidad.

DHARMATA (tib. *chos nyid / chonyi*; realidad). La naturaleza o realidad *última* de la mente y los fenómenos. Sinónimo de vacuidad.

DHATU (tib. *khams / kham*; componentes, constituyentes). Los dieciocho aspectos de la percepción: (1-5) los cinco sentidos físicos;

(6-10) las cinco conciencias de los sentidos físicos; (11-15) los cinco objetos sensoriales; (16) la facultad mental; (17) la conciencia mental; y (18) los objetos mentales.

DOHA. Un tipo de canción espontánea de realización espiritual, históricamente cantada por maestros como Milarepa.

DOS ACUMULACIONES (sánsc. *sambhara-dvaya*; tib. *tshogs gnyis / tsok nyi*). La acumulación de mérito y la acumulación de sabiduría. Las dos clases básicas de aquello que se va a recolectar o acumular en el camino a la iluminación; la perfección de ambas es sinónimo de la iluminación misma.

DOS OSCURECIMIENTOS (tib. *sgrib gnyis / drib nyis*). Las dos clasificaciones de todo lo que previene o nos impide alcanzar la iluminación: (1) los oscurecimientos del conocimiento y (2) los oscurecimientos de las kleshas. Los oscurecimientos del conocimiento consisten, en su mayor parte, en la ignorancia de la naturaleza verdadera de los fenómenos. Se dice que este es el más sutil de los dos oscurecimientos. Los oscurecimientos de las kleshas, u oscurecimientos aflictivos, son de la naturaleza de las cinco kleshas raíz: enojo, orgullo, pasión, ignorancia y envidia, y sus estados mentales relacionados. Solo los budas perfectos están completamente libres de los dos oscurecimientos. También llamados las dos contaminaciones o velos.

DOS VERDADES (sánsc. *dvisatya*; tib. *bden pa gnyis / denpa nyi*). Dos niveles de verdad o dos maneras de percibir la realidad: la verdad relativa es la que se aparece ante la mente confusa de los seres ordinarios; la verdad última es la que se aparece ante la mente de sabiduría no dual de los seres realizados. La verdad relativa se correlaciona con la manera en que las cosas aparecen, mientras que la verdad última se correlaciona con la manera en que las cosas son.

Dos sabidurías del Buda. También conocidas como el conocimiento doble (tib. *mkhyen pa gnyis / khyenpa nyi*); conocimiento de las variedades de los fenómenos (tib. *ji snyed mkhyen pa / ji-nye khyenpa*) y conocimiento del modo de los fenómenos (*ji lta ba mkhyen pa / ji-tawa khyenpa*).

Düsum khyenpa (tib. *Dus gsum mkhyen pa*) (1110-1193). Primer Gyalwa Karmapa, uno de los principales estudiantes de Gampopa, y fundador del Karma Kagyu.

Dzogchen (tib. *rdzogs chen*). «La Gran Perfección», la tradición de meditación que enfatiza la pureza primordial de la mente y los métodos para su realización. Se enseña que es la forma más avanzada de la práctica de meditación.

Elaboraciones conceptuales (tib. *sprod pa / tropa*). Los constructos conceptuales que se imputan falsamente a los fenómenos. Por lo general, hay cuatro elaboraciones, que son los cuatro extremos: existencia, no existencia, ambas y ninguna.

Gampopa (tib. *sGam po pa*) (1079-1153). También conocido como Dakpo Rinpoché (tib. *Dvags po rin po che*). Estudiante principal de Milarepa, también estudió con los maestros Kadampa. Entre sus principales discípulos se encuentran Düsum Khyenpa y Pakmo Drupa.

Gran vacuidad (tib. *stong pa chen po / tongpa chenpo*). La inseparabilidad de las apariencias y la vacuidad, o la inseparabilidad de la claridad y la vacuidad.

Gurú Rinpoché. El maestro indio del budismo tántrico que, a través de varios estilos de conducta convencional y no convencional, fue el principal responsable de trasplantar las enseñanzas del budismo Vajrayana al Tíbet. También conocido como Padmasambhava.

HINAYANA (tib. *theg pa dman pa / thekpa menpa*). «Vehículo Inferior». Incluye los dos primeros yanas, el Shravakayana y el Pratyekabudayana, cuya fructificación es la liberación individual.

IMPERMANENCIA (tib. *mi rtag pa / mitakpa*). Un fenómeno impermanente es aquel que surge, permanece y cesa. La impermanencia burda se refiere a los cambios que pueden observar directamente las mentes no desarrolladas con el paso del tiempo. La impermanencia sutil se refiere a los cambios momentáneos, que por lo general no se pueden observar directamente.

KADAMPA (tib. *bka' gdams pa*). La tradición llevada al Tíbet por Atisha, que enfatiza el vinaya y el camino gradual (*tib. lam rim*). Gampopa estudió con los maestros Kadampa antes de convertirse en estudiante de Milarepa.

KLESHAS (tib. *nyon mongs / nyonmong*; aflicciones mentales). Los estados negativos y erróneos de la mente que afligen a los seres sintientes. También conocidos como emociones aflictivas. Las seis aflicciones raíz son: ignorancia (tib. *ma rig pa*), deseo (tib. *'dod chags*), enojo (tib. *khong 'khro*), orgullo (tib. *nga rgyal*), duda (tib. *the tshom*) y visiones erróneas (tib. *lta ba*).

LIBERACIÓN (tib. *thar pa / tarpa* o tib. *grol ba / drolwa*). Dos términos tibetanos diferentes se traducen con la palabra *liberación*. *Tarpa* se refiere, principalmente, al estado de libertad del sufrimiento que se alcanza en los yanas Shravaka y Pratyekabuda, en lugar del despertar pleno de un buda iluminado a través del Mahayana. *Drolwa* tiene una connotación más vasta, y a menudo se refiere a la liberación espontáneamente disponible e innata a la que uno se conecta a través de las prácticas de Mahamudra y Dzogchen, como en el término *autoliberación*. (tib. *rang grol / rangdrol*).

LINAJE DE LA VISIÓN PROFUNDA (tib. *zab mo lta ba'i rgyud/ 'zabmo taw gyu*). Linaje de enseñanzas y prácticas que viene de Nagarjuna y Chandrakirti, que enfatiza el conocimiento.

LINAJE DE LA CONDUCTA VASTA (tib. *rgya chen spyod pa'i rgyud / gyachen chope gyu*). Linaje de enseñanzas y prácticas que viene de Maitreya y Asanga, que enfatiza el método.

LUMINOSIDAD (sánsc. *abhasvara*; tib. *'od gsal / osel*). La cualidad natural de claridad y resplandor que es inseparable de la naturaleza de shunyata de los fenómenos.

MADHYAMAKA (tib. *dbu ma pa / umapa*; proponentes del Camino Medio). «[Proponentes] del Medio». La escuela Mahayana de budismo fundada por el maestro Nagarjuna que propone la ausencia de existencia verdadera de todos los fenómenos. Dado que los Madhyamakas enseñan la unión de las verdades relativa y última de un modo que trasciende los dos extremos de permanencia y nihilismo, se les llama «[Proponentes] del Medio». La etimología de la palabra tibetana *uma* echa luz sobre la filosofía Madhyamaka: *u* significa «centro» o «medio», mientras que *ma* puede entenderse como un sufijo nominal y una partícula de negación. Por lo tanto, la última haría que el término signifique, literalmente, «no el medio». Esto ilustra que esta escuela no propone siquiera un «medio» que existiría verdaderamente o ultimadamente como un resto, después de que los dos extremos se hayan trascendido.

MAHAMUDRA (tib. *phyag rgya chen po / chakgya chenpo*; el Gran Sello). Una tradición de métodos profundos de meditación basada en la realización directa de la naturaleza verdadera de la mente.

MAHASIDDHA (tib. *grub chen / drubchen*; alguien de grandes logros) Un practicante del budismo Vajrayana que ha alcanzado estados extremadamente sofisticados de conciencia y capacidad espiritual.

MAHAYANA (tib. *theg pa chen po / thekpa chenpo*). «Gran Vehículo» También llamado el Bodhisattvayana, se caracteriza por su énfasis dual en la compasión que desea la liberación del sufrimiento de todos los seres, y la sabiduría que percibe la naturaleza verdadera de los fenómenos. Al entrar en este vehículo y viajar en él, uno lleva a todos los seres sintientes al estado de completa iluminación.

MAITREYA (tib. *Byams pa / Jampa*). El bodhisattva que ahora mismo reside en el Cielo de Tushita, quien será el quinto buda de este eón.

MAITRIPA (1012-1097). Mahasiddha indio; uno de los principales maestros de Mahamudra de Marpa Lotsawa.

MANDALA (tib. *dkyil 'khor / kyilkhor*). El término tibetano para mandala literalmente significa «el centro y sus alrededores». En el budismo Vajrayana, un mandala es la morada del yidam o la deidad de meditación, el entorno compuesto por las apariencias puras de los campos búdicos que comunican la esencia de la sabiduría de la iluminación.

MANDALA DEL GURÚ. El entorno de sabiduría invocado a través de la presencia y la bendición del maestro espiritual, así como a través de la devoción y receptividad de sus estudiantes.

MANIFESTACIONES (tib. *'char sgo / cargo*) Las manifestaciones o experiencias de la mente: pensamiento y apariencias.

MANTRAYANA. *Véase* Vajrayana.

MENTE COEMERGENTE (tib. *lhan cig skyes pa 'i sems / lhenchik kyepe sem*). La naturaleza dharmakaya de la mente; el estado no nacido de libertad inherente o inseparable de cualquier expresión de la mente, como el surgimiento de un pensamiento o emoción; sinónimo de el dharmakaya coemergente.

MENTE ORDINARIA (tib. *tha mal gyi shes pa / thamal gyi shepa*). Un término del Mahamudra que significa la naturaleza despierta, básica, no fabricada de la mente. El término «ordinario» se usa para indicar que todos los seres la poseen, ya sea que la reconozcan o no. En la tradición del Mahamudra, se enseña que este aspecto de la mente debe ser señalado directamente por un maestro realizado a un estudiante calificado para que este conocimiento ocurra.

MILAREPA (tib. *Mi la ras pa*) (1040-1123). Uno de los estudiantes principales de Marpa Lotsawa y maestro de Gampopa.

MISMIDAD. *Véase* talidad.

NADIS, PRANAS Y BINDUS (tib. *rtsa rlung thig le / tsa lung thigle*). Los canales, energías o vientos, y esencias del cuerpo físico. Los nadis son canales a través de los cuales se mueven los pranas o vientos. Los pranas cargan a los bindus. Los canales son los 72.000 nadis y los 40 millones de nadis menores que moran en el cuerpo. Los vientos son los 21.600 pranas que circulan dentro de los nadis. Conectados con ellos, las esencias, que son los bindus blancos y rojos, permean.

NAGARJUNA (tib. *kLu sgrub / Ludrub*). Maestro indio de la filosofía Madhyamaka.

NATURALEZA BÚDICA (sánsc. *tathagatagarbha*; tib. *de bzhin gshegs pa'i snying po / deshin shekpe nyingpo*). El potencial para alcanzar el despertar espiritual completo que existe en el flujo mental de cada ser sintiente.

NATURALEZA DE LA MENTE (tib. *sems kyi gnas lugs / sem kyi neluk*). Un término para el estado intrínseco (tib. *gnyug ma*) o naturaleza verdadera de la mente; el estado sin artificio, natural, también conocido como «mente ordinaria» o la sabiduría de la conciencia surgida en sí misma. Sinónimo de «la manera de ser de las cosas» (tib. *gnas tshul*). También traducido como «estado natural», «naturaleza primordial» (*tib. gnas lugs*) o «modo primordial».

NIRMANAKAYA (tib. *sprul pa'i sku / trulpe ku*). «Cuerpo de manifestaciones». La forma kaya de un buda que puede aparecerse a seres puros o impuros. Es la fructificación que se alcanza para el beneficio de otros seres sintientes. Por lo tanto, este kaya está asociado estrechamente con la compasión. También se dice que la mente, aunque libre de surgimiento y cesación, se manifiesta de diversas maneras o que es las apariencias incesantes del poder expresivo de la mente. De la tríada de cuerpo, habla y mente, se enseña como la cualidad de cuerpo de la budeidad. De acuerdo con la historia que se tiene en común, el buda nirmanakaya más reciente fue Buda Sakiamuni. Sin embargo, en la tradición tibetana, Gurú Padmasambhava también se considera un buda nirmanakaya.

NIRVANA (tib. *mya ngan las 'das pa / nya-ngen le depa*; pasar más allá del sufrimiento). Puede significar la liberación (tib. *thar pa*) del sufrimiento, alcanzada a través del Shravakayana o el Pratyekabudayana, o el estado de omnisciencia (tib. *thams cad mkhyen pa*), el despertar completo, alcanzado a través del Mahayana.

NO NACIDO(A) (tib. *skye ba med pa / kyewa mepa*). Un sinónimo de vacuidad. Significa que, en última instancia, nada tiene ningún surgimiento o nacimiento verdadero, aunque en un nivel relativo parece haber surgimiento o nacimiento. También traducido como «no surgido(a)».

ORIGINACIÓN INTERDEPENDIENTE (tib. *rten cing 'brel bar 'byung ba / tenching drelwar jungwa*). La interconexión de todas las cosas; el hecho de que surgen en dependencia de causas y condiciones.

OSCURECIMIENTOS. *Véase* dos oscurecimientos.

PADMASAMBHAVA. También conocido como Gurú Rinpoché y Padmakara. El maestro tántrico nacido del loto que estableció el budismo Vajrayana en el Tíbet en el siglo IX, por invitación del rey Trisong Detsen. Manifestó el logro de los cuatro niveles de vidyadhara. Escondió innumerables tesoros del Dharma a lo largo y ancho del Tíbet, Nepal y Bután para que fueran revelados por discípulos destinados a ello en los siglos siguientes. Padmasambhava reside en la cima de la Montaña de Color Cobre en el continente del sudeste.

PARAMITAS (tib. *pha rol tu phyin pa drug / pharol tu chinpa druk*). Las seis perfecciones que se practican como áreas de entrenamiento en la bodhichitta de aplicación: (1) generosidad (sánsc. *dana*; tib. *sbyin pa*); (2) disciplina (sánsc. *shila*; tib. *tsul khrims*); (3) paciencia (sánsc. *kshanti*; tib. *bzod pa*); (4) esfuerzo (sánsc. *virya*; tib. *brtson 'grus*); (5) meditación (sánsc. *dhyana*; tib. *bsam gtan*); y (6) conocimiento trascendental (sáns. *prajña*; tib. *shes rab*).

PRAJÑA (tib. *shes rab / sherab*). Sabiduría o conocimiento trascendental relacionado con la comprensión profunda de la vacuidad; también, la cualidad de discriminación naturalmente aguda de la conciencia. Mientras que prajña funciona en nuestras actividades mundanas, en el nivel más alto es la conciencia que ve la impermanencia, la ausencia de yo, la ausencia de ego y shunyata.

PRAJNAPARAMITA (tib. *shes rab kyi pha rol tu phyin pa / sherab kyi pharol tu chinpa*). El nombre que se le da tanto a las enseñanzas como a la realidad de la prajnaparamita, o la perfección del conocimiento supremo, la realización de la vacuidad.

PRANA. *Véase* nadis, pranas y bindus.

PRATIMOKSHA (tib. *so sor tharpa / so sor tharpa*). Liberación individual; votos o enseñanzas referidos a la liberación personal de la existencia cíclica.

PRATYEKABUDA (tib. *rang sang rgyas / rang sangye*; buda solitario). Practicante del Hinayana que alcanza el nirvana sin depender de un maestro, y que no enseña.

PRECIOSO NACIMIENTO HUMANO (tib. *mi lus rin po che / milu rinpoche*). Un nacimiento humano que está dotado de las condiciones favorables requeridas para practicar el Dharma. Se enseña que, para que un nacimiento humano se vuelva precioso, uno debe estar dotado con las tres cualidades de fe, diligencia y sabiduría o conocimiento supremo (prajña).

PUREZA PRIMORDIAL (tib. *ka dag / kadak*) Uno de los dos aspectos principales de las enseñanzas del Dzogchen; el otro es la «presencia espontánea». El Dzogchen tiene dos secciones principales: *Trekcho*, o «cortar», y *Togal*, o «salto directo». El primero enfatiza la pureza primordial y el segundo la presencia espontánea (tib. *lhun grub*).

PUREZA TRIPLE (tib. *'khor gsum rnam par dag pa / khorsum nampar dakpa*). El término que se refiere a los criterios que deben estar presentes para que la práctica de las paramitas sea genuina. Esto es la comprensión del vacío de, y la ausencia de apego a, las tres esferas o aspectos de una acción: (1) el objeto de la acción; (2) la acción misma; y (3) el agente o el que lleva a cabo la acción. Por ejemplo, en el contexto de la generosidad, esto significaría: (1) la persona o grupo hacia el cual se dirige la generosidad; (2) la generosidad misma, que incluye el obsequio dado; y (3) la persona implicada en el dar.

RENUNCIA (sánsc. *nihsarana;* tib. *nges 'byung / nge-jung*). Una mente que, motivada por un sentimiento de repulsión hacia el aferramiento al ego, desea estar completamente libre de la prisión del samsara.

SAMADHI (tib. *ting nge 'dzin / ting-nge dzin*). Un estado de absorción meditativa o concentración meditativa sin distracción. La definición de samadhi es «una mente unidireccional respecto a los objetos a examinar».

SAMAYA (tib. *dam tshig / damtsik*). Compromisos del camino del Vajrayana. Los samayas, esencialmente, consisten en mantener externamente una relación armoniosa con el maestro vajra y con los propios amigos del Dharma e, internamente, en no desviarse de la continuidad de la práctica.

SAMBHOGAKAYA (tib. *longs spyod rdzog pa'i sku / longcho dzokpe ku*). «El cuerpo del gozo perfecto». En un sentido exterior, este kaya se refiere a las manifestaciones de los budas tal como aparecen en los reinos celestiales puros, impartiendo enseñanzas solo a la asamblea de los bodhisattvas nobles a través de cuerpos de luz, en vez de cuerpos físicos. Los budas de las cinco familias búdicas que se enseñan en el budismo Vajrayana son budas sambhogakaya. Sin embargo, sambhogakaya, en un sentido especial, también se refiere a la naturaleza luminosa de la mente, su energía sin trabas, radiante y gozosa. De la tríada de cuerpo, habla y mente, se enseña como la cualidad de habla de la budeidad.

SAMSARA (tib. *'khor ba / khorwa*; existencia cíclica). El estado de existencia experimentado por los seres sintientes debido a su ignorancia en el cual el sufrimiento es la experiencia predominante.

SHAMATHA (tib. *zhi gnas/ shi-ne*). Meditación de tranquilidad. Sus aspectos son la atención plena (recordar el objeto de meditación) y la alerta (continuidad de la atención plena). *Shama* significa «calma» y *tha* significa «morar», así que *shamatha* significa «morar en calma». En shamata, la distracción hacia los objetos, como la forma, ha sido aplacada, y la mente mora unidireccionalmente en cualquier samadhi que uno esté practicando.

SHASTRA (tib. *bstan bcos / ten-cho*). Un tratado filosófico. Los Shastras son comentarios sobre las palabras del Buda de *panditas* o maestros eruditos de la India y el Tíbet.

SHRAVAKA (tib. *nyan thos / nyentho*; oyentes). El practicante del Hinayana que alcanza el nirvana practicando el primer ciclo de las enseñanzas del Buda, sobre las Cuatro Nobles Verdades.

SHUNYATA (tib. *stong pa nyid / tongpa nyi*; vacuidad, vacío). Vacuidad, la naturaleza verdadera o talidad de todos los fenómenos que está vacía de existencia verdadera, inherente e independiente y que está más allá de todos los niveles de elaboración conceptual.

SUGATA (tib. *bde bar gshegs pa / dewar shekpa*; aquellos idos al gozo). Un epíteto para el Buda o los budas.

SUTRAS (tib. *mdo / do*; discursos). Se refiere o bien a (1) las enseñanzas del Hinayana y del Mahayana impartidas por el Buda, en lugar de los tantras del Vajrayana, o bien a (2) las escrituras del Sutra Pitaka dentro del Tripitaka, que se refieren al entrenamiento en samadhi (tib. *ting nge 'dzin gyi bslab pa*).

TALIDAD (sánsc. *tathata*; tib. *de kho na nyid / dekhona-nyi*). Sinónimo de vacuidad o dharmata, la naturaleza última.

TANTRA (tib. *rgyud/ gyu*). Las enseñanzas del Vajrayana impartidas por el Buda en su forma sambhogakaya. El significado real de tantra es «continuidad», la naturaleza búdica innata, que se conoce como el «tantra del significado expresado». El sentido general de tantra son las extraordinarias escrituras tántricas, también conocidas como el «tantra de las palabras que expresan». *Tantra* también puede referirse a todas las enseñanzas resultantes del Vajrayana en su totalidad.

TATHATA. *Véase* talidad.

TATHAGATAGARBHA (tib. *de bzhin gshegs pa'i snying po / deshin shekpe nyingpo*). La semilla o esencia de los tathagatas que usualmente se traduce como «naturaleza búdica» o «esencia búdica». Es la semilla o esencia de la iluminación que poseen todos los seres sintientes y que les permite tener el potencial de alcanzar la budeidad. También conocido como sugatagarbha.

TENDENCIAS HABITUALES (tib. *bag chags / bakchak*). Las propensiones creadas por las habituaciones de la mente, que se almacenan en forma latente en la conciencia base de todo.

TRES ASPECTOS DEL SUFRIMIENTO (tib. *sdug bsngal gsum / duk-ngel sum*). (1) El sufrimiento del condicionamiento (tib. *'du byed kyi sdug bsngal / 'duje kyi duk-ngel*); (2) el sufrimiento del cambio (tib. *'gyur ba'i sdug bsn-gal / gyurwe duk-ngel*); y (3) el sufrimiento del sufrimiento (tib. *sdug bsngal gyi sdug bsngal / duk-ngel gyi duk-ngel*).

TRES JOYAS (tib. *dkon mchog gsum / konchok sum*). El Buda (tib. *sang rgyas*), el Dharma (tib. *chos*) y la Sangha (tib. *dge 'dun*).

TRES KAYAS (sánsc. *trikaya*; tib. *sku gsum / kusum*; los tres cuerpos). «Los Tres Cuerpos», tres aspectos inseparables de la naturaleza iluminada de la mente, tres niveles de manifestación iluminada: dharmakaya, sambhogakaya y nirmanakaya. *Véanse* las entradas individuales.

TRES YANAS (tib. *theg pa gsum / thekpa sum*; tres vehículos). De acuerdo con el sistema de tres yanas, los tres yanas son el Hinayana, el Mahayana y el Vajrayana. *Véanse también* las entradas individuales.

TRIKAYA. Véase tres kayas.

VACÍO. *Ver* vacuidad.

VACUIDAD (tib. *stong pa nyid / tongpa-nyi*). Un término que se refiere a la ausencia de existencia verdadera de un yo de las personas o de los fenómenos externos en el nivel absoluto, al tiempo que no se refutan tales apariencias relativas del yo. En efecto, el estado natural de la vacuidad significa que todos los fenómenos están más allá de los extremos de existencia o no existencia en cualquier sentido permanente o sólido.

VAJRA (tib. *rdo rje / dorje*). Diamante o «rey de las piedras». Como adjetivo significa «indestructible, invencible, firme, adamantino, como un diamante». El vajra último es la vacuidad; el vajra convencional es el implemento ritual de la sustancia material.

VAJRADHARA (tib. *rdo rje 'chang / dorje chang*). El «portador del vajra». El nombre del buda dharmakaya. Muchas de las enseñanzas del linaje Kagyu vienen de Vajradhara. A menudo, agregado al nombre del gurú raíz.

VAJRAYANA (tib. *rdo rje theg pa / dorje thekpa*). Las enseñanzas tántricas del Mahayana. Es el camino corto (tib. *nye lam*) que utiliza una variedad de métodos que toman los resultados del despertar como el camino. También llamado Mantra Secreto, Mantrayana o el Vehículo Resultante (tib. *'bras bu'i theg pa*).

VEHÍCULO CAUSAL (tib. *rgyu'i theg pa / gyu-yi thekpa*). El sistema de sutras del Mahayana del camino gradual, que toma las causas del despertar como el camino. Incluye el Shravakayana, el

Pratyekabudayana y el Bodhisattvayana, es decir, el Hinayana y el Mahayana.

Vipashyana (tib. *lhag mthong / lhaktong*). Meditación que desarrolla una comprensión profunda de la naturaleza de la realidad. El vipashyana se practica sobre la base de la meditación shamatha. En la palabra *vi(shesha)pashyana*, *vishesha* significa «especial» o «superior», y *pashyana* significa «ver» u «observar». *Vi(shesha)pashyana*, por lo tanto, significa «visión superior», ya que uno ve «lo superior»; esto es, ve la naturaleza de los fenómenos con el ojo de la sabiduría.

Yana (tib. *theg pa / thekpa*). «Aquello que carga» o «vehículo». Un conjunto de enseñanzas que nos permiten viajar hacia un renacimiento en los reinos superiores, a la liberación del samsara o a la budeidad completa. Hay diferentes clasificaciones de yanas, como la división triple de Hinayana, Mahayana y Vajrayana; la división triple de Shravakayana, Pratyekabudayana y Bodhisattvayana; y los nueve vehículos graduales de Shravaka, Pratyekabuda, Bodhisattva, Kriya, Upa, Yoga, Maha yoga, Anu yoga y Ati yoga.

Yidam (sánsc. *devata*; tib. *yi dam / yidam*). Deidades de meditación. También llamadas «la raíz de los siddhis» (tib. *dngos grub kyi rtsa ba*).

Yoga de deidad (tib. *lha'i rnal 'byor / lha-yi naljor*). La práctica de meditación que involucra la visualización de una deidad para conectar con la sabiduría encarnada por esa deidad.

Nalandabodhi

Para más información, consulte:

www.nalandabodhi.org
www.nitartha.org
www. dzogchenmonastery.org

Agradecimientos de los editores

La fuente de estas enseñanzas es el linaje ininterrumpido de los maestros iluminados que sustentan plenamente la sabiduría de sus tradiciones y que transmiten la esencia de esta sabiduría a estudiantes apropiados. Tales maestros protegen y benefician continuamente este mundo y los mundos que están más allá. Bajo esta luz, rendimos homenaje a todos los grandes maestros, especialmente a las emanaciones supremas de nuestra era: Su Santidad el Decimocuarto Dalai Lama y Su Santidad el Decimoséptimo Gyalwa Karmapa, Ogyen Trinley Dorje. Estamos extremadamente agradecidos por sus amables observaciones, que crean una conexión auspiciosa entre el linaje vivo de los maestros iluminados y los estudiantes en Occidente. También queremos mostrar todo nuestro respeto y gratitud al inigualable Khenpo Tsültrim Gyamtso Rinpoché, quien ha enseñado extensamente y ha proveído una guía clave sobre la visión y las prácticas de Mahamudra y Dzgochen durante muchos años. Ha sido un honor y un placer para los editores embarcarnos en la tarea de compilar y editar estas enseñanzas del Dzogchen Ponlop Rinpoché, que son indistinguibles en intención e importancia de la sabiduría pura del linaje.

El Dzogchen Ponlop Rinpoché comenzó a enseñar Mahamudra y Dzogchen a las audiencias occidentales en 1991. Por invitación del Venerable Sogyal Rinpoché, fundador de Rigpa Internacional, Rinpoché viajó a Londres, donde inició un ciclo mayor de enseñanzas orientadas a los estudiantes occidentales. En 1995, Rinpoché presentó enseñanzas sobre el viaje de nueve yanas del Dzogchen en Vancouver, Canadá. Desde 1997 hasta 1999, Rinpoché presentó otro ciclo mayor de enseñanzas de Mahamudra y Dzogchen en el Retiro Anual del Tesoro de Conocimiento en San Antonio, Texas, patrocinado por el Centro Rigpa Dorje de Su Eminencia Jamgon Kongtrul Rinpoché. Estos tres ciclos de enseñanzas constituyen las fuentes primarias del material contenido en este texto. Referencias adicionales se tomaron de las enseñanzas impartidas en un programa de Nalandabodhi San Francisco Bay Area en 2002.

El maestro y amigo próximo de Rinpoché, el muy Venerable Alak Zenkar Rinpoché, animó a Rinpoché a publicar estas conferencias, y es por ese motivo que este proyecto ha llegado a su culminación. Por lo tanto, queremos agradecer al Venerable Zenkar Rinpoché su apoyo y guía.

Además, agradecemos la asistencia de Acharya Sherab Gyaltsen Negi, un maravilloso maestro, que revisó el manuscrito y nos aconsejó sobre el contenido y las traducciones de los términos tibetanos. Elizabeth Callahan y Tyler Dewar ofrecieron una valiosa asistencia con la traducción y con la adaptación del glosario, originalmente compilado por Elizabeth para la publicación de la primera traducción inglesa del *Ngedon Gyamtso*, del Noveno Gyalwa Karmapa, Wangchuk Dorje. También agradecemos a Jirka Hladis su asistencia con el glosario y a Gerry Wiener su apoyo y consejo sobre la traducción. Agradecemos muy especialmente a R.D. Salga y a Amita Gupta, artistas de la tradición Karma Gardi del Tíbet, la contribución de sus obras de arte elegantes y meticulosamente representadas. El señor Salga pintó la thangka de Padmasambhava, y la señora Gupta, la thangka de Maitripa.

Los editores están en deuda con todos los patrocinadores de estos eventos de enseñanzas, así como con todas las personas involucradas en la grabación, transcripción y edición de este material en sus formas iniciales. Queremos dar las gracias a Jan Puckett, del Centro Rigpa Dorje, por su permanente generosidad y dedicación a la difusión de estas enseñanzas; a Bruce Roe por transcribir y editar los comentarios del *Tesoro de Conocimiento*; a Pat Lee por la grabación del audio y vídeo de estos eventos; y a Carole Fleming y Oona Emands por la transcripción y edición de muchas transcripciones. También reconocemos y agradecemos a Martin Marvet su consejo y comentarios editoriales durante el desarrollo del manuscrito. Gracias al Consejo Ejecutivo de Nalandabodhi y a los miembros de la sangha de Nalandabodhi por su apoyo y aliento para este proyecto. Finalmente, deseamos agradecer especialmente a Emily Bower de Shambhala Publications su guía perceptiva y habilidosa en la preparación de este manuscrito. Cualquier descuido o errores que permanezcan en este texto se deben exclusivamente a las limitaciones y fallos de los editores.

En última instancia, ofrecemos nuestro más profundo respeto y sincera gratitud a Dzogchen Ponlop Rinpoché, por su gentileza ilimitada y su intención pura y compasiva de beneficiar a todos los seres, expresadas aquí a través de la brillante transmisión de las enseñanzas de la liberación profunda y perfecta.

Créditos de las ilustraciones

PINTURA THANGKA DE MAITRIPA en la página 48 © 2003, por Amita Gupta. Utilizado con permiso.

PINTURA THANGKA QUE REPRESENTA LAS NUEVE ETAPAS DE REPOSAR LA MENTE en la página 175 de la *Encyclopedia of Tibetan Sumbols and Motifs* (Boston: Shambhala, 1999) © 1999, por Robert Beer. Utilizado con permiso.

FOTOGRAFÍA DE KHENPO TSULTRIM GYAMTSO RINPOCHÉ en la página 191 © 2002, por Ryszard Frackiewicz. Utilizado con permiso.

PINTURA THANGKA DE PADMASAMBHAVA en la página 290, por R.D. Salga © 1999, por Nalandabodhi y el Dzogchen Ponlop Rinpoché. Utilizado con permiso.

GRÁFICO DEL VIAJE DE NUEVE YANAS en la página 304, compilado por el Comité Editorial de Nalandabodhi. Utilizado con permiso.

Sobre el autor

Dzogchen Ponlop es reconocido como uno de los más destacados eruditos y educadores de su generación en las escuelas Nyingma y Kagyu del budismo tibetano. Su Santidad el Decimosexto Karmapa y Su Santidad el Decimocuarto Dalai Lama lo reconocieron como el séptimo en la línea de los Dzogchen Ponlop Rinpochés, y recibió los linajes Kagyu y Nyingma de enseñanzas y empoderamientos de Su Santidad el Karmapa, Su Santidad Dilgo Khyentse Rinpoché y otros grandes maestros. Un consumado maestro de meditación, calígrafo, artista visual y poeta, el Dzogchen Ponlop también está bien versado en la cultura y la tecnología occidentales. Es el principal artífice de los numerosos sitios web que se encuentran bajo el paraguas de Nalandabodhi y es, también, el editor de la revista *Bodhi*, una publicación periódica de distribución internacional. El Dzogchen Ponlop fundó y sigue dirigiendo las actividades de Nitartha Internacional, Nalandabodhi, y el Instituto Nitartha, que se enfocan, respectivamente, en la preservación de textos antiguos en peligro, el estudio y el entrenamiento en meditación, y la educación budista tradicional.

Índice

Abhisheka, *ver* empoderamiento; práctica del yoga de deidad
actitud iluminada, *ver* bodhichitta
Adhishthana, *ver* bendición
aferramiento, *ver también* trascendencia a través; soltar; renuncia; repulsión
   a la felicidad samsárica, 129
   a la liberación individual, 132-133
   a la práctica del Vajrayana, 392-393
   a la visión inexpresable, 282
   a las formas del budismo, 30
   abandonar todo, 406-413
   al ego, *ver* aferramiento al ego
   al orgullo, 133-134
aferramiento al ego:
   contaminación del conocimiento como, 230
   dos aspectos, 325
   niveles, 131
   obstáculo para la iluminación, 130
   punto de referencia del, 230-231
   raíz de las kleshas, 322-323
   resistencia a soltar, 124
   trascender el, 125-128, 198-200, 221
agregados, *ver* cinco skandhas; cuatro agregados de la mente samsárica
ahora, 109
alto total gigante, 45, 293, 303, 401, 408
amigo espiritual, *ver* gurú
análisis:
   de la verdad relativa, 120
   de las enseñanzas del Buda, 30
   de los skandhas, 123
   del maestro por el estudiante, 388
   estudio intelectual y, 143
   niveles de, 379-383
anhelo, 242
Antorcha de la Verdad, La, 92
Anu yoga, 45, 406-407
apariencia coemergente, 150, 201-202
apariencia propia, 200-201
apariencias, *ver también* apariencia coemergente; forma
   mente y, 222
   señalamiento directo por, 103
   trabajar con los aspectos puros e impuros de las, 202-205
   vacío de las, 204, 221-222
   verdad relativa y, 378
apego, *ver* aferramiento, soltar
apertura:
   confianza y, 266
   devoción y, 59, 101, 266
   espaciosidad del nirmanakaya como, 239
   fructificación del Vajrayana y, 407
   gurú y, 101-102, 214
arhat, 370
   de los pensamientos, 158-159, 200-205
   impermanencia y, 85-86
Aryadeva, 65, 223
Asanga, linaje de, 365-369

atención plena:
    aplicación de shamatha, 176, 186, 188
    aplicación del Vajrayana, 295
    vigilante de la meditación de Mahamudra, 277
Ati yoga, 45, 408-413
Atisha, 65
ausencia de ego, *ver* vacuidad
ausencia de yo, *ver* vacuidad
Avalokiteshvara, 344

base, *ver también* Mahamudra de la base; base, camino y fructificación
    vehículo causal como, 383
base, camino y fructificación:
    despertar repentino y, 76
    etapas progresivas, 76
    inseparabilidad, 105, 138-139
bendición, *ver también* empoderamiento; gurú: linaje y
    de la transmisión, 55, 70-74
    del gurú, 55, 283, 289
    devoción, realización y, 283
bhumis, *ver* diez bhumis
bodhichitta:
    abandonar expectativas, 352-353
    actitud iluminada de la, 337-338, 355
    contrastada con la liberación individual, 132-133
    de aplicación, 340, 348-353
    de aspiración, 341-348
    definida, 41, 337-338
    dependencia de la compasión, 339
    esencial para la práctica genuina, 242, 339
    estilo individual, 343-346
    generar, 91, 342-346
    honestidad en la expresión, 348
    intención, importancia de la, 346
    relativa, 42, 240, 341-34
    última, 42, 341-342
    visión pura de la, 346
bodhichitta última, *ver* bodhichitta

bodhisattva:
    actos espontáneos de compasión, 347
    definido, 354-355
    doce cualidades, 361
    tres cualidades de la ausencia de miedo, 355-359
    voto de, 342
Bodhisattvayana, 44, 335-383, *ver también* Mahayana
brecha:
    entre el practicante y la deidad, 392, 394
    entre la etiqueta y su base, 379-381
    entre pensamientos, 210
Buda, *ver* Buda Sakiamuni
buda en sí mismo, 327
Buda Sakiamuni, 35
buda solitario, *ver* Pratyekabudayana
budeidad, *ver* iluminación
budismo:
    apego a las formas del, 30
    escuelas tibetanas, 54
    formas culturales, 29
    naturaleza científica, 27-28
    viaje personal, 25

camino, *ver también* base, camino y fructificación
    Bodhisattvayana como, 353
    de devoción, 56, 147, 266
    de los medios hábiles, 389
    del Gran Upaya, *ver* Mahamudra del Mantra
    del Mahamudra, 224
    directo, 386
camino espiritual, *ver* viaje espiritual
camino medio, *ver* Madhyamaka
caminos, cinco, *ver* cinco caminos
causa y efecto, *ver* cuatro nobles verdades; karma
causa y resultado, *ver* originación interdependiente
causas y condiciones, 85-90, 117, 328

Chandrakirti, 65
Charya tantra, *ver* Upa tantra
Chittamatra, 371
cielo de Tushita, 233, 236
cinco alegrías, 287-288
cinco caminos, 69, 359-363
cinco certezas, 234-235
cinco libertades, *ver* cinco alegrías
cinco placeres sensoriales, 182
cinco skandhas, 123
claridad:
    aspecto de la mente, 198, 209
    de la motivación para sentarse, 210
    desconectarse y, 165, 210
    espaciosidad y, 238
    importancia de la, 207, 209
    malentendido, 249
    manifestación del habla, 238
    métodos del Mahamudra para trabajar con la, 208-209
    práctica de deidad y, 209, 404, 405
    sabiduría como, 209
    visión del Dzogchen, 206
cliqueo; cliquear, 76, 210, 220
colocación, 177
    cercana, 176, 181
    continua, 176, 178-180
    repetida, 176, 179-180
    uniforme, 176, 185-186
compasión, *ver también* bodhichitta
    camino del Mahayana y la, 40-41
    corazón ilimitado de la, 340
    esencial para la iluminación, 340
    orgullo contrarrestado por la, 136
    posmeditación de Mahamudra y, 277
conceptos y etiquetas:
    creación de la mente, 379-380
    existencia relativa y, 117-120, 379-380
    saltar más allá de, 293
conciencia:
    falta de, 312
    manifestándose como cuerpo, 238
    reposo y, 158, 188

condición causal:
    cuatro preliminares comunes y, 95
    impermanencia y, 96
    renuncia y, 94-97
condición de objeto, 106
condición empoderadora:
    cuatro tipos de gurú, 98-105
    preeminencia del gurú del linaje, 98-101
condición instantánea, 107-110
confianza, *ver también* seguridad; fe
    apertura y, 266
    en el corazón propio, 246, 257
    en el gurú, *ver* relación gurú-estudiante
    en el linaje, 246, 257
    en la verdad inconcebible, 266
    esencial para la fructificación y la iluminación, 266, 401-402
    incompleta, 266
    relación deidad-practicante, 392
    unidireccionalidad, 257, 390
conocimiento:
    contaminaciones, 230
    trascender el aferramiento al ego, 126
conocimiento trascendental, *ver* prajña
contaminaciones, 230, *ver también* kleshas
coraje; valentía:
    aferramiento al ego y, 126
    al trabajar con las emociones, 58
    esencial para el viaje, 412
corazón de iluminación, *ver* bodhichitta
corazón despierto, *ver* bodhichitta
cuatro agregados de la mente samsárica, 310-312
cuatro condiciones, *ver* cuatro preliminares especiales
cuatro extremos, 375
cuatro preliminares:
    comunes, 80-90
    especiales, 93-110
    no comunes, 91-93
cuatro recordatorios, *ver* cuatro preliminares comunes

448 Despertar salvaje

cuatro yogas de Mahamudra, 219-227
cuerpo, habla y mente, 238, 251
  aspectos vajra de, 389
  sincronización a través de la bodhichitta, 348
  visiones del Sutrayana y del Vajrayana, 258
cuerpo de gozo, *ver* sambhogakaya
cuerpo de manifestación, *ver* nirmanakaya
cuerpo de verdad, *ver* dharmakaya
cuerpo físico:
  estado fundamental del ser, 408
  forma como, 123

Da-ö Zhönu (Gampopa), 149, *ver también* Gampopa
Dakpo Kagyu, *ver* linaje Kagyu
Dakpo Lhaje (Gampopa), 63, *ver también* Gampopa
decimoséptimo Karmapa, 63
desapego, *ver* renuncia; repulsión
despertar, 26, *ver también* iluminación
  diligencia en, 215
  esfuerzo mutuo de gurú y estudiante, 213, 414
  final, 412-413
  métodos, 212-215, 219-220, 411-414
  propósito del viaje, 413-414
  responsabilidad individual para, 314-315
  rol del gurú, 212-217, 411-414
  salvaje, 269-272
destino, 87
Devadatta, 237
devoción:
  arraigada en la sabiduría y el conocimiento, 27
  bendición y, 283
  definida, 27
  deidad como objeto de, 392
  el yo como objeto de, 312-313
  emociones y, 57-59
  enseñanzas como objeto de, 56

experiencia genuina, 57, 60
experiencia individual y expresión, 57, 60
falta de, 313
fluctuación en la, 57
gurú como objeto de, *ver* relación gurú-estudiante
importancia de la, 55-61, 148, 242
linaje como objeto de, 55, 61, 76
Mahamudra de la Esencia y, 270, 283
Mahamudra del Mantra y, 245, 266
meditación Mahamudra y, 277
mente de, 56
método de cliqueo y, 76
naturaleza vajra como objeto de, 266
no opcional en el camino de Mahamudra, 61, 102
orgullo como obstáculo de la, 61
sol de la, 55
Dharma:
  definido, 29
  escuchar el, 307
  mente harta del, 217
  rechazo del dharma genuino, 130
  singularidad del, 35
dharmadatu, 67
dharmakaya, *ver también* tres kayas
  buda, 63, 297
  naturaleza de, 62, 140, 231-232, 240
  realización del, 225, 288
  señalar directamente la mente como, 151, 196-203
dharmata, alcanzar la realización de la naturaleza de, 225
diez bhumis, 69, 359-363
diez paramitas, 362-363
diligencia, 82-83
disciplina:
  en la relación practicante-deidad, 392
  entrenamiento en, 309-310
doce eslabones de originación interdependiente, 328
domesticación, 176, 182, 185

dos contaminaciones, 230
dos verdades, *ver también* verdad relativa; verdad última
   importancia de la distinción entre, 121-122
   sabiduría de, 187
Drogmi Shakya Yeshe, 62
Drogön Rechenpa, 63
dualidad:
   elementos del Sutrayana, 254-255
   separar sujeto y objeto, 174, 208-209, 274
   transformar la, 222, 256, 405
Düsum Khyenpa, 63
Dzogchen, *ver también* yoga: Ati; viaje de los nueve yanas; vehículo de Medios Abrumadores
   fructificación como, 224, 409
   gurú en el linaje, 401-402
   inseparable de Mahamudra, 46, 224, 413
   linaje, 298
   nombres alternos para el, 45, 295, 408
   trascender la noción de viaje, 293-294
   Vajrayana y, 295
   variedad de métodos e instrucciones, 411

ecuanimidad, 407, *ver también* compasión, corazón ilimitado de
ego:
   aferramiento al, *ver* aferramiento al ego
   aspecto de la base, 112
   ausencia de yo, 125, 322, 324
   confrontar el, 123-125
   ignorancia y, 328
   naturaleza del, 123, 221, 367-368, 371, 410
   teoría del, 322
   transformación a través de la práctica de deidad, 405
   trascender el, 353
el yo, *ver* ego

elaboraciones, libertad de las, 412
emociones:
   combustible de las, 368
   devoción y, 55-60
   envidia, 58
   naturaleza de las, 138
   obstáculos en el camino, 301, 307-309
   sentirse incompetente o indigno, 59
   trabajar con las, 56-61, 368-371
   transformación, 255-257
empoderamiento, *ver también* práctica del yoga de deidad
   de Naropa, 270
   de Padmasambhava, 402-403
   de rigpa, 412
   de sabiduría vajra, 72
   instrucciones de señalamiento directo y, 70-72, 147-149
   Mahamudra del Mantra, 70-72, 250
   purificación y, 392
enseñanzas de *sampannakrama*, 406
equilibrio meditativo (*nyom-jug*), 185
escrutinio:
   de las apariencias, 202
   de los pensamientos, 200
   del budismo, 29-30
   del maestro, 388
escuela Nyingma, 54, 299, 391
Escuela Solo Mente, *ver* Chittamatra
espacio:
   completo, 245
   ego y, 410
   karma y, 89
   shunyata como, 280
espaciosidad, 239, 407
esperanza y miedo:
   libertad de la, 107
   reposar sin, 154, 165-166
   soltar la, 245
   sufrimiento como, 317-318
   trabajar con la, 107-108
estado básico del ser:
   budeidad siempre presente como el, 409

cuerpo físico como, 408
naturaleza alfa pura, 408
oscurecido por capas conceptuales, 410
yo genuino, 392
estudiante; discípulo, *ver* devoción; relación gurú-estudiante
eternalismo, 375, 382
etiquetas, *ver* conceptos y etiquetas
experiencia:
    en el vipashyana de Mahamudra, 209
    naturaleza de la, 209-212, 372-373, 380
    visión del Chittamatra de la, 372-374
experiencia instantánea:
    en el Mahamudra de la Esencia, 279
    en el señalamiento directo del Mahamudra, 105

facultades agudas, 257
fe, *ver también* seguridad; confianza
    esencial para la meditación de Mahamudra, 277
    falta de, 313
    ignorante cuando es ciega, 311
forma, *ver también* apariencias
    ausencia de, 73
    cuerpo físico como, 123
    vacuidad como, 222
fructificación, *ver también* iluminación; base, camino y fructificación
    base y camino como, 408-409
    Dzogchen como, 224, 408, 409
    relativa, 287-288
    última, 288-289
frutos virtuosos de los dos beneficios, 181

Gampopa, 63, 65, 70, 76, 147-148, 195
Garab Dorje, 298
Gendün Chöpel, 284
generosidad:
    práctica, 254, 353, 361
    tres aspectos, 360

gentileza amorosa, 41, 338
glosario de términos, 415-433
gran:
    agotamiento, 295
    compleción, 295
    perfección, 296
    sello, 52
    símbolo, 52
    vehículo, 40, 336-338
gurú, *ver también* devoción; empoderamiento; relación gurú-estudiante
    bendiciones, 55, 283, 289
    compasión y gentileza, 55
    cuatro tipos, 98-105
    dedicación y cuidado del, 265
    función, 44, 212-217, 263, 414
    importancia, 55, 189, 283, 403, 414
    linaje y, 54, 92, 98, 100, 101, 298, 402
    mandala del, 257, 262
    refugio en el, 91
    señalamiento directo y, 74, 102, 146-147, 216
Gurú Padmasambhava, *ver* Padmasambhava

Heruka, 405
Hinayana, 38-40, 128, *ver también* Shravakayana; Pratyekabudayana
    contrastado con el Vajrayana, 254, 295, 296
    dualismo en el, 256
    importancia como fundamento para el viaje espiritual, 38, 333-334
    «vehículo inferior», 38, 306
    visión de la ausencia de yo, 39
    visión de la renuncia, 39, 254
    visión del sufrimiento, 39-40
hueco:
    experiencia de, 210

ignorancia:
    agregado de la mente samsárica, 310-311

camino del sutra que contiene, 252-253
causa del sufrimiento, 311, 318
causa original del samsara, 329
domesticación y, 310
klesha raíz, 322-323
oscurecimiento de la naturaleza de la mente, 140, 230
quedarse en blanco, 165
responsabilidad de la, 311
iluminación, *ver también* despertar
alcanzar la, 225, 240
camino progresivo e, 76
cliquear en el estado de, 76
inmediatez de la, 26, 43, 218, 226, 229, 246, 252, 303
interés genuino en la, 26
joya preciosa, 226
logro final de la, 412
naturaleza fundamental de la mente como, 66-67
obstáculo para la, 128-134
paramitas e, 349-350
repentina, 72, 76
singularidad de la experiencia, 412
impermanencia:
condición causal e, 96-97
nirmanakaya e, 237
reflexión sobre la, 84-87
sufrimiento e, 318, 322
individualidad:
de comprender la raíz del sufrimiento, 322
de la bodhichitta de aspiración, 345
de la manifestación como un buda, 240
de la relación gurú-estudiante, 217
de las prácticas de enriquecimiento, 285-286
del camino de Mahamudra, 188-189, 217, 242
del método para despertar, 216
iniciación, *ver* empoderamiento

inseparabilidad, *ver también* unión
de la base, el camino y la fructificación, 138-139, 409
de la espaciosidad y la claridad radiante, 238
de la forma y la vacuidad, 322
de la vacuidad y la compasión, 341
de las aproximaciones al despertar, 413
de los tres kayas, 107
de Mahamudra y Dzogchen, 46
del samsara y el nirvana, 52, 105, 107, 137-142
intención, *ver* bodhichitta: aspiración; motivación
interdependencia, *ver* originación interdependiente

Kadampa, 63, 65
karma, 87-90, 131
Karma Pakshi, 63
Karmapas, 63, 147
Kashyapa, 237
Khenpo Tsültrim Gyamtso Rinpoché, *191*
klesha:
causa del sufrimiento, 322-323
contaminaciones, 230
mente, 115, 138
ornamentos de la práctica, 199
raíz, 322
trabajar con las, 208, 398
Kriya tantra, 45, 391-394

liberación, *ver* iluminación; libertad; liberación propia
liberación individual, *ver* liberación propia
liberación propia:
esencial para el viaje, 327
obstáculo en el camino del Mahayana, 132-133
Pratimoksha, 326-327
visión del Pratyekabudayana, 331-332
visión del Shravakayana, 315
visión del Vajrayana, 254

libertad, *ver también* cinco alegrías
claridad sobre la, 300
como la meta del viaje, 300
fructificación del Dzogchen como, 406-413
trabajar con las causas de la, 306
linaje:
bendiciones, *ver* gurú: linaje y
conexión personal con el, 61
continuidad, 391
de la conducta vasta, 365-366
de la visión profunda, 364-365
de los tesoros, 299
del Dzogchen, 298
del gurú, *ver* gurú: linaje y
devoción al, 56, 60, 76
directo, 64, 300
indirecto, 64-65, 299
instrucción oral, 61, 64, 98, 299
Kadampa, 63, 65
Kagyu, 61, 63, 270
kama, 299
Mahamudra, 61-68
Mahamudra del Mantra, 70-72
Mahamudra del Sutra, 65
Mahayana, 364-369
«susurrado al oído», 51, 98, 299
tántrico, 65
terma, 299
transmisión oral, 51
transmisión textual, 51
linaje de las instrucciones orales, *ver* linaje
linaje directo, *ver* linaje
linaje indirecto, *ver* linaje
linaje susurrado al oído, *ver* linaje
lucidez, *ver* aspecto de claridad de la mente
lucidez cognitiva, *ver* claridad

Madhyamaka:
base del, 224
inseparable de Mahamudra y Dzogchen, 224
linaje de Nagarjuna y, 127

un solo sabor, 222-224
vacuidad, 375-376, 382
maestro, *ver* gurú
Maha yoga, 45, 403-406
Mahamudra:
aspecto resultante, *ver* Mahamudra de la fructificación
base, *ver* Mahamudra de la base
camino, *ver* Mahamudra del camino
cuatro yogas de, *ver* cuatro yogas de Mahamudra
definido, 53
esencia, *ver* Mahamudra de la Esencia
etapas progresivas, 35
fructificación, *ver* Mahamudra de la fructificación
inseparable de Madhyamaka, 224
inseparable del Dzgochen, 46, 224, 413
linaje, 61-64
mantra, *ver* Mahamudra del mantra
mente, *ver* «mente ordinaria»
señalamiento directo de, *ver* señalamiento directo
shamatha, *ver* shamatha: Mahamudra
sutra, *ver* Mahamudra del sutra
Mahamudra de la base, 107, 111-143
ausencia de base, 122
camino del Vajrayana y, 139
comienzo y fin del viaje, 138-139
ego, 111, 123-128
establecer la visión, 193-194
no reconocer la naturaleza del, 143
proceso para comprender el, 142-143
vacuidad, 111-123
verdad relativa y absoluta, 116
visión de la mente ordinaria y, 273
visión del, 136, 139
Mahamudra de la Esencia, 72-74, 269-289
ausencia de forma, 73
base del, 272-275
camino del shamatha-vipashyana, 275-286
capacidad del practicante, 278

Índice

experiencia instantánea en el, 279
fructificación del, 286-289
importancia del gurú, 270, 272
maestros del linaje, 270
niveles de capacidad del practicante, 278-279
señalamiento directo, 74
transmisión de la bendición, 72-74, 269-272
vida ordinaria como camino, 271
mahamudra de la fructificación, 229-240
Mahamudra del camino:
    definido, 145
    en el Mahamudra de la Esencia, 275-284
    internalizar la visión, 193
    necesidad del, 142
    prácticas de enriquecimiento, 80
    prácticas preliminares, 79-110
    preliminares comunes, 81-90
    preliminares especiales, 93-110
    preliminares no comunes, 91-93
    señalamiento directo, 193-218
    Shamatha, 145-190
    trabajar con el aspecto de claridad de la mente, 208-209
    trabajar con las apariencias, 204-209
    Vipashyana, 193-218
Mahamudra del Mantra, *ver también* Vajrayana
    características distintivas del, 250-261
    causas de la experiencia genuina del, 242
    cualidades esenciales del practicante, 242
    diversidad de métodos, 71, 253
    énfasis en la unión, 248-249
    formalidad del método, 73
    la base en el, 271
    linaje, 72
    llevar todo al camino, 256
    «mente ordinaria», *ver* «mente ordinaria»
    nombres alternativos para el, 243, 244, 257
    peligros del, 247
    preparación para el, 243
    propósito del viaje, 241
    secreto, 246-247
    tres vajras, 258-261, 389
Mahamudra del Sutra:
    base y, 272
    definido, 67-68
    distinguido de otros enfoques del sutra, 68
    distinguido del Mahamudra del Mantra, 241-242, 249-261
    enseñanzas sobre la naturaleza búdica y, 66
    formas y estudio formal, 73
    influencia del Vajrayana, 69
    método de «cliqueo» en el, 76
    señalamiento directo, 68-69
    sutras de la Prajnaparamita y, 66
    vacuidad, 66
Mahayana, 37, 40-42, *ver también* Bodhisattvayana
    contrastado con el Hinayana, 132
    contrastado con el Vajrayana, 254-255, 295, 296
    cortar la raíz del aferramiento al ego, 131-132
    cualidad de camino del, 353-354
    dualismo en el, 254-255
    el corazón ilimitado de compasión, 338-339
    esencial para la fructificación, 341
    linaje, 364-365
    motivación, 336-340, 342
    paramitas, *ver* seis paramitas; diez paramitas
    tres ausencias de miedo, 355-359
    visión vasta del, 128, 337-338
Maitreya, 113
    cuatro antídotos, 134-136

cuatro obstáculos principales para la iluminación, 128-134
linaje de, 364-368
Maitripa, *48*, 53, 63, 68, 99, 148
mandala, 252, 257, 262, 389
  ofrenda del, 92
  práctica del, 249
  significado de, 249
  sonido del mandala sagrado, 259
Mandarava, *290*
mantra:
  apego a, 394
  protección de la mente, 242-243
  purificación, 392
  sonido del, 259
  unión de prajña y compasión, 244
Mantrayana, *ver* Mahamudra del Mantra
Mantrayana Secreto, *ver* Mahamudra del Mantra; Vajrayana
Marpa Chökyi Lodrö, *48*, 62, 65, 70, 108, 270
Matangi, 65
materialismo espiritual, 217
Maudgalyayana-putra, 237
medios hábiles:
  camino de, 389
  expresión del Buda de los, 235
  sabiduría y, 248
  Upa tantra como, 395
  yoga tantra como, 396
meditación, *ver también* shamatha; vipashyana
  analítica, 142-143, 325
  antídoto de la, 134-136
  desagrado por la, 182
  descubrir como, 294
  entrenamiento en, 313-315
  entrenamientos del Shravakayana, 307-316
  etapas progresivas de, 302-303
  familiarización como, 145
  ininterrumpida, 260

Mahamudra frente a Hinayana-Mahayana, 198
  no conceptual, 382
  no distracción como, 282-283
  ocho puntos de, 281-282
  propósito de la, 209-212
  seis puntos esenciales de, 277-278
  sin esfuerzo, 185
  trabajar con la esperanza y el miedo en la, 108-109
  visión del Dzogchen, 295
mente:
  agitación de la, 178, 182, 185
  aspecto de claridad, *ver* aspecto de claridad de la mente
  aspecto de vacuidad de la, 207
  coemergente, 149, 151
  de prajña, 325
  del ahora, 269, 273
  distracción y, 312
  escéptica, 311
  etiquetado por la, 379-380
  mirar, 158-159
  naturaleza de la, *ver* la naturaleza de la mente
  pereza de la, 311
  samsárica, 119, 310-312
  trabajar con la quietud y el movimiento, 197-198
mente búdica, *ver* iluminación; «mente ordinaria»; mente primordial
«mente ordinaria», 58, 188, 272, 286, *ver también* mente primordial
  la base como la, 272-273
  mente búdica y, 195
  naturaleza de la, 224, 225, 289
  no fabricada, 194, 201
  primer reconocimiento de la, 219
  reposar en la, 153-154
  señalamiento directo del vipashyana de la, 275
  simplicidad de la, 195
mente original, *ver* «mente ordinaria»

Índice

mente primordial, 404, *ver también* «mente ordinaria»
mérito, acumulación de, 92, 383
miedo, *ver también* esperanza y miedo
    devoción y, 58
    emociones y, 58-59
    fin del, 324
    muerte y, 317, 319
    vacuidad y, 382
    sufrimiento y, 317-318
Milarepa, 145, 210, 211-212, 226
motivación, *ver también* bodhichitta: aspiración
    para aprender el Dharma, 307
    para el viaje espiritual, 26, 301

nacido del loto, *ver* Padmasambhava
Nagarjuna, 86, 116, 221, 377, 383
    linaje de, 364-369
    Madhyamaka y, 127, 378
Naropa, 99, 216, 270
naturaleza búdica, 66, 367
    enseñanzas, 40, 66
    redescubrimiento, 392
naturaleza de la mente, *ver también* «mente ordinaria»; reposar
    aspecto ignorante, 311
    budeidad siempre presente, 227, 316
    compromiso con la propia, 27
    de tres kayas, 140, 205, 220, 225, 227, 229-240
    desnuda, 410
    gozo y vacuidad, 242
    mente del gurú y los budas, 242, 264
    mente primordial, 404
    no dual, 222
    no fabricada, 201
    plenamente despierta, 26, 112, 294
    proceso de maduración como método para alcanzar la realización de la, 263
    reconocer la propia, 71, 115
    reposar en la, 151

vacuidad, 221, 404
verdad básica de la existencia, 411
visión del Chittamatra, 372
visión del Dzogchen, 293, 410
neurosis, 32
nidanas, *ver* doce eslabones de originación interdependiente
nihilismo, 375, 382
Nirmanakaya, *ver también* tres kayas
    buda, 237
    Buda Sakiamuni, 237
    Garab Dorje, 298
    naturaleza, 64, 140, 229, 230, 237-240
    Samantabhadra, 297
nirvana:
    causa y efecto del, 316
    definido, 27
    inseparable del samsara, 52, 105, 107
no distracción, 196, 197, 276, 283
no existencia, 296
no fabricación, 157, 166, 221-222, 276
no meditación, 186, 221-222, 276
nueve etapas de reposar la mente, *175*, 176-188, *ver también* etapas específicas
    simbolismo, 176

octavo Karmapa, 272
Ogyen Trinley Dorje, 63
originación interdependiente, 117-120, 123
orgullo:
    al escuchar el Dharma, 307
    aspecto positivo, 231
    de la superioridad propia, 133
    obstáculo para la práctica, 61, 147, 331
    Vajra, 389
oscurecimiento, *ver* dos contaminaciones
oyentes y propagadores, *ver* Shravakayana

pacificación, 176, 183
    total, 176, 184
padmakara, *ver* Padmasambhava
Padmasambhava, 290, 298, 402

palabras de mi maestro perfecto, Las, 93
paramitas, *ver* seis paramitas; diez paramitas
pasaje secreto del Mahamudra del Sutra, 68
pasión como la klesha raíz, 323
pensamiento coemergente, 149, 196-201
pensamientos:
  cortar los, 157-160
  dejar ser, 161-162
  método del Bodhisattvayana para trabajar con los, 353
  métodos del vipashyana para trabajar con los, 197-201
  movimiento, 197
  naturaleza, 137, 199
  naturaleza de tres kayas, 206
  naturaleza dharmakaya, 160, 196-201
  no suprimir los, 159-160
  surgimiento y cesación, 158-159, 199-203
postura:
  balance en la, 167
  efecto en el estado de la mente, 156
  en la meditación shamatha, 276
  mental, 277
postura de siete puntos de Vairochana, 156
práctica de purificación:
  Kriya tantra, 391-394
  redescubrimiento de la naturaleza verdadera, 393
  Vajrasattva, 91
  visualización, 404
práctica del yoga de deidad, *ver también* empoderamiento; cuatro preliminares no comunes; visualización
  práctica de desarrollo del Maha yoga, 403-406
  práctica de disolución del Anu yoga, 406-407
  visión del Dzogchen, 389-397
  visión del Mahamudra del Mantra de la, 70-72, 93, 209,

  transformación del ego a través de la, 405
prácticas de enriquecimiento, 80, 285
prácticas preliminares, 81-110
Prajña, *ver también* sabiduría
  aspecto de disolución de la práctica del yoga de deidad como, 406
  conocimiento de la ausencia del ego como, 315-316
  Upaya y, 395
  visión de, 352
prajnaparamita, 54, 83
pratimoksha, *ver* liberación propia
Pratyekabudayana, 44, 305, 334
  aislamiento del, 331-332
  contemplación, énfasis en el, 330
  liberación propia del, 326, 330
precioso nacimiento humano, 81
preliminares:
  comunes, 80-90
  especiales, 93-110
  no comunes, 91-93
preparación, importancia de la:
  prácticas preliminares, 80
  viaje del Dzogchen, 402
  viaje del Vajrayana, 333, 385
  viaje espiritual, 32, 47
Primer Karmapa, 63
primera tranquilidad, 186
príncipe Sidarta, 62
pureza, *ver* pureza triple
pureza triple, 287, 352-353, *ver también* vacuidad

realización, *ver* iluminación
realización y liberación simultáneas, 72-74, 272, 286
Rechungpa, 63
refugio:
  fuentes equivocadas de, 320
  práctica preliminar, 91
reinos puros, 236
relación:

deidad y practicante, 392, 394
maestro y estudiante, *ver* relación gurú-estudiante
relación gurú-estudiante; gurú-discípulo, *ver también* gurú
   anfitrión e invitado vajra, 387-388
   anhelo, 262-263
   apertura, 27, 104
   aprecio, 261
   camino y fructificación del Vajrayana, 386
   confianza, 27, 257, 284, 387
   devoción, 27, 55, 59-60, 76, 98, 101
   esfuerzo mutuo, 27, 78, 269, 414
   fusión de mentes, 59, 242, 284
   honestidad, 262
   iniciación, *ver* empoderamiento
   naturaleza personal de la, 189, 216, 262, 411
   penetrar el corazón del gurú, 285
   preparándose para la, 388
   presencia física del gurú, 262
   proyecciones, 264
   seguridad, 99-100, 387, 412-414
   súplica al gurú, 277
   tiempo, 263
   titubeo, 388
   verter el corazón, 265, 411
   visión correcta de la, 99-100, 264
relación maestro-estudiante, *ver* relación gurú-estudiante
relajación, 156, 276
relativa:
   Bodhichitta, *ver* bodhichitta
   Fructificación, *ver* fructificación: relativa
   verdad, 115-120, 122, 376-379, 396
renuncia, *ver también* repulsión
   condición causal y, 93
   «dueño de la meditación», 277
   emociones y, 254
   Vajrayana y, 242, 397-398
   visión del Hinayana, 39

visiones del Mahamudra y del Hinayana contrastadas, 96
reposo; reposar, 146, 152-167, 171, 196, *ver también* shamatha
   atención plena en el, 177, 184, 187
   completo, 188
   «desconectarse», 165-166
   en la mente de Mahamudra, 111
   en la «visión expresable», 282
   equilibrado, 164, 167
   habilidad para, 164-167
   meditación vipashyana y, 196
   métodos de, 155-156
   no conceptual, 67-68, 111, 251-252
   nueve etapas de, *175*, 176-188
   puntualmente, 181
   relajación y, 156, 276
   tres etapas, 155-157
   tres métodos, 158-168
repulsión, 39, 94-97, *ver también* renuncia
rigpa, 273, 404, 412
rosario dorado, 63

sabiduría, 83-84, *ver también* prajña
   aspecto de acción de la, 187
   de la vacuidad, 134
   de las dos verdades, 187
   lucidez cognitiva como, 209
   meditación analítica y, 325
sabiduría trascendental, *ver* prajnaparamita
Sahajavajra, 68
Sakya Pandita, 148
«salto», 209
Samantabhadra, 297, 409, 410
sambhogakaya, *ver también* tres kayas
   buda, 297
   cinco certezas, 234-235
   naturaleza de, 62, 140, 230-236, 240
samsara:
   aferrarse al, 129-130
   causa y efecto del, 316
   defectos, 90
   existencia en el, 39

gozo agonizante del, 295
inseparable del nirvana, 52, 105, 107, 137-142
naturaleza del, 129
originación interdependiente y, 328
resultado de la mente conceptual, 118
resultado del karma, 131
Saraha, 102, 265, 390
secreto:
   Ati yoga, 411
   Mahamudra del Mantra, 246-247
   propósito del, 412
Segundo Karmapa, 63
seguridad, *ver también* fe; confianza
   al trascender el aferramiento al ego, 127-128
   en el gurú, *ver* relación gurú-estudiante
   en el linaje, 242, 246
   en el significado del Mantra Secreto, 245
   en el vehículo, 402
   en la propia naturaleza búdica, 80, 135, 242
   en las enseñanzas, 81, 134
seis paramitas, 349-354
   causa de la budeidad, 360
   contrastadas con las seis virtudes, 359
   cualidad de camino de la práctica, 353-354
   dualismo en la práctica de las, 255
   secuencia de las, 350-351
   trabajar con las, 350-353
seis virtudes, 359
señalamiento directo, *ver también* empoderamiento; gurú
   apariencias como, 103
   aspecto de shamatha, 147-190
   aspecto de vipashyana, 150
   Ati yoga, 411
   dos propósitos, 148
   experiencia instantánea en el, 104, 280
   importancia del gurú, 74, 101, 148, 218, 411
   Mahamudra de la Esencia, 73
   Mahamudra del camino, 80, 147-153
   Mahamudra del Mantra, 70
   Mahamudra del Sutra, 69, 147-148
   medios hábiles del, 212
   mente ordinaria, 218
   métodos de recibir, 147-148
Shamatha, *ver también* reposo
   completo, 186
   con soporte focal, 168-171
   de la esencia, 174
   entrenamiento de la mente del Shravakayana, 313-314
   etapas de reposo, 158-167
   familiarización como, 145
   instrucciones, 168-174
   instrucciones de Milarepa para, 145-146
   Mahamudra, 145-190
   Mahamudra de la Esencia, 275, 286
   no distracción como, 155, 276
   no fabricación como, 157
   no meditación como, 155-156
   nueve etapas de reposar la mente, *175*, 176-188
   postura, importancia de la, 156
   puente al vipashyana, 174
   relajación, importancia de la, 276
   señalamiento directo, 147-184, *ver también* señalamiento directo
   significado específico para el Mahamudra, 151
   sin objeto de meditación, 174
   sin soporte focal, 171-173
   visualización, 171-173
Shantideva, 83, 353
Shariputra, 237
shastras, 54
Shravakayana, 44, 305-327, *ver también* Hinayana
   cuatro agregados de la mente samsárica, 309-313
   Cuatro Nobles Verdades, 316-326
   liberación propia, 327

motivación para aprender el Dharma, 307
oyentes y propagadores, 306
práctica principal del, 324-325
tres etapas de meditación, 307-316
Shri Simha, 403
Shunyata, *ver* vacuidad
simplicidad, *ver* no fabricación
situación triple, *ver también* pureza triple
Skandhas, *ver* cinco skandhas
«Soberano de toda la realidad», 288-289
soltar:
  el apego, 92, 351
  el pensamiento de meditar, 186
  la esperanza y el miedo, 245
  las expectativas, 352-353
  los pensamientos, 161-162
soporte focal:
  impuro, 168
  mente como, 152
  puro, 169
sufrimiento, *ver también* Cuatro Nobles Verdades
  comprensión individual, 322, 338
  emociones como causa, 300-301
  fin del, 324-325
  ignorancia como causa, 311
  impermanencia, 322
  kleshas como causa, 322-323
  liberación como naturaleza del, 367
  miedo y esperanza como, 317
  samsara y, 39
  trabajar con el, 319-321
  trascender el ego como raíz, 321-326
  tres aspectos, 318-319
súplica al gurú, 277
Sutra del Corazón, 66, 222, *ver también* sutras de la Prajnaparamita
Sutra del Rey del Samadhi,148
Sutra Samadhiraja, 148
sutras, 306
  de la Prajnaparamita, 40, 65, 66, 148, 382

Sutrayana, *ver* Mahamudra del Sutra; Vehículo que Dirige la Causa del Sufrimiento

tantra, *ver también* tantras específicos
  en el Mahamudra del Mantra, 244
  naturaleza progresiva del, 398
  purificación a través del, 392
  razones para enseñar el, 398
tantras:
  exteriores, 391-399
  interiores, 391, 402-413
Tantrayana, *ver* Mahamudra del Mantra; Vajrayana
Tathagatagarbha, *ver* naturaleza búdica
tendencias habituales, 40
terton, 300
Thamal gyi shepa, *ver* «mente ordinaria»
Thogal, *ver* «salto»
Tilopa, 98, 153, 216, 270
transmisión, *ver* bendición; prácticas del yoga de deidad; empoderamiento método del Mahamudra de la Esencia, 72-73, 269-272
  método del Mahamudra del Mantra, 147-148
trascendencia:
  el aferramiento al ego, *ver* aferramiento al ego
  el aferramiento conceptual, 403, 406-413
  el sufrimiento, 321
  la contaminación del conocimiento, 230
  la dualidad, *ver* dualidad: transformar la neurosis, 395
  los conflictos emocionales, 254-257, 368-370, 405
  los pensamientos, 158-159
  método del Mahamudra de la Esencia de, 271
  perspectivas teístas, 397
  tres ausencias de miedo, 355-359

tres etapas de la meditación, 307-316
tres kayas, 229-240
  fructificación del Mahamudra y, 231, 286, 288-289
  naturaleza de la base como, 288
  naturaleza de la mente como, 205-206, 226-227, 229, 239
  siempre presentes, 140-143, 206, 238-239
tres vajras, 258, 389-390
trikaya, *ver* tres kayas

un solo sabor, 222-224, 248
unidireccionalidad, 176, 184-185, 219-220
unión de, *ver también* inseparabilidad
  apariencia y vacuidad, 222, 249
  conciencia y espacio, 249
  énfasis del Mantra del Mahamudra en la, 249
  espacio y conciencia, 273
  espacio y luminosidad, 273
  espaciosidad y claridad, 239
  gozo y vacuidad, 242, 249
  luminosidad y vacuidad, 248
  practicante y deidad, 396-397
  Prajña y compasión, 244
  Prajña y upaya, 248
  tres kayas, 230
  vacuidad y compasión, 342, 361
  vacuidad y sabiduría, 52
  visión y meditación, 142
Universidad de Nalanda, 65
Upa tantra, 45, 394-396
Upaya, *ver* medios hábiles

vacuidad, 42, 52, 97, *ver también* pureza triple
  aspecto de la base, 111-123
  aspecto de la mente, 404
  camino de ver y, 360-362
  comprender la, 242, 247-248, 249, 360, 383
  comprensión intelectual, 243, 248
  comprensión profunda de la, 352
  cuádruple, 222
  etapas progresivas de comprender la, 248
  experiencia instantánea y, 279
  malentender la, 383
  mente como manifestación, 238, 404
  mérito necesario para alcanzar la realización de la, 383
  miedo a la, 383
  no fabricación y, 221-222
  perspectiva sagrada y, 247-248
  práctica de las paramitas y, 351, 361
  proyecciones de la mente y, 374
  realización gradual, 361
  sabiduría y, 52, 134
  singularidad, 223
  teoría cuántica y, 121
  unión con el gozo, 242
  unión con la apariencia, 221-222
  unión con la claridad, 68, 207
  vacío, *ver* vacuidad
  verdad de la, 86, 367
  visión correcta y, 241
  visión de la, 248
  visión del Hinayana, 370
  visión del Madhyamaka, 382
  visión del Mahamudra del Mantra, 248
  visión del Mahamudra del Sutra, 66
  visión del Mahayana, 365-371
  visiones del Vajrayana y el Mahayana, 296
Vairochana, Postura de Siete Puntos de, 156
Vairochana (traductor), 298
vajra:
  anfitrión, 387, 394
  corazón, 404
  maestro, *ver* gurú
Vajradhara:
  estado de, 229
  linaje, 64, 77, 99

Índice **461**

Vajrasattva:
  buda sambhogakaya como, 297-298
  práctica de purificación de, 91
  visualización de, 405
Vajrayana, *ver también* Mahamudra del Mantra
  banquete real, 387-397
  comprado con el Hinayana y el Mahayana, 37-38, 42-44, 255, 295, 296, 398
  compromiso necesario para el camino, 385
  diversidad dentro del, 302
  Dzogchen como parte del, 295
  linaje, importancia del, 72
  Mahamudra de la base y, 139
  Mahamudra del Sutra y, 69, 75-76
  peligros, 386, 411
  preparación, importancia de la, 385, 407
  progresión gradual, 406
  secreto, 411
  Vehículo de Austeridad y Conciencia y, 45
  visión y meditación, 389-390
vehículo, *ver* Bodhisattvayana; Hinayana; Mahayana; Vajrayana; yana
vehículo causal, *ver* vehículo que dirige la causa del sufrimiento
Vehículo de Austeridad y Conciencia, 45, 390-399
Vehículo de los Vidyadharas, 245
Vehículo de Medios Abrumadores, 45, 401-414
Vehículo que Dirige la Causa del Sufrimiento, 44, 306-383
verdad, *ver* verdad relativa; verdad última
verdad absoluta, *ver* verdad última
verdad relativa, 378
verdad última, 86, 116, 376, 379-383
viaje de los nueve yanas, 36, 44-45, 293, *ver también* Dzogchen; y *ver* yanas y vehículos específicos

viaje de los tres yanas, 35-36, 37-44, 128, *ver también* Hinayana; Mahayana; Vajrayana
viaje espiritual:
  budismo como, 25
  Dzogchen, 291-414
  esfuerzo mutuo de gurú y estudiante, 217-218
  etapas progresivas, 32-34, 302-303, 406
  liberación propia como aspecto esencial del, 327
  libertad y poder del, 31
  Mahamudra, 49-289
  motivación para el, 25-26, 301
  peligro principal del, 25
  preparación, *ver* preparación, importancia de la
  propósito, 25-26, 300-301, 414
  responsabilidad individual del, 31, 78
  valentía en el, 412
vigilancia, *ver* atención plena
Vimalamitra, 298
vipashyana:
  claridad simple como, 276
  cliquear a la experiencia de hueco, 210
  experiencia de hueco, 210
  importancia de la preparación, 202-203
  instrucciones de señalamiento directo, 149, 193-218
  Mahamudra de la Esencia, 275-286
  «mente ordinaria» y, 194
  métodos, 197-201
  motivación, importancia de, 211
  propósito, 209-212
  reposo, 196
  señalamiento directo de la «mente ordinaria», 276
  Shamatha y, 174
  significado específico en el Mahamudra, 193-194
  visión pura y, 204
visión:

alcanzar la, 188
apego a, 282
base como, 188
contrastada con la meditación, 190
correcta, 242, 352-353, 390
inexpresable, 382
visión sagrada:
de la forma, 258
de los tres vajras, 389
del Mahamudra del Mantra, 248, 266
del mundo relativo, 252
del vajrayana, 139, 204, 405
visualización, *ver también* práctica del yoga de deidad
aspecto de creación, 404-405
aspecto de disolución, 406-407
método para familiarizarse con la lucidez cognitiva, 209
método para reconocer la naturaleza de la mente, 71
purificación a través, 404

yana, *Ver también* yanas específicos
causal, 35-36
de los budas solitarios, *ver* Pratyekabudayana
de los oyentes, *ver* Shravakayana
definido, 35
fructificación, *ver* yana de la fructificación
yana de la fructificación, *ver también* Mahamudra de la fructificación
Ati yoga, 408
descrito, 35
Vajrayana, 244
yana resultante, *ver* yana, resultante
Yeshe Tsogyal, *290*
ying, 273
yoga, *ver también* yogas específicos
definido, 404
pico de la práctica, 408
yoga del gurú, *ver* práctica del yoga de deidad; cuatro preliminares no comunes resultante, *ver* yana de la fructificación
Yoga tantra, 45, 396-399
yogas de Mahamudra, *ver* cuatro yogas de Mahamudra

editorial **K**airós

Puede recibir información sobre
nuestros libros y colecciones inscribiéndose en:

www.editorialkairos.com
www.editorialkairos.com/newsletter.html
www.letraskairos.com

Numancia, 117-121 • 08029 Barcelona • España
tel. +34 934 949 490 • info@editorialkairos.com